DUOYUAN WENHUA KONGJIANZHONGDE QIUSHEN XINYANG YISHI JIQI KOUTOU CHUANTONG

云南民族大学学术文库
YUNNANMINZUDAXUEXUESHU WENKU

多元文化空间中的湫神信仰仪式及其口头传统

王淑英 著

民族出版社

图书在版编目（CIP）数据

多元文化空间中的湫神信仰仪式及其口头传统 / 王淑英著．
—北京：民族出版社，2011.11
（云南民族大学学术文库 / 甄朝党，张英杰主编）
ISBN 978-7-105-11861-8

Ⅰ.①多… Ⅱ.①王… Ⅲ.①信仰—研究—甘肃省 Ⅳ.①B933

中国版本图书馆 CIP 数据核字（2011）第 223400 号

多元文化空间中的湫神信仰仪式及其口头传统

著　　者：王淑英
策划编辑：张宏宏
责任编辑：向　征
封面设计：晓玉工作室
出版发行：民族出版社
地　　址：北京市东城区和平里北街 14 号　邮编：100013
电　　话：010-64228001（编辑室）
　　　　　010-64224782（发行部）
网　　址：http://www.mzcbs.com
印　　刷：北京市迪鑫印刷厂
经　　销：各地新华书店
版　　次：2011 年 12 月第 1 版　2011 年 12 月北京第 1 次印刷
开　　本：787 毫米×1092 毫米　1/16
字　　数：272 千字
印　　张：16.125
定　　价：45.00 元
ISBN 978-7-105-11861-8/B・519（汉 199）

该书如有印装质量问题，请与本社发行部联系退换。

《云南民族大学学术文库》委员会

学术顾问
郑杭生　孙汉董　汪宁生　马　戎　杨圣敏
李路路　姚　洋　文日焕　陈振明　陈庆德
彭金辉

主　任
甄朝党　张英杰

副主任
和少英　马丽娟　王德强　张桥贵　王四代

委　员
安学斌　尤仁林　李若青　李　骞　张建国
高梦滔　孙仲玲　谷　雨　赵静冬　陈　斌
刘劲荣　李世强　杨光远　马　薇　杨柱元
高　飞　郭俊明　聂顺江　普林林　高登荣
赵世林　鲁　刚　杨国才　张金鹏　焦印亭

总　序

甄朝党　张英杰[①]

　　云南民族大学是一所培养包括汉族在内的各民族高级专门人才的综合性大学，是云南省省属重点大学，是国家民委和云南省人民政府共建的全国重点民族院校。学校始建于1951年8月，在毛泽东、邓小平、江泽民、胡锦涛几代党和国家领导人的亲切关怀下，得以创立和不断发展，被党和国家特别是云南省委、省政府以及全省各族人民寄予厚望。几代民族大学师生不负重托，励精图治，经过近六十年的建设，尤其是最近几年的创新发展，云南民族大学已经成为我国重要的民族高层次人才培养基地、民族问题研究基地、民族文化传承基地和国家对外开放与交流的重要窗口，在国家高等教育体系中占有重要地位，并享有较高的国际声誉。

　　云南民族大学是一所学科门类较为齐全、办学层次较为丰富、办学形式多样、师资力量雄厚、学校规模较大、特色鲜明、优势突出的综合性大学。目前，云南民族大学拥有1个联合培养博士点，50多个一级、二级学科硕士学位点和专业硕士学位点，60多个本科专业，涵盖哲学、经济学、法学、教育学、文学、历史学、理学、工学和管理学9大学科门类。学校从1979年开始招收培养研究生，2003年被教育部批准与中国人民大学联合招收培养社会学专业博士研究生，2009年被确定为国家立项建设的新增博士学位授予单位。国家级和省部级特色专业、重点学科、重点实验室、研究基地的数量以及国家级和省部级科研项目立项数、获奖数等衡量高校办学质量和水平的重要指标持续增长。民族学、社会学、经济学、管理学、民族语言文化、民族药资源化学、东南亚南亚语言文化等特

[①] 甄朝党系云南民族大学党委书记、教授、博士研究生导师；张英杰系云南民族大学校长、教授、博士研究生导师。

色学科实力显著增强,在国内外的影响力不断扩大。学校科学合理的人才培养体系和科学研究体系得以形成和完善,特色得以不断彰显,优势得以不断突出,影响力得以不断扩大,地位与水平得以不断提升,学校的改革、建设、发展不断取得重大突破,学科建设、师资队伍建设、校区建设、党的建设等工作不断取得标志性成就。通过人才培养、科学研究、服务社会、传承文明,为国家特别是西南边境民族地区发挥作用、做出贡献的力度越来越大。

云南民族大学高度重视科学研究,形成了深厚的学术积淀和优良的学术传统。长期以来,学校围绕经济社会发展和学科建设的需要,大力开展科学研究,产出了大量的学术创新成果,提出了一些原创性的理论和观点,得到了党委、政府的肯定和学术界的好评。早在20世纪50年代,以著名民族学家马曜教授为代表的一批学者就从云南边疆民族地区的实际出发,提出了"直接过渡民族"理论,得到了刘少奇、周恩来、李维汉等党和国家领导人的充分肯定并直接转化为指导民族工作的方针、政策,为顺利完成边疆民族地区社会主义改造以及维护边疆民族地区的团结稳定和持续发展发挥了重要作用,做出了突出贡献。汪宁生教授是新中国成立后较早从事民族考古学研究并取得突出成就的专家,其研究成果被国内外学术界广泛引用,为民族考古学中国化做出了重要贡献。最近几年,我校专家主持完成的国家社会科学基金项目数量多,成果质量高,结项成果中有多项由全国哲学社会科学规划办公室刊发《成果要报》,报送党和国家高层领导,发挥了资政作用。主要由我校专家完成的国家民委《民族问题五种丛书》云南部分、《云南民族文化史丛书》等都是民族研究中的基本文献,为解决民族问题和深化学术研究提供了有力的支持。此外,还有不少论著成为我国学术界中具有代表性的成果。

改革开放三十多年来,我国迅速崛起,国际影响力越来越大,这就为高等教育的发展创造了机遇,也对高等教育提出了更高的要求。2009年,胡锦涛总书记考察云南,提出了要把云南建成我国面向西南开放的重要桥头堡的指导思想。云南省委、省政府作出把云南建成绿色经济强省、民族文化强省和我国面向西南开放重要桥头堡的战略部署。作为负有特殊责任和使命的高校，云南民族大学将根据国家和区域的发展战略，进一步强化人才培养、科学研究、社会服务和文化传承的功能，围绕把学校建成"国内一流、国际知名的高水平民族大学"的战略目标，进一步加大学科建设力度，培育和建设一批国内、省内领先的学科；进一步加强人才队伍建设，全面提高教师队伍整体水平；进一步深化教育教学改革，提高教育国际化水平和人才培养质量；进一步抓好科技创新，提高学术水平和学术地位，把云南民族大学建设成为立足云南、面向全国、辐射东南亚、南亚的高水平民族大学，为我国经济社会发展，特别是为云南边疆民族地区经济社会发展做出更大的贡献。

学科建设是高等学校建设工程的核心和基础，科学研究是高等学校的基本职能与重要任务。为更好地促进学校的科学研究工作，加强学科建设，推进学术创新，学校领导班子决定出版《云南民族大学学术文库》，其意义主要体现在以下三个方面：

第一，本套文库的出版体现了科学研究为经济社会发展服务的宗旨。当前，我国处于快速发展的时期，经济社会发展中有许多问题需要研究，解决问题的思路和办法可以为社会发展提供智力支持。我们必须增强科学研究的针对性，加强学术研究与经济社会发展的联系，充分发挥科学研究的社会作用，提高高校对经济社会发展的影响力和贡献度，并在这一过程中实现自己的价值，提升高校的学术地位和社会地位。我们相信，随着本套文库的陆续出版，学校致力于为边疆民族地区经济社会发展服务及促进民族团结与进步、社会和谐与稳定的优良传统将进一步得到发扬，学校作为社会思想库与政府智库的作用将得到进一步的增强。

第二，本套文库与我校学科建设紧密结合，体现了学术积累和文化创造的特点，突出了我校学科的特色和优势。我校2009年被确定为国家立项建设的新增博士学位授予单位，这是对我校办学实力和办学水平的肯定，也为学校的发展提供了重要机遇，同时也对学校的发展提出了更高的要求。博士生教育是高校人才培养的最高层次，它要求有高水平的师资队伍、高水平的科学研究能力和研究成果的支持。学科建设是培养高层次人才的重要基础，我们将按照国家和云南省关于新增博士学位授予单位立项建设的要求，遵循"以学科建设为龙头，以人才队伍建设为关键，以创新打造特色，以特色强化优势，以优势谋求发展"的思路，大力促进民族学、社会学、应用经济学、中国语言文学、公共管理学等重点学科的建设与发展，将这些学科产出的优秀成果体现在这套学术文库中，以更好地带动全校各类学科的建设与发展，努力使全校学科建设体现出战略规划、立体布局、突出重点、统筹兼顾、全面发展、产出成果的态势与格局，用高水平的学科建设促进高水平的大学建设。

第三，本套文库体现了良好的学术品格和学术规范。科学研究的目的是探寻真理、创新知识、完善社会、促进人类进步。这就要求研究者必须有健全的主体精神和科学的研究方法。我们倡导实事求是的研究态度，文库作者要以为国家负责、为社会负责、为公众负责、为学术负责的高度责任感，严谨治学，追求真理，保证科研成果的内在品质。要谨守学术道德，加强学术自律，按照学术界公认的学术规范开展研究、撰写著作，提高学术质量，为学术研究的实质性进步做出不懈努力。只有这样，我们才能产出有思想深度、有学术创见和有社会影响的成果，也才能让科学研究真正发挥作用。

我们相信，在社会各界和专家学者的关心、支持及全校教学科研人员的共同努力下，《云南民族大学学术文库》一定能成为反映我校学科建设成果的重要平台和汇集我校科学研究成果的精品库，一定能成为我校知识创新、文明创造、服务社会的宝贵的精神财富。

我们的文库建设肯定会存在一些问题或不足，恳请各位领导、各位专家和广大读者不吝批评指正，以帮助我们将文库的出版工作做得更好。

2009 年国庆于春城昆明

目 录

内容提要 1

绪 论 1
 一、问题的提出与研究方法的使用 1
 二、相关研究综述 2
 三、本研究中某些"词语"概念的界定 10

第一章　走入调查地：洮岷湫神信仰的生存环境 14
 第一节　恶劣的生态环境 15
  一、"洮岷"地理环境 16
  二、不适合农耕的土地 17
  三、脆弱的生态环境 18
 第二节　多样化的生存方式 20
  一、农业耕作 21
  二、农牧兼营 22
  三、商业贸易 23
 第三节　多元化的民间信仰 26
  一、羌人信仰的遗存 27
  二、藏人信仰的传播 29
  三、汉人信仰的现状 35
 本章小结 40

第二章 国家权力的渗透与十八位湫神信仰的形成 …… 42

第一节 国家权力的渗透 …… 43
一、"番族叛乱"与洮岷卫所的建立 …… 44
二、明清时期对洮岷地区的管理 …… 45
三、汉族移民与洮岷定居社会的形成 …… 51

第二节 "神道设教"与湫神建构 …… 53
一、明初的造神运动 …… 54
二、从回回人到龙神 …… 56
三、从民间俗神到官方湫神 …… 57

第三节 洮岷地区的18位湫神信仰 …… 59
一、洮州的18位龙神 …… 59
二、岷州的18位湫神 …… 62
三、洮岷湫神谱系分析 …… 65

本章小结 …… 66

第三章 迎神赛社与民间演剧 …… 68

第一节 洮岷庙会 …… 69
一、洮岷庙会概况 …… 69
二、集体的狂欢——洮州迎神赛会 …… 72
三、独自的荣耀——冶力关常爷崇拜 …… 86

第二节 戏剧演出 …… 95
一、洮岷演剧概述 …… 96
二、庙会神戏演出 …… 99

本章小结 …… 104

第四章 仪式专家、仪式实践与仪式组织 …… 106

第一节 仪式专家 …… 106
一、家传与师承制度 …… 108
二、学艺与"达庵" …… 108

第二节　仪式实践 ·· 112
　一、求雨仪式 ·· 114
　二、禳雹仪式 ·· 128
　三、"秋报愿"仪式 ·· 142
　四、"洗脸"和"复原"仪式 ·· 152

第三节　洮岷湫神祭祀组织——青苗会 ···································· 156
　一、洮岷青苗会的形成 ·· 157
　二、会首选举与权利分配 ·· 160
　三、青苗会的职能及其变迁 ··· 173

本章小结 ·· 178

第五章　与湫神信仰相关的口头传统 ·································· 180

第一节　湫神传说 ·· 180
　一、湫神传说与族群认同 ·· 181
　二、湫神斗法与多元信仰 ·· 186
　三、湫神"恶行"与政治隐喻 ····································· 188

第二节　神奇叙事 ·· 190
　一、违规与惩罚叙事 ··· 190
　二、许愿与灵验叙事 ··· 192
　三、退敌机与惩恶官 ··· 193

第三节　佛爷花儿 ·· 194
　一、湫神会与花儿会 ··· 195
　二、"湫神落轿听花儿" ·· 197
　三、禁忌与表演 ·· 201

第四节　仪式与文本 ·· 209
　一、仪式语言——神词 ·· 210
　二、神圣文本——祭文 ·· 222

本章小结 ·· 226

第六章　结　语 …………………………………………… 228

主要参考文献 ……………………………………………… 232

后　记 ……………………………………………………… 242

内容提要

本书主要在甘肃省洮岷地区这一多元文化空间中考察湫神信仰仪式及其口头传统的展演、运作方式与社会功能。通过田野调查明确指出：洮岷地区的湫神信仰通过迎神赛会、祭祀仪式与口头传统等形式实现了自身的展演；围绕湫神信仰，汉族、藏族、回族、土族等族群之间实现了不同层面上的认同与互惠。汉族、藏族、土族之间因共同的湫神信仰而引发了族际间的全面交流与合作；汉族、回族之间因信仰不同，不能进行仪式上的合作，只能进行生产层面的合作，但仍有某些"意识"上的默认。本书并不仅仅是对洮岷湫神崇拜仪式的本体研究，更侧重于对崇拜仪式中语言崇拜的残留（神词、祭文、祈祷词等）及其以语言为载体的口头传统所发挥的功能的分析。这对于我们分析社会文化认同的复杂性和族群文化的多样性有着极其重要的意义，也为多元文化空间中的人类学、民俗学口头传统和民间信仰研究提供了一个新的研究视角和地方性的民间经验。除"绪论"和"结语"外，本书主体部分共分为五个章节：

第一章着重描写洮岷地区恶劣的生态环境、多样化的生存方式及多元化的民间信仰。恶劣的生态环境与不同族群的多样化生存方式为洮岷湫神信仰的形成提供了物质性与族群间文化"互化"的基础。

第二章主要从历史角度考察洮岷地区18位湫神信仰的形成过程。明清时期，朝廷加强了对洮岷地区的军事、政治、经济与意识形态控制，18位湫神信仰的形成是国家与地方社会共同建构的结果。

第三章从洮岷地区的庙会与演剧活动中考察湫神信仰仪式与观念的综合展演。洮岷庙会活动既是民众对自身传承及移民历史的一种叙述，也是对历史上多元文化并存、多族群交流这一"事实"的再现。洮岷演剧与湫神祭祀仪式紧密相连，始终呈现出一种浓厚的仪式色彩。

第四章描述分析洮岷地区湫神信仰的仪式专家、祭祀组织与仪式实践。仪式专家"马角"、"水头"对于仪式知识是"全知"的，是青苗会组织的核心人物。青苗会是洮岷地区的湫神祭祀组织，具有仪式与生产方面的职能。围绕各自的湫神，青苗会举行的一系列禳霉、祈雨仪式是人类企图用文化、仪式手段影响自然环境的积极生存策略，反映了人与自然、人与人之间的复杂关系。

第五章中笔者首次对与湫神信仰相关的传说故事、神奇叙事、"神花儿"、神词等口头传统进行了系统梳理与深入分析，并指出：与湫神信仰有关的传说、故事、神奇叙事的讲述，起到了解释、维系、强化湫神信仰体系的作用；而在仪式上使用的神词和祭文则是一种沟通人神、显示湫神权威的仪式语言，保证了仪式展演的神圣性。

总之，本书通过对洮岷地区湫神信仰仪式及其口头传统的描述与分析，指出洮岷地区的湫神信仰仪式和口头传统打破了家庭、宗族、村落和族群的边界，在汉族、藏族、土族、回族等多族群共存的时空中实现了不同层次上的文化交流与认同。

Abstract

This book investigates the performance, mode of operation and social functions of the Dragon-God Worship Ritual and Oral Tradition in the Tao-Min multi-cultural space areas. Pointed out that: In the Tao-Min multi-cultural space areas, the Dragon-God Worship through the Temple Fair, Worship Rituals and Oral Traditions achieves its own stage for performances; around the Dragon-God Worship, the Hans, the Tibetans, the Huis and the Tus ethnic grous achieve the concept of faith, ritual practice, and production cooperation between different levels of recognition and reciprocity. Between the Hans, the Tibetans and the Tus, Dragon-God Worship leds to a comprehensive inter-ethnic communication and cooperation by common belief. But between the Hans and Huis, they can only reach limited cooperation of production level for their different faith. Muslims can not participate in the Qingmiaohui and the ceremony. The study provides a new perspective and experience of local people for anthropology and folklore oral traditions in the multi-cultural space. Except for the introduction and conclusion, the book's main part could divided into five sections:

The first chapter describes emphatically the bad ecological environment, the diversification survival way and multi-folk beliefs. Bad ecological environment and different ethnic's diversity of survival way in the Tao-Min areas form the basic of material and common belief among ethnics.

The second chapter basically investigates 18 Dragon-Gods Worship's formation process from the historical perspective in the Tao-Min areas. During the Ming and Qing dynasties, China's government strengthened the military, political, economic and ideological control in the Tao-Min areas, 18 Dragon-Gods Worship's formation is the result of national and local society's common constructing.

The third chapter inspects Dragon-Gods Worship Rituals and Ideas from temple fair and plays in the Tao-Min areas. Temple fair not only is a narrative of their activities and immigration history, but also the reality's appearing of the diversity ethnic cultural coexist and exchange. The Tao-Min areas's plays are closely link with acrificial rites of Dragon-Gods, always show a strong color of the ceremony.

The fourth chapter analysis the Dragon-God 'cult organization, ritual specialists and ritual practice. Ritual specialists, Majiao and Shuitou are omniscient, they are the cores of Qinmiaohui. Qingmiaohui is the Dragon-God 'cult organization, consists of fair leaders, Majiao and Footman, get the ritual and production function. Revolving around their Dragon-God, Qinmiaohui holds a series of rites, that is an active survival techniques, that people want to affect the nature by culture and ritual means, reflecting the complex relation between man and nature, person and person.

In chapter five, penman systematically combes all kinds of oral traditions about the Dragon-God for the first time. Pointed that the narrative of tales, story and fantastic rumour provides basis and powerful security for people worship ideas' continuation. "God hua'er", Sacred Word and Oration themselves on the Cult Ritual Oration are the important component parts of the Cult Ritual, as depurative languages, they ensure the sanctity of ritual performative.

In short, this book descriptes and analysises of Dragon-God Worship Ritual and Oral Traditions in the Tao-Min areas, points that: The Dragon-God Worship Ritual and Oral Traditions has broken the frontiers of families, chans, villages and ethnic grous. It has achieved different levels cultural exchange and identity in the coexist space-time of the Hans, the Tibetans, the Tus and the Huis ethnic grous and so on.

绪　论

一、问题的提出与研究方法的使用

1. 问题的提出

龙王崇拜在中国大地是一种普遍现象，对龙神、海神、河神等水神的研究一直是学术界的一个重要主题。但与其他地方不同的是，洮岷民间奉祀的18位湫神（即龙神）多为明初的开国功臣或历朝的文武官员，为洮岷人民所敬仰的常遇春、胡大海、沐英等"湫神"还有一个特殊的身份——回回人。此外，常爷还是洮州藏民信奉的海神，李文忠被称为"藏族佛爷"，岷县湫神"小西路阿婆"的原型竟然是位藏家女子，这些现象在全国的龙神崇拜中都是十分罕见和耐人寻味的"珍奇"。

洮岷地区的湫神信仰有着完备的信仰组织、仪式以及丰富的口头传统。各族民众充分发挥自己的想象力，通过传说、故事、神奇叙事、"神花儿"等口头传统，建构起人与神、神与神之间的各种复杂关系；信仰组织——青苗会可以是单村组织也可以是跨地域、跨族群的联村组织；参与信仰仪式的人群以汉族为主体，但汉、藏杂居地带的藏、土等族群也信仰湫神并与青苗会进行仪式上的合作。笔者认为，在建设"和谐"社会的背景下，对洮岷地区湫神信仰仪式及其口头传统的探讨尤其应该引起民族文化学界的关注、研究。

本书的研究空间限定于甘肃洮岷地区。洮岷地区位于青藏高原与黄土高原的过渡、交汇地带，生存环境恶劣、民族文化多元。自古以来，该地区便是农耕文化与游牧文化的交汇、碰撞之地。本书研究的对象是洮岷地区受到汉族、藏族、土族等各族群众共同膜拜的18位湫神信仰仪式及其口头传统。

要解决的问题是：湫神信仰在多元文化空间中是如何展演的？围绕湫神信仰的不同层面，汉族、藏族、土族以及回族等族群之间在"民间社会"里是如何实现不同层次的互惠与合作的？

2. 研究方法的使用

本书主要使用的是文献法与田野调查法。所使用的文献主要包括洮岷地方史志、档案资料、内部资料、个人手抄本、碑刻铭文等。遵循民族学与民俗学关于田野作业的相关理论与操作准则，笔者于2009年的4月到2010年1月期间，先后五次到洮岷地区进行田野调查。通过参与观察与无结构访谈的方式获得了关于湫神信仰仪式及其口头传统的大量影像、录音、访谈笔记等第一手资料。

二、相关研究综述

从20世纪20年代开始，我国就有了关于水崇拜、水神信仰与仪式的描述与研究。这一时期，民俗学、民族学、社会学等新生现代学科刚刚传入我国，学者们对与民间信仰有关的诸多事象表现出浓厚的兴趣，有些学者的著述中涉及了求雨习俗。如胡朴安编《中华全国风俗志》中便有关于天津和四川地区过去存在的求雨方式的记录。[①] 一些学术刊物上也开始出现地方学者撰写的关于求雨的调查报告，如程云祥的《潮州求雨的风俗》[②]、愚民的《翁源人的"求雨"和"闹房"》[③]、欧阳云飞的《漳州祈雨风俗》[④]、黄碧珍的《永春歇雨的风俗》[⑤] 等文章中，对地方上的雨神、求雨方法、仪式和歌谣进行简单的描述和分析。这些文章保存了20世纪初我国某些地方真实的祈雨状况，

---

① 参见胡朴安编：《中华全国风俗志》，影印本，下篇，卷一，81页，卷六，51~52页，郑州，中州古籍出版社，1990。

② 参见程云祥：《潮州求雨的风俗》，载中山大学民俗学会编《民俗》，1928年6月第13、14期合刊，28~31页。

③ 参见愚民：《翁源人的"求雨"和"闹房"》，载中山大学民俗学会编《民俗》，1928年6月第13、14期合刊，28~31页。

④ 参见欧阳云飞：《漳州祈雨风俗》，载《民风周刊》，第35期。

⑤ 参见黄碧珍：《永春歇雨的风俗》，载中山大学民俗学会编《民俗》，1928年6月第13、14期合刊，34~40页。

具有一定的参考价值，但篇幅较短，内容简单，缺少分析。① 这一时期的文章中，郑振铎先生的《汤祷篇》影响较为深远。

新中国成立到20世纪80年代以前，由于受意识形态影响，有关民间信仰的调查和研究一度停滞；80年代后，随着民间信仰的复兴，一批学者开始关注我国的民间信仰。以对水崇拜、水神信仰的研究为例，这一时期学者们在各自的著述中对水、水神崇拜的类型、历史、功能等进行了整体性描述与分析；也有学者从道教与水神、水的文化属性、龙神与水崇拜、水利与社会等较新颖的角度入手解读水神崇拜。

1. 对水、水神崇拜的整体性研究

我国水崇拜的形式与内容千姿百态。向柏松在其《中国水崇拜》一书中就水崇拜产生的原因、基础、构成要素、原始内涵、发展演变以及水崇拜对中国历史文化的影响等进行了专题研究。他认为水灵与水神是两种不同层次的水崇拜对象，都是水的人格化与神灵化相结合的产物。② 黄芝岗在《中国的水神》一书中对杨四将军、二郎神、李冰等为代表的水神系列进行了论述。③ 王孝廉所著《水与水神》将我国水神崇拜的历史以及各个民族的水神崇拜进行了较为全面的论述。但是该书重点论述西南各少数民族的水神崇拜，对于中原水神部分，只选择了长江、黄河为代表的水系和支流，并没有涉及西北地区的水神崇拜。④

在关于中国民间信仰研究的论著中也常常涉及水神的描述。如金泽、乌丙安先生都有关于水与水神崇拜的论述。⑤ 向柏松陆续发表《中国水崇拜文化初探》⑥、《中国水崇拜与古代政治》⑦、《道教与水崇拜》⑧、《中国龙的形成与

---

① 此阶段文章的资料均为笔者转引自安德明：《天人之际的非常对话——甘肃天水地区的农事禳灾研究》，26页，北京，中国社会科学出版社，2003。
② 参见向柏松：《中国水崇拜》，上海，上海三联书店，1999。
③ 参见黄芝岗：《中国的水神》，上海，上海文艺出版社，1988。
④ 参见王孝廉：《水与水神》，北京，学苑出版社，1994。
⑤ 参见金泽：《中国民间信仰》，杭州，浙江教育出版社，1995；乌丙安：《中国民间信仰》，上海，上海人民出版社，1995。
⑥ 参见向柏松：《中国水崇拜文化初探》，载《中南民族学院学报》（哲学社会科学版），1993（6）。
⑦ 参见向柏松：《中国水崇拜与古代政治》，载《中南民族学院学报》（哲学社会科学版），1996（4）。
⑧ 参见向柏松：《道教与水崇拜》，载《中南民族学院学报》（哲学社会科学版），1999（1）。

水神崇拜》①等系列论文,对水崇拜文化内涵的变迁、水崇拜与古代政治、道教和龙的形成关系进行了深入分析,这些文章对笔者思路的拓宽和具体章节的写作有着重要的指导意义。此外,魏子任的《中国古代的水神崇拜》②、薛世平的《华夏民族的水崇拜》③也是研究水崇拜产生原因的重要文章。

王永平在《论唐代的水神崇拜》④一文中指出,从唐代开始,龙王崇拜逐渐兴起和普遍化,并对中国民间信仰的发展产生了巨大影响。

以上研究成果主要是对水、水神崇拜本体的研究,将水神的类型予以分类,探讨了水神形成的原因、变迁过程、文化内涵及与其他宗教之间的关系,为我们日后的研究奠定了基础。

2. 龙神信仰及仪式研究

20世纪80年代以来,随着社会学、人类学、民俗学等人文科学的复兴,在各地出版的风俗志书中均出现了关于水神、龙王或祈雨、禳雹仪式的介绍。并出现了一批在田野调查基础上写成的对龙神信仰或求雨仪式进行探究的著述,其中腾占能的《慈溪的龙王庙及求雨活动》⑤与朱永林的《龙是什么——象山半岛龙信仰调查研究》⑥是两篇较好的田野调查报告。两位学者在文章中分别详细描述了浙江慈溪和象山半岛地区的龙神信仰观念和求雨活动,描述过程中穿插了龙神传说、龙神分布、求雨组织等相关内容的介绍。

单从祈雨仪式方面进行分析和研究的文章主要有《水家祈雨活动"敬霞"试探》⑦、《豫北地区祈雨、防涝习俗的调查与研究》⑧、《关中东府民间祈雨风

---

① 参见向柏松:《中国龙的形成与水神崇拜》,载《长江大学学报》(社会科学版),2007(4)。
② 参见魏子任:《中国古代的水神崇拜》,载《华夏文化》,2002(2)。
③ 参见薛世平:《华夏民族的水崇拜》,载《福建农林大学学报》(哲学社会科学版),2005(4)。
④ 参见王永平:《论唐代的水神崇拜》,载《首都师范大学学报》(社会科学版),2006(4)。
⑤ 参见腾占能:《慈溪的龙王庙及求雨活动》,见上海民间文艺家协会编《中国民间文化》(总第5集),69~79页,上海,学林出版社,1992。
⑥ 参见朱永林:《龙是什么——象山半岛龙信仰调查研究》,见上海民间文艺家协会编《中国民间文化》(总第5集),53~68页,上海,学林出版社,1992。
⑦ 参见潘朝霖:《水家祈雨活动"敬霞"试探》,载《贵州民族学院学报》(哲学社会科学版),1989(4)。
⑧ 参见郭松针:《豫北地区祈雨、防涝习俗的调查与研究》,见中国民俗学会编《中国民俗学研究》(第一辑),206~216页,北京,中央民族大学出版社,1994。

俗透视》①等。笔者认为，这些文章在田野调查的基础上，描述分析了当地的求雨类型、龙神分布、仪式过程、民间组织、神话传说等龙神信仰观念的各个层面，把龙神信仰、祈雨活动与当地的自然、历史及社会文化背景结合起来进行综合分析，探讨求雨活动的功能与意义，质量较高。但此类研究多把求雨仪式剥离现实语境进行解析，忽略了仪式建构社会秩序的功能。

也有学者利用古代文献资料或考古资料，探讨求雨仪式或雷雨诸神的历史渊源及文化史意义，如季羡林的《原始社会风俗残余——关于妓女祷雨的问题》②。文章指出中国、印度等地的妓女求雨是由原始巫术中的女巫求雨演变而来的。安德明认为此文中关于中国妓女求雨习俗源自印度的结论，似乎还需要更多的证据。③此外，较为重要的文章还有《考古资料反映的农业气象及雷雨诸神崇拜——兼论古代的祈雨巫术》④、《赤松子神话与商周焚巫祈雨仪式》⑤、《关于古代的祈雨——兼释有关的几个古文字》⑥、《祈雨扫晴摭谈》⑦等。

从与龙神信仰相关的专题研究来看，尤以对河北省赵县范庄村"龙牌会"和华北龙王信仰的研究较为典型。赵县范庄"龙牌会"自从20世纪90年代公开举行以来，引起了国内外学者尤其是中国民俗学者的广泛关注，就此庙会已先后发表了一系列的调查报告，如周虹的《"龙牌会"初探》、冯敏的《范庄"二月二"龙牌会考察记》、陶立璠的《民俗仪式的回归——河北省赵县范庄村"龙牌会"仪式考察》等。这些文章对"龙牌会"的考察侧重于民俗学方向，主要是对"龙牌会"这一民俗事项的描述，以及对社区神、家神

---

① 参见史耀增:《关中东府民间祈雨风俗透视》，载《古今农业》，2004（1）。
② 参见季羡林:《原始社会风俗残余——关于妓女祷雨的问题》，载《世界历史》，1985（10），17～20页。
③ 参见安德明:《天人之际的非常对话——甘肃天水地区的农事禳灾研究》，31页，北京，中国社会科学出版社，2003。
④ 参见李锦山:《考古资料反映的农业气象及雷雨诸神崇拜——兼论古代的祈雨巫术》，载《农业考古》，1995（3）。
⑤ 参见王青:《赤松子神话与商周焚巫祈雨仪式》，载《民间文学论坛》，1993（1），20～27页。
⑥ 参见国红光:《关于古代的祈雨——兼释有关的几个古文字》，载《四川大学学报》（哲学社会科学版），1994（2）。
⑦ 参见陶思炎:《祈雨扫晴摭谈》，载《农业考古》，1995（3），242～247页。

等概念的探讨，为对"龙牌会"的进一步研究奠定了基础。

不少国内外学者也以这个庙会为材料继续从不同的角度进行了广泛、深入的研究。高丙中从民间仪式、组织与国家认同的角度探讨民间团体的合法性以及它们如何谋取合法性的问题，指出"双名制"背后隐含了近现代中国社会多种紧张关系的缓和、解决过程。① 刘铁梁以范庄作为北方庙会的主要个案，通过与江浙庙会的比较研究探讨民间权威和传统的复兴与调整，提出了庙会类型问题。② 赵旭东从平权与等级、文化认同、民间组织等角度解读"龙牌会"，认为庙会表演中体现了对权威中心的建构和消解过程，范庄"龙牌会"的不断升级是地方精英、官方和学术界"合作"的时代"产品"。③ 王铭铭将"龙牌会"与福建溪村陈氏家族的"观大灯"仪式相对照，讨论现代乡村社会中传统仪式所蕴含的象征秩序。英国学者王斯福以"龙牌会"为例，从表演入手分析中国农村地方性的结社，指出中国乡土社会中公共空间存在的可能性，但"龙牌会"等庙会只是象征性表演，传递的是传统的权威，不可能演变成民主制度。④

岳永逸在博士论文研究的基础上陆续发表了《范庄二月二龙牌会中的龙神与人》、《乡村庙会的多重叙事——对华北范庄龙牌会的民俗学主义研究》⑤等文章，考察了当今社会变迁背景下以"龙牌会"为代表的华北乡村庙会的多种行动主体的地位、角色，探索了神话传说在当下的乡村生活中，尤其是

---

① 参见高丙中：《民间的仪式与国家的在场》，载《北京大学学报》（哲学社会科学版），2001（1）；《社会团体的合法性问题》，载《中国社会科学》，2002（2）；《知识分子、民间与一个寺庙博物馆的诞生——对民俗学的学术实践的新探索》，载《民间文化论坛》，2004（3）；《一座博物馆—庙宇建筑的民族志——论成为政治艺术的双名制》，载《社会学研究》，2006（1）。

② 参见刘铁梁：《村落庙会的传统及调整——范庄"龙牌会"与其他几个村落庙会的比较》，见郭于华主编《仪式与社会变迁》，北京，社会科学文献出版社，2000。

③ 参见赵旭东：《中心的消解：一个华北乡村庙会的平权与等级》，载《社会科学》，2006（6）；《文化认同的危机与身份界定的政治学——乡村文化复兴的二律背反》，载《社会科学》，2007（1）。

④ 参见王铭铭、[英]王斯福主编：《乡土社会的秩序、公正与权威》，北京，中国政法大学出版社，1997。

⑤ 参见岳永逸：《范庄二月二龙牌会中的龙神与人》，载《中国民间文化研究所通讯》，1999（6~7）；《乡村庙会的多重叙事——对华北范庄龙牌会的民俗学主义研究》，载《民俗曲艺》，2005（147）。

信仰生活中所扮演的角色问题。苑利关于华北龙王信仰的一系列研究文章中①对华北地区龙王信仰的缘起、神灵谱系、祈雨仪式、社会组织、口传文本等内容做了详细论述和深入分析。他指出，龙王信仰是依托一定的文本加以传承的，在传承过程中，龙王信仰对民间文本类型具有一定的选择性。但他没有深入分析除传说文本外其他文本类型的结构作用。

近年来，研究者们在前人研究的基础上，更注重在一定的语境中考察仪式。如安德明的《天人之际的非常对话——甘肃天水地区的农事禳灾研究》，在这篇博士论文中，作者采用了一种区域整体民俗志模式，把作为非常事件的祈雨禳灾仪式放在民众日常生活的语境中，以甘肃天水地区的自然、历史、社会条件以及民众日常生活为背景，细描了当地的各种农业禳灾仪式，在描述的基础上作者分析了当地流行的农事禳灾的性质、构成及其功能等，并对人们在日常生活中及其面对自然危机时科技与信仰手段并用的情况加以说明。

另外，一些学者在不同的学科背景下以求雨仪式为切入点，探讨仪式与组织、性别、象征、国家之间的互动关系，如《古代祈雨仪式的性别研究》②、《大同地区祈雨仪式与权威的建构》③等。在这些文章中，仪式的内容和性质本身并不是考察的重点，研究者主要侧重于研究仪式行为的性质、仪式中各种权利关系以及更为广阔的社会背景。

马毅生在其论文《云南回族祈雨龙（铜）牌考说》④与《云南回族祈雨文化探微》⑤中，追溯了祈雨的经典依据，挖掘、梳理了云南回族的祈雨历史与文化，认为在特定的某一历史时期内，祈雨作为云南回族的一个特殊文化现象而存在。《回族民间传说中祈雨事象的文化释义》⑥一文则认为回族传说

---

① 参见苑利：《华北地区祈雨活动中的取水仪式研究》，载《民族艺术》，2001（2）；《华北地区祈雨谣辞研究》，载《思想战线》，2002（3）；《华北地区祈雨仪式中的男性社会组织》，载《西北民族研究》，2003（3）；《华北雨戏研究》，载《农业考古》，2003（1）。
② 参见王艳丽：《古代祈雨仪式的性别研究》，载《古籍整理研究学刊》，2009（1）。
③ 参见张月琴：《大同地区祈雨仪式与权威的建构》，载《山西大同大学学报》（社会科学版），2009（6）。
④ 参见马毅生：《云南回族祈雨龙（铜）牌考说》，载《回族研究》，1995（5）。
⑤ 参见马毅生：《云南回族祈雨文化探微》，载《西北第二民族学院学报》（哲学社会科学版），2007（5）。
⑥ 参见李昕：《回族民间传说中祈雨事象的文化释义》，载《固原师专学报》（社会科学版），2005（1）。

中的祈雨习俗表现了鲜明的地域性，是文化适应的产物，具有伊斯兰文化与汉文化的双重特征。

由于求雨等禳灾仪式与中国广大民众的生存关系非常紧密，王立阳的硕士论文《求雨仪式与村落空间——后营的个案》则尝试以村落为研究单位，在民族志环境中对河南南部一个自然村的求雨仪式的象征和实践进行调查、分析，考察民众是如何通过求雨仪式来建构和解释生活于其中的村落空间的。

总体上，就笔者所搜集到的水神信仰及祈雨、禳雹仪式的资料来看，已有的论述大多是关于水神本体及其历史渊源、演变过程、文化内涵、文化史意义、祈雨仪式过程的描述和性质分析。从具体的内容和分析来看，以上的各种研究大多把水神信仰和求雨仪式作为一种生存手段进行分析，剥离了仪式实践的现实语境，对求雨仪式和其他农业禳灾仪式所具有的社会秩序维系与建构功能的分析不足。本书则是在多元文化的现实语境中对以前学者们在水神研究中所忽视的民众信仰观念、仪式实践、移民过程、口头传统以及民间组织的运作方式等方面的研究进行了拓展。

3. 洮岷地区的湫神信仰研究

洮岷地区的湫神其实也发挥着村神的作用，作为村落的集体表象，通过仪式展演和口头传统的讲述，展演和强化了作为一个村落或者联村共同体的感情和力量。洮岷地区并不是与世隔绝的，在国家行政力量还没有渗透到最基层——村落的时候，国家意识形态仍然可以通过地方信仰以象征的形式在村落中得到认同，从而达到对地方社会的控制。

1938年，顾颉刚先生赴洮河流域考察，在其《西北考察日记》中对河、湟、洮、岷地区各族群独特的民俗做了较为详细的记录，其中便有对临潭县新城"五月神会"的描写。张亚雄先生的《花儿集》（1940年版）对岷县"花儿会"中的祭神现象也有涉及。

柯杨教授详细叙述了洮岷地区与湫神信仰相关的祭祀性歌谣，他认为"洮岷花儿"中的祭祀性歌谣是古代先民的信仰习俗向现代社会的延伸，其中蕴藏着许多远古文化的重要信息，祭祀性歌谣与祭祀性音乐、舞蹈一样，是古代"人神沟通"的一种重要方式。作者采用的是一种"述而不作"的方法，侧重民俗事象的叙述，而不是对祭祀性歌谣的理论分析。

范长风的博士学位论文《跨族群的共同仪式与互助行为——对青藏高原

东北部青苗会的人类学考察》是对高原汉人组织——青苗会的一种整体性、区域性的比较研究，所比较的区域是社会史学者关注的华北青苗会和人类学家研究的东南宗族社会。主要解决跨族群、超宗族的多元社会是如何连接为同一社会组织的这一问题。范长风通过对西北高原青苗会举办的庆典、演剧、庙会和"扎山"仪式的描述与分析指出，仪式与组织是互构的，不同族群的人在防御和应对严酷自然环境的过程中通过组织或仪式合作的方式联合起来。庙会是乡村组织的表象，仪式是社会组织的孵化器。① 范长风对洮州青苗会的分析为笔者提供了极大的启示，使笔者在研究的过程中关注到文化、仪式、生态环境与组织的相互关系问题。由于专业角度不同，笔者的研究对象是"洮岷地区湫神信仰仪式及其口头传统"，青苗会作为湫神祭祀组织只是笔者论文写作的一个重要章节而不是主体。单就青苗会来说，笔者的研究范围从洮州拓展到了岷州，青苗会的类型比范长风在洮州所观察到的更为丰富多样。如：岷县锁龙乡的青苗会便是一个典型的经济主导型青苗会。在对洮州的青苗会进行调查时笔者发现，家族意识是龙神信仰组织中的一种重要观念，直接影响到青苗会内部的权利分配。此外，经济因素越来越影响到洮岷地区青苗会中的会首选举。

宋磊以临潭县的迎神赛会为个案，在"国家与社会"的视域下关注民间仪式的社会变迁过程，深入考察仪式变迁过程中各个主体之间的互动关系。他认为民间仪式的复兴并不是简单的恢复，而是一个再造的过程。民间仪式的复兴也不是被动的接受，而是一个主动争取的过程。在这个过程当中，宏观层面的国家与社会之间，以及微观层面的政府代理人、社区精英和普通民众之间发生了紧张与缓和、冲突与合作的复杂关系。②

杨燕从临潭"花儿会"的祭神活动中解读甘南汉藏关系，③ 宋丽丽对湫神信仰的形成过程及民间信仰与移民文化的关系等问题进行了深入研究。④ 湫

---

① 参见范长风：《跨族群的共同仪式与互助行为——对青藏高原东北部青苗会的人类学考察》，中国人民大学博士论文，2007年5月。
② 参见宋磊：《"国家与社会"视域下的民间仪式变迁——临潭新城迎神赛会的个案研究》，兰州大学硕士学位论文，2008年5月。
③ 参见杨燕：《从临潭"花儿会"的祭神活动解读甘南汉藏关系》，四川大学硕士论文。
④ 参见宋丽丽：《明清时期甘肃洮岷地区汉族移民研究》，兰州大学硕士毕业论文，2007年5月。

神信仰不是她们选题的主要研究对象，她们只是对湫神信仰的某个侧面做了相关分析。周大鸣、阙岳以临潭新城的端午节龙神赛会为个案，以庙会为选题，用整体观的方法梳理庙会与所在地域、民族、信仰、政治制度等因素的调试过程中所独具的源起、变迁与发展的个性化历程，借此考察庙会作为古文化载体是如何穿行于现代国家体制之中的。①

此外，李璘、武宇林、晏云鹏、武沐等学者也分别撰文对洮岷地区湫神信仰的民间组织、文化内涵、历史起源等做了专门性研究。

由于学术、专业角度不同，以上学者对洮岷地区湫神信仰的研究主要集中在庙会、祭祀仪式和组织结构等方面，较少关注民众的信仰观念与口头传统，且偏重于对洮州地区的个案分析，缺乏对岷县湫神信仰的关注。

通过文献综述我们可以发现以往研究的以下特点：

从理论方面来说，以往对民间信仰的研究主要集中于民间信仰的社会行为层面上，对民间信仰的仪式、象征、组织进行分析，缺乏对民间信仰观念层面特别是相关口头传统的系统梳理与理论探索；从研究内容上来看，近年来，学术界对地域性民间信仰的研究较多地注意到了仪式、象征与社会的关系的探索，但缺乏对神灵谱系、口头传统、仪式戏剧、官方文化与民间文化、族群交往及移民问题的分析。本书在写作的过程中将关注汉人移民、国家权力、族群交往与湫神信仰之间的关系，首次对与湫神信仰相关的口头传统进行了系统梳理与深入分析，在洮岷地区这一多元文化空间中考察湫神信仰的展演、运作方式与社会建构功能。

三、本研究中某些"词语"概念的界定

此处"词语"一词指的是笔者书中所使用的"路"、"马路"、"湫神"、"龙神"等重要的本土概念，这些"词语"在洮岷地区世代沿用，相沿成习，有其自身的本土含义。

洮岷："洮岷"指的是历史上的洮州和岷州。临潭县古称洮州，岷县古称

---

① 参见周大鸣、阙岳：《民俗：人类学的视野——以甘肃临潭县端午龙神赛会为研究个案》，载《民俗研究》，2007（2）。

岷州。历史上的洮州地区地域辽阔，包括今甘肃省的临潭、卓尼、碌曲、迭部及玛曲、舟曲、夏河等县的部分地区，中心区域在今甘南藏族自治州临潭与卓尼两县。岷州，以岷山得名，岷州的称谓始于西魏。历史上的岷州辖域广阔，包括今甘肃境内的西和县、礼县、宕昌县、漳县、岷县和甘南藏族自治州的东南部地区。洮州与岷州因地域相连，民风相近，安危相关，历史上多以"洮岷"并称。

湫神/龙神："湫"乃山间低洼处之水潭，俗谓龙居其中。岷州地方史志与百姓皆将境内崇拜的龙王、泉神、元君等水神称为"湫神"。岷州民间有"18路湫神"、"湫神落轿听花儿"的说法。"龙神"则是洮州百姓对当地水神的俗称，民间有"18位龙神"的说法。

武沐、杨艳等学者在自己的著述中将洮岷地区的各类水神统称为"湫神"。笔者沿用了这一做法，用"湫神"统称洮岷两地众多的水神。但是，在单独描述洮州和岷州的水神信仰时，笔者沿用了洮岷民间的俗称，将洮州的水神统称为"龙神"，岷州的水神统称为"湫神"。

马路："马路"是洮岷地区湫神信仰中一个重要的"本土"概念，与之相关的还有"马路村"、"歇马殿"等本地词汇。

范长风认为："马路是龙神的巡游歇马之地，又是募集修建庙宇款项之地，虽然没有青苗会的分支机构，但与大庙有固定的正式联系；马路是汉人之外的族群社会，他们信仰并求助龙神为'马路'村落祈福避灾，龙神可应邀'走马路'，享受他们的供奉和献祭。"① 在文中的注释部分，他又特意指出："在龙神信仰社区的外围地带，是龙神佛爷的势力范围，当地汉藏居民把它叫做佛爷的'马路'。"也就是说，范长风认为"马路"这一概念仅仅指的是龙神在藏区的势力范围，他对"马路"的理解与笔者的调查所得有所不同。

我的报道人 ZHS② 说："佛爷的'马路'是全部的辖区，藏人的也有，汉人的也有。汉人以外的叫'路尼'。'路尼'是端阳沟的说法。在信奉常爷的草岔沟也有'路尼'，但他们的'路尼'是不含所属的7个'旗下'的那些

---

① 范长风：《跨族群的共同仪式与互助行为——对青藏高原东北部青苗会的人类学观察》，中国人民大学博士论文，2007年5月。

② ZHS：男，临潭县新城镇晏家堡村人，洮州18位龙神之一康茂才的"马角"。

辖区,'旗下'就是藏人的村子。草岔沟①常爷的7个'旗下'分布在卓尼的好几个藏族乡。"

ZHS 的这段话中涉及了"马路"、"路尼"、"旗下"三个本土概念,皆与龙神的势力范围相关。根据在洮岷地区的调查所得,笔者认为湫神"马路"指的是:湫神大庙(本庙)所在地之外的所有辖域,既包括汉人地区的"歇马殿"或称"马路村"(分庙),也包括藏人地区的"路尼"。范长风将"马路"这一概念界定为洮州"龙神在藏区的势力范围"是不确切的。

范长风文章中的"马路"一词,与笔者书中的"路尼"一词相对应,但"路尼"一词在洮州的临潭与卓尼又有着不同的含义。在临潭,"路尼"指的是龙神在藏区的所有辖域,包括龙神在藏区所辖的汉人与藏人村落。但在卓尼藏区,"路尼"的含义变窄,仅指"龙神(青苗会)所辖的汉人区域",信奉龙神的藏人村落被称为某某龙神的"旗下",他们不参加汉人的青苗会。藏区信奉龙神的"路尼"或者"旗下"与汉人区域的青苗会之间并没有直接的统辖关系,但有仪式上的往来。"路尼"或者"旗下"的头人会请汉人的青苗会到村子里"插旗"、"走马路";龙神庙会或者龙神庙还愿时,藏人会到大庙上献羊、献哈达。

岷县湫神的势力范围很少有能够到达藏区的,各地湫神的"马路"指的就是青苗会的管辖范围。这一点我们从岷县汉代忠良梅川大爷"水头"张吉平口述的"讨劳词"中可以清晰的看到:

唐朝手里出世,宋朝手里加职,东门口取旨,先过青龙,跳过长江,龙王潭化显。前占岭罗山卧牛坪,后占枇杷漂子沟,列了九子,占了神水池面。回来到了岭罗山,有我龙王歇水头庙;游了鹁鸰塄背山,到了卓洛寨上,有我龙王歇水二庙;游了鹁鸰塄前山,代管一十八堡。上以扎哈庙独守衙门,下以扎哈嘴插一龙旗,堵挡恶风冰雹。若发起恶风冰雹,龙王手掌龙旗,东拨东去,西拨西去。下以吉纳坡,上走岷州城里关外、东南二关,上以金童山领一官羊,抬一官盘,吃一关会。下以金童山,进一南门,游了十字隍街,迎出东门,下走教场十会、茶埠峪五会,到了岳家湾庙上,有我莲花姊妹二

---

① 草岔沟:原属临潭县辖域,现划归卓尼县柳林镇。

神，隔河两岸，交杂马路，领一皇羊，抬一官盘。下走梅川四大会，到了迎神滩里，一来迎神赛会，二来踩看田苗。田苗增长，五谷丰登，四方宁静，八方太平。到了午时前后，上以龙头高庙。开开庙门，有我龙王金罗宝殿，花花庙堂，独守衙门。龙王一没占天，二没占地，前占三尺宫台，后占七尺金身。金身丢在本庙，给你阳里说千年不朽，万年不烂。报起龙王神名，哪个军民不晓我汉代忠良镇天白马龙王。你把我抬时抬过交界，送时送到地方。众人黑山在地，小儿不许玩耍。①

"讨劳词"是由"水头"所唱的交代本地湫神的身世、功劳、辖域的一段神词。文中出现的"歇水头庙"、"歇水二庙"、"一十八堡"以及洮河两岸的"交杂马路"，指的就是梅川大爷的青苗会辖域。梅川大爷的本庙在梅川镇，在藏区没有势力范围，因此笔者推测"马路"这一概念最初应该是源自信奉湫神的汉人地区，这一概念传到信奉湫神的藏区后，为了与汉人的"马路"一词相对应或者相区分，藏人区域使用"路尼"和"旗下"两个词语指代湫神的不同辖域。

"走马路"指的是洮岷湫神每年农历的四五月份下庙到"马路"上查看地界。

---

① 参见李璘：《乡音——洮岷"花儿"散论》，125页，兰州，甘肃人民出版社，2006。

第一章 走入调查地：洮岷湫神信仰的生存环境

"环境"是指人们通过与之互动并利用其资源，维持人类自身生存的源泉。① 文化与环境之间的关系是人类学中一个古老又长青的论题，几乎所有族群的文化特征都具有适应其环境的生态意义。18 位湫神信仰的存在与洮岷地区恶劣的生态环境关系密切。

甘肃省全境大约有 45 万平方公里，人口约有 2600 万人，境内虽然拥有广袤的土地，但是真正适合人类居住的地域仅占总面积的三分之一。甘肃的地貌特征决定了其东部地区的人民只能靠天吃饭，若是遇上干旱、洪涝、冰雹、霜冻等自然灾害，就只能眼睁睁看着庄稼减产甚至绝收。

洮岷地区位于甘肃省的东南部，山地多，川地少。沿河的川地有很大一部分不适合灌溉，灌溉后会土壤板结，危害农作物。新中国成立前，洮岷两地几乎没有任何水利灌溉设施；新中国成立后，在可供灌溉的地区，政府兴修了一批水利设施，有效提高了当地的粮食产量。分田到户后，集体农业时修筑的水渠和道路因为农户挤占公共用地，致使沟渠废置，道路变窄，因为人为因素，这极少部分可以灌溉的土地天旱时也浇不上水。除了受到旱灾的侵扰外，洮岷地区又多恶风暴雨的侵袭，加上近年来对树木的乱砍滥伐和对土地的过度垦殖，两地的生态环境日益恶化，民众生活依旧十分贫苦。

---

① 参见［英］凯·米尔顿著，袁同凯、周建新译：《环境决定论与文化理论》，43 页，北京，民族出版社，2007。

图1-1　岷县西寨镇田家堡村所用的泉水　　图1-2　岷县清水乡打柴沟的吃水井

第一节　恶劣的生态环境

洮岷地区恶劣的生存环境在民众心里留下了难以磨灭的印记，首先我们来看几则洮岷地区的农谚：

不怕恶风刮，就怕白雨打。
四月八，黑霜杀。
白雨打湾湾，黑霜杀梁梁。
泉水起泡，白雨就到。
阴雨下得是一片，白雨发得一条线。
久晴没白雨不下，久雨没白雨不晴。

以上农谚中提到了洮岷地区除干旱外最常见、最可怕的两种自然灾害：白雨和黑霜①。农谚是民众生产和生活经验的结晶，是人们在某地长时间劳作、生活的切身体会，是经过反复深思、得到多次生活实践印证才概括出来的理性思维。为什么洮岷地区会出现如此之多的关于白雨、黑霜的农谚？这一地区的生态环境究竟是怎样的？生活于其中的人们又是如何来适应这样的生存环境的呢？

---

① 白雨即冰雹，黑霜即霜冻。

一、"洮岷"地理环境

图1-3 洮岷地区常见的被群山包围的村庄和川地

图1-4 岷县闾井镇的狼渡滩湿地

前文已对"洮岷"有明确的概念界定,此不赘述。其中洮州位于2209～4500米的高海拔地区,西倾山脉由青海挺入洮州,洮河自西倾山经碌曲、临潭流入岷县,洮河谷地是汉、藏、回、土等各族群交往最为频繁的地区之一。洮州气候高寒阴湿,年平均气温3.2℃,年均降水量518毫米,相对无霜期65天。临潭县耕地面积为26.6万亩,其中旱地占98.9%,水浇地占1.1%;林地面积42.66万亩;草地面积123万亩。① 岷州地貌亦属高原形态,山地占88.8%。全县总面积3578平方公里,其中耕地面积仅为4.18万公顷,人均占有耕地约1.5亩。森林面积4.8万公顷,草原面积14.47万公顷。②

明清时期,以厅治所在地为界,洮岷两地又分为东、西、南、北四路。洮岷人民至今仍以"路"、"里"来划分方位和区域。洮州的中西路多高山丘陵,是洮州耕地面积最大的区域,也是农牧结合带,包括新城、扁都、流顺、羊永、长川、卓洛、旧城等地;东南路指的是洮河沿岸的河谷区,包括新堡、总寨、陈旗、石门4个乡,这些地方农耕条件较好,但是人多地少;北路和

---

① 参见甘肃省临潭县农业区划编写组:《甘肃省临潭县农业区划》(内部资料),1985。
② 参见岷县统计局:《2006年岷县统计资料汇编》(内部资料),2007。

东路山高谷深、森林广袤,但耕地狭小。岷县东路包括茶埠、禾驮①、申都、蒲麻、闾井、锁龙、马坞7个乡,这一带被岷县人统称为"东山区",山势高、沟谷深,林木资源丰富,有大片适宜放牧的草场;西路的清水、十里、岷阳、西寨等地,川地较多,是岷县最大的农耕区;南路包括秦许、寺沟、麻子川3个乡;北路面积广阔,涵盖了梅川、文斗、西江、小寨、中寨、堡子、维新7个乡,其中西江、梅川等地均为大面积的川台区,无霜期较长,是岷县主要的农业精耕区。

二、不适合农耕的土地

有一首洮岷农谣唱到:"山高气候凉,云雾缠山庄。五黄六月霜,雪里种收忙。"生动概括了洮岷地区的自然环境对于农业耕作的巨大影响。洮岷境内海拔高,地形复杂,气候高寒阴湿,降雨量虽大,但降雨季节分布极不均衡,干旱时有发生。从作物生长所必需的光照、热量、降水等条件来看,均不利于农业生产。

洮岷地区虽然地域辽阔,但多高山巨谷,土壤肥力较低,"成熟之地,不及中土之小邑"②。加之"土地硗瘠,每亩下籽种二斗,遇丰稔之岁,在平地所收尚可盈石,山地可得五六斗,舍数亩之利,止供一口之需,少歉则不聊生矣。且十日不雨则苦旱,一雨三日则苦涝。别无救旱去涝之方,往往坐以待毙。岷人稼穑之艰难如此!"③ 洮州也是如此,"洮地高寒、稻粱不生,布帛丝麻之类皆来自他邦。每岁五谷一收,民无积蓄,一遇雨旸不时或雨雹伤稼,便有室如悬磬之叹"④。旧时,即使农人辛勤耕作,终因气候恶劣,土地过于贫瘠,收成依然有限,生活举步维艰!

明清时期,随着汉族移民的不断迁入,洮岷两地的人口数量急剧增加,人口构成也逐渐发生了变化。洮岷汉人人口数量继续上升,仅靠原有的土地根本无法维持越来越多的人的生计,汉人以农为本的固有意识决定了他们只

---

① 禾驮:藏语音译,意为"深沟里的村庄"。
② (清)田而穟纂辑:《岷州志》卷八"田赋上",康熙四十一年抄本。
③ (清)田而穟纂辑:《岷州志》卷十一"风俗·民事",康熙四十一年抄本。
④ (清)张彦笃修,包永昌等纂:《洮州厅志》卷二"舆地·风俗",光绪三十三年抄本。

能继续开荒拓土,以获得更多的耕地。垦荒活动使洮岷地区原有的大片森林、草场资源受到严重破坏。

现在,洮岷百姓生活依然异常艰辛。在田野调查过程中,笔者一提到农活儿,报道人通常会用"下苦"、"孽障"、"苦的说不成"等词句描述耕作的艰难。到山地干活的人通常是早晨天不亮就出门,中午就用随身带的茶水和馍馍充饥,晚上天黑透了才回家。等到山地的粮食收获了,还要扎成捆一趟趟地背下来。笔者在岷县西寨镇田家堡村调查时了解到,该村共有土地680亩,现在已没有了坡地(即山地),坡地全都退耕还林了,只剩下了川地,川地人均不到一亩。川地虽分布于洮河沿岸,但即使旱情严重,村里的土地也不能浇水,因为土质不合适,一浇水土壤就板结了,作物会死掉。年景好的时候小麦亩产为500~600斤,2009年因为4月份的旱情,粮食减产,每亩小麦只收了三四百斤。土地少,产量低,即使加上每年收获的洋芋、青稞、大豆等杂粮,还是不够吃,打工赚的钱要先用来买粮食。科技在这里几乎派不上什么用场,直到现在,祖祖辈辈还是得靠天吃饭。

三、脆弱的生态环境

1. 自然灾害频繁

干旱是造成甘肃众多乡村生活贫困的直接原因,洮岷地区也不例外。洮岷俗语中有"三年两头旱、十年一大旱"的说法。与甘肃其他地方因为降水少形成干旱不同,洮岷地区的干旱主要是因为降雨季节分布极不均衡造成的。每年农历四月份的上中旬是洮岷川坝地区的"空雨期",此时正是冬麦返青、春麦、青禾透苗,蚕豆、蔬菜的播种之际,持续的干旱常常使庄稼无法下种;从立夏到夏至这段时间内洮岷两地也是干旱少雨,此时正值小麦抽穗扬花、大豆绽蕾、洋芋生长的时候,旱情很容易造成庄稼减产。

除了旱灾,洮岷地区还常常遭受冰雹、洪涝、霜冻等自然灾害的袭击,百姓的苦难在旱灾的基础上又加一层。"洮地地属边陲,气候过凉,每岁除三伏外,寒多热少"①。"春夏之交多疾风雹雨,其来甚骤莫可预防,禾稼遇之

---

① (清)张彦笃修,包永昌等纂:《洮州厅志》卷一"星野",光绪三十三年抄本。

则摧折无余，农人深以为患"①。"播种者仅青禾（青稞）、麦豆（豌豆）、燕麦之属，一经雨（雹）潦则成茂草甚或腐烂"②。

洮岷地区地处塞外边陲，气候过凉，多恶风暴雨，生态环境十分恶劣，大部分土地并不适宜农耕。除了洮州北路林区的冶力关、八角乡以外，整个洮岷大地几乎都在冰雹袭击的范围之内。洮州境内主要有三条冰雹路径：第一条由白石山经冶力关、羊沙、石门、三岔进入岷县境内；第二条来自洮州的西北方向经铁占山加强，经大石山、新城、店子乡进入岷县境内；第三条发源于铁占山或经铁占山、长川、刘顺、新堡、总寨进入岷县。冰雹由洮州进入岷县境内后，也形成了三条固定路线：第一条由西北侵入，经堡子、维新、中寨、西江和梅川，受阻于东大山后分为两支，一支经文斗、禾驮、石家台，另一支经茶埠顺河谷延续到城郊、寺沟；第二条由恶霸山起，经蒲麻、红崖到申都、黄金山、闾井；第三条由临洮入境经清水、十里、岷山、秦许移出岷县。

从古至今，干旱、冰雹、洪涝、霜冻等自然灾害一直在洮岷大地上肆虐，这些灾害反映在精神层面便是当地对湫神信仰的异常执著与热忱，在与湫神相关的各种祭祀仪式上民众祈求的通常都是"清风细雨月月常降，恶风雹雨别降一方"。

2. 生态环境恶化

"洮岷"古为番戎之地，森林茂密，草场广阔，是游牧者的乐土。古人吟咏岷州的诗中有"万树青松闾井河"、"遍地松柏雪满天"的诗句。洮岷境内以林木命名的地方有100多处，如穷林湾、桦林门、黑林湾、大木头湾、白松沟、柏木滩、护林湾、林畔、柳林等。以前林中野生动物众多，曾有虎、豹、麝、獭、猴、熊、野猪等野兽出没。洮岷山歌里唱到："出了家门入老林，瞭见林里虎打盹"，由此可见，旧时洮岷地区是一个生态与生物多样性并存的地方。

明清两代，大量移民迁入洮岷地区，人口的过快增长加速了生态环境的恶化。明清移民以汉人为主，在洮岷地区主要依赖农耕为生。持续的移民使

---

① （清）张彦笃修，包永昌等纂：《洮州厅志》卷一"星野"，光绪三十三年抄本。
② （清）张彦笃修，包永昌等纂：《洮州厅志》卷一"星野"，光绪三十三年抄本。

得洮岷地区的人地关系越来越紧张，人们开始砍伐森林、毁林开荒以获取更多耕地，满足日益增长的粮食需求。

洮岷百姓日常生活中对树木的需求量也比较大，"洮岷花儿"中有很多这样的句子："斧头剁了白山杨"、"斧头要剁杏柴呢"、"出了家门入老林，斧头要剁红桦呢"，也有民谣唱到："三月栽树四月拔，五月熬成罐罐儿茶"，这些句子反映出洮岷民众在树木的砍伐上还是比较随意的。

明朝以降的500多年来，由于人口的大量增加，迫使洮岷地区山林广茂的自然优势下降，加上历次兵燹中的放火烧山，官房民舍焚毁后的重建等等，均殃及大片森林。到了民国初期，两地的天然林区几乎全部被毁，很多地方已是群山濯濯。今天洮河两岸的山坡、沟头，只有小片分布的云杉林、油松林、柏木林、青冈林、桦木林和杨树林，这些树林大多是作为湫神的"神林"或村庄"护林"幸存下来的。

土地的低产，人口的增加，迫使人们毁林开荒以增加粮食产量，毁林开荒加剧了生态环境的恶化，生态的恶化又导致自然灾害更加频繁，这一切使得洮岷人们的生活举步维艰。生活的艰难反映到精神层面上便表现为两地湫神信仰活动的兴盛，甚至达到了"村村都有庙、遍地是龙神"的地步。

第二节 多样化的生存方式

现代社会，多民族国家中具有不同文化传统的民族如何和睦相处，这是一个世界性的问题。洮岷地区处于中原通往西藏地区的过渡地带，自古就是进入青藏高原和抵达内地的门户。历史上曾有羌、戎、汉、吐谷浑、吐蕃等多个族群在此繁衍生息，农耕与游牧文明在此交汇。汉、藏、回、土等族群的居住地插花相接、交错而居，各族群在文化上互相采借，求同存异，生动体现了多民族文化"和而不同"的相处原则。

除文化多元共存外，洮岷地区的生态环境也十分多样，存在农区、牧区、林区、半农半牧区、半林半牧区等多种小环境。针对不同的小环境，人们因地制宜，从事多样性的生产活动，他们耕种、放牧、打猎、采集、经商，形成了多样化的生计方式。

明代以前，洮岷地区的主要居民是羌人、吐谷浑和吐蕃。明初，朝廷开始向两地大规模移民，洮岷两地逐渐变成由汉人组成的移民社会。在各族群早期接触的过程中，难免会发生竞争与冲突，洮岷山歌就如此唱道：

藏民们占下的好草山，汉人们占下的米粮川。
官占川、汉占山，把我们异人赶到山湾湾。①

上面列举的两首山歌唱出了汉藏居民在早期接触的过程中相互争夺草山、土地资源的历史，也反映了洮岷地区汉、藏生存环境与生计方式上的特点。汉、藏、土、回等族群的生产生活方式与居住地的具体环境密切相关，以农耕为主的汉人、半农半牧的藏民与善于经商的回民之间存在着不同的生产和生活方式，彼此之间既有纷争又有合作。

一、农业耕作

汉人是以农耕为主要生计方式的人群。明清时期，内地和江南移民来到洮岷地区后，首先要面对的是如何适应这个地方特殊耕作环境的问题。《岷州志》载："岷州方八百里，合远近记之，田畴之在山者十之七八，在平地者十之二三。山地多种蔓菁、芥籽、燕麦、荞麦，平地多种大豆、小麦、青禾……"②

文中的汉人在迁来洮岷地区后，基本上已经适应了当地的环境多样性，在作物种植的时候他们充分考虑了不同海拔高度的资源潜力，在山地种植蔓菁、芥籽、燕麦、荞麦等耐寒作物；在低海拔的沟谷地带种植大豆、小麦、青禾③等作物。高寒的环境限制了农作物的选择和生产水平，汉人来到洮岷地区后主动向藏人学习，选择青稞、燕麦等高寒作物作为果腹和补充能量的食物。在这样的环境中，人们的生存之道主要是因地制宜种植多样的粮食作物，以期待即使因为天灾部分作物歉收，还有可能靠其他的作物和资源维持全家

---

① 参见宋志贤编：《岷县民间歌谣》，25页，香港，天马图书有限公司，2002。
② （清）田而穟纂辑：《岷州志》卷十一"风俗·民事"，康熙四十一年抄本。
③ 青禾：即青稞，是大麦的一种，耐寒、早熟、适应性强，适合在高寒地带生长，是典型的高原粮食作物之一，在藏民的食物构成中占了很大的比重。

人的生活。在调查过程中笔者了解到,在洮河两岸的川地上,即便每年使用化肥增加土地肥力,打药灭虫,风调雨顺的年景每亩小麦的产量也不过四五百斤,遇到自然灾害则面临减产甚至绝收的危险。山区农作物的产量更是低得可怜,一块地产出的百十斤粮食,捆好后几次就能背回来。即使到了农业科技高速发展的今天,洮岷地区的农作物品种与生产水平仍没有完全突破生态环境的限制。种植的农作物仍然主要是青稞、小麦、洋芋、大豆、豌豆、燕麦等。由于近年来气候变暖、品种改良,现在春小麦的种植已经突破了生态限制,在洮岷地区获得推广。

汉人以农为本,农作物在汉人文化中被赋予优于其他植物的地位而成为汉人土地上的主角,但是洮岷地区的地理环境极为多样,单一的农作物种植方式并不能满足人们生存的需要,洮岷百姓还种植其他油料作物和经济作物以补充粮食生产的不足。洮岷地区种植的油料作物主要有油菜、蔓菁、胡麻等,经济作物则多为当归、黄芪,尤以当归的种植和加工为大宗。

二、农牧兼营

历史上,在洮岷地区汉人社会的周边地带,分布着以畜牧为生的藏人部落。藏人作为洮岷地区的原住民之一,其主要的生产方式是畜牧业。在汉藏杂居区,藏人也学着汉民的样子种起了庄稼,过起了半牧半农的生活。现在,洮岷农业区的藏民与汉人已经大同小异,藏人也认同汉人的生产方式和生活习俗。但是这些藏人在认同汉人农业生产的同时,并没有丢弃放牧的看家本领,他们以半农半牧的方式生活着。汉人把这些人叫做"半藏"或者"半番子"。《洮州厅志》载:"内地番人颇染汉风,其俗务稼穑、习工作、事畜牧,高楼暖炕皆与汉无异。"[①] 对于半农半牧的藏人来说,农业为他们提供了粮食、清油,畜牧业为他们提供了牛羊肉和奶制品,家畜的饲养又为农事活动提供了畜力、肥料和燃料,这种以牧为主兼营农业的生存模式是合理利用环境资源的典范,对周边的汉人产生了重要影响。汉藏杂居地带的汉人也学习藏民种植青稞、放牧牛羊、放养蕨麻猪、用牛羊粪做燃料,过起了半农半牧的

---

① (清)张彦笃修,包永昌等纂:《洮州厅志》卷十六"番族·番俗",光绪三十三年抄本。

生活。

洮岷地区恶劣的生存环境影响了人们对生计方式的选择。耕种之余，人们还进行多样化的辅助性经济活动，如放牧、打猎、经商、采集、砍柴、伐木、外出打工等，以多样化的生存方式适应了恶劣的生态环境。汉人除农耕外，多以放牧、采集、伐木等方式作为辅助性生存策略，回民则有着经商与外出打工的传统。

三、商业贸易

洮岷地区地处边陲，交通不便，但其位于汉、藏地区的交汇、过渡地带，是汉、藏、回、土等多族群的杂居之地，各族之间有交换生产、生活用品的需求，加上茶马、木材、药材、皮革等生意的兴起，两地的集市与商贸活动也得到了发展。

1. 集市

《洮州厅志》载："南门外营，在本城南门外，十日一集，谓之盈上。西河滩集，在旧城西门外，番汉贸易于此。三月会集、七月会集，二月会集在本城南门外，半月为期。六月寺集、十月寺集，为卖骡、马、牛之所，十月寺亦然。此二集俱在卓尼，六月寺在六月初旬，十月寺在十月下旬，皆十日为期。"①

上文中记载了洮州曾经存在的三种类型的不同集市：

（1）"南门外营，在本城南门外，十日一集，谓之盈②上。"此处写的是洮州新城的南门外集，十日一集。新城是洮州的政治中心，也是18位龙神迎神赛会的仪式中心地，到现在仍然保留着十日一集的传统。

（2）"西河滩集，在旧城西门外，番汉贸易于此。"西河滩在洮州旧城，是每天开市的日集，回、汉、藏、土等各族民众每日在集市上交易。

（3）洮州的集市除日集、旬集外，还有会集和寺集，也就是上文中提到的"六月寺集、十月寺集"。会集和寺集依托庙会和寺庙形成商贸活动，骡马

---

① （清）张彦笃修，包永昌等纂：《洮州厅志》卷三"建制·墟市"，光绪三十三年抄本。
② 盈：也写作"营"，"集市"的意思。洮岷人把赶集称为"跟营"。

交易是很多会集和寺集贸易的最大宗。洮岷地区每年有大大小小100多场的湫神庙会,这些庙会大多是集信仰、仪式、娱乐、商贸于一体的。

岷州集市比洮州要多,主要类型与洮州相同。岷州经常性的集市有梅川、清水等集市。民国时期,县城每月的一、六日逢营①,番、汉、回民在此交易茶叶、牲畜、毛皮、农具等商品,市场十分红火。

图1-5　岷县西寨镇上跟营的"西番婆"　　图1-6　临潭县甘沟一羊沙乡龙神成爷
　　　　　　　　　　　　　　　　　　　　　　　（成世疆）庙会上的商贸活动

锁龙等地的集市是季节性的,只在油菜籽、大豆等作物成熟的季节相聚成市,进行农产品与牲畜的交易。锁龙六月青苗会期间,漳县、武山等周边地区的牧民皆赶着犏牛、牦牛、马等牲畜到青苗会上交易。

2. 商贸

洮州旧城有"回城"之称。《洮州厅志》载,旧城"回回无家不农,亦无家不商"②。无论古今,洮州的商贸和饮食业基本都为回商垄断。明末清初,

---

① 岷人把赶集称为"跟营",这一称谓与洮州相同。
② （清）张彦笃修,包永昌等纂:《洮州厅志》,卷二"舆地·风俗",光绪三十三年抄本。

赫赫有名的回族宗教与经济集团——西道堂在旧城产生，创始人为马启西。西道堂从与藏族牧民及汉族农民之间的土特产贸易开始，后来又逐步扩展到农业、林业、畜牧业及工业加工等领域，最终发展成为一个集宗教、教育、生产、贸易等为一体的社会实体，对洮州商贸的发展产生了影响巨大。"论旧城商务，谓兰州、狄道两帮木客每年到此买木材十万元，加运费为二十万元，运至兰州便值五十万元；生皮走张家口，以其制皮之术工也；熟羊皮销四川。其他骡马走陕西，猪毛走汉口，羊肠走天津，麝香发河南，药材发三原，牛售岷县、渭源一带。固旧城商务，东至陕西，更沿江海而达津、沪，西赴青海，南抵川、康，北及内外蒙。当民国十七年未破坏前，其繁盛可想也"①。

旧城汉人所奉祀的龙神是五国爷，因为旧城商贸发达，旧城龙神庙经费充足，青苗会涵盖范围大，洮州百姓认为五国爷是18位龙神中最富裕的一位。

明代以来，徙居岷地的回民逐渐增多，与汉人一同迁居洮岷地区的回民承袭了"回回善贾"的传统，他们多居住在城镇，从事皮货、绸缎、茶叶经营，即便是散居在乡下的回民也会从事各种小生意。回回的"善贾"与汉人"抑末"和藏人轻商的传统形成对比，汉藏乡民为回商提供了最大的商机和市场。

"岷州货殖之利，惟林木最广。番人板藏、萝卜等族，厥木甚茂，而汉地亦有之"②。远近商贾入山采买，包砍青山，贩运木材，自岷州至临洮、陇西直达宝鸡、咸阳。官办和官商合办的木厂，岷县先后有三岔、野狐桥、茶埠峪等多处。洮州北路的冶力关和南路的新堡也曾经是较大的木材加工市场。洮岷民众也多以林木为生，他们用木材盖房屋、解枋板、烧木炭、制农具等。由于常年的砍伐，致使洮岷两地的森林资源日益枯竭，加剧了当地自然环境的恶化。

岷县盛产当归、岷贝（贝母）、大黄、党参、红芪、黄芪、秦艽、羌活等药材230余种，其中当归、黄芪为大宗。当归、黄芪等药材是现在岷县的主要经济作物。明洪武年间，朝廷在岷州设"茶马司"，太祖命特使李景隆持铜

---

① 顾颉刚：《西北考察日记》，228页，兰州，甘肃人民出版社，2002。
② （清）田而穟纂辑：《岷州志》卷十一"风俗·贸易"，康熙四十一年抄本。

牌信符来岷州与藏民进行茶马贸易，此间，岷地的当归便随马匹进入了中原和长江以南地区。明成化八年（公元1472年），藏民改走四川入京，不再经过洮岷，当归贸易逐渐替代了茶马贸易。

1938年5月3日，顾颉刚先生在从漳县到岷县的途中看到："一路上南行者为火盐之夫役，北行者为驮药材、木材、表芯纸之骡马，因知潭岷产物较陇、漳为多，而药材尤盛，闻一年中仅当归一种已有百万元之交易，党参、黄芪亦为大宗，骡马过处其香盈路。"① 洮岷两地药材贸易的兴盛由此可见一斑。

由于商业贸易的兴盛，旧时，每年正月十五岷县湫神"河北太子游四门"时，百姓们进城观灯，山歌中唱到"出了南门三门三道街，上下货巷最热闹"，各地的商人为湫神们立起"杆子炮"，鞭炮响过之后，炮皮落满了街道。五月十七二郎山湫神会上，18位湫神踩街的时候，城里的商人们还"贿赂"南川大爷的轿夫们，让他们经过店门口时走的慢一些，商家好给佛爷上供、挂"红"，祈求神灵的保佑。

第三节　多元化的民间信仰

洮岷地区最早为羌戎之地，从上古至隋唐，此地一直是羌人生息繁衍的乐土。羌人是兼营农业的半游牧人群，他们崇拜白石，卜祷山水之神，有用羊骨占卜的习俗。②

唐代贞观初年，洮岷诸羌归附于唐，内迁的很多羌人融于汉人之中。公元7世纪后半叶，吐蕃大规模东侵，洮岷大部陷于吐蕃统治，大量的羌人又融合于吐蕃之中。隋唐以后，由于吐蕃政治、军事与文化势力东进以及汉政治、军事和文化势力西进，使得处于汉藏过渡地带的大部分羌人部落逐渐"汉化"或"吐蕃化"。民国时期，顾颉刚先生为考察甘肃的教育事业曾到过

---

① 顾颉刚：《西北考察日记》，210~211页，兰州，甘肃人民出版社，2002。
② 参见王明珂：《华夏边缘——历史记忆与族群认同》，191页，北京，社会科学文献出版社，2006。

临潭、卓尼一带做实地调查，他日记中提到了此间藏民与羌人的关系：

> 此间番民区，诸君多番籍……且所谓番者由吐蕃来，唐代吐蕃强大，并有河湟，此间人民遂为吐蕃人；及其境域缩小，而番人之称则相沿不改。元明以来，喇嘛教势力扩张，此间人之生活，仍同化于西藏，同于藏而异于汉，诸君遂为藏民矣。然究其根源，则所谓番民藏民者，其初其实为羌民，羌民之接受喇嘛教者为番民，此间人是也；其保存原有之巫教者仍为羌民，四川茂县一带人是也。①

吐蕃化的羌人在汉人的观念中成了"番"或"西番"，汉人观念中的羌人范围逐渐缩小。到了民国初年，只有川西岷江上游一带较汉化的土著在中国文献中仍被称作"羌民"，其他地区不再有"羌"的称谓。② 顾颉刚先生在文中也提到"保存原有之巫教者仍为羌民，四川茂县一带人是也"，其他羌人则接受了藏传佛教，变为番民。但是羌人的原始信仰在洮岷民众的生活中仍有遗存。

一、羌人信仰的遗存

1. 羊头会

闾井镇位于岷县县城东部，处于定西地区与陇南山区的交界过渡地带，距离县城72公里，面积503平方公里。闾井地区水草丰美，有大片的草地可供放牧，古时便是羌人的放牧之地。在闾井镇的七孟村一带，每年农历的四月八日，周围村落的羊倌们都要齐聚山顶，点燃干柴，庆祝节日，当地人称为"烧高高山"。

七孟村、张寨、杨寨等几个村子每年的大暑、小暑还要杀羊、攒神、礼佛，举行"羊头会"。祭祀的时候要将所杀之羊的羊头悬挂在高竿上，插到田

---

① 参见顾颉刚：《西北考察日记》，220页，兰州，甘肃人民出版社，2002。
② 参见王明珂：《羌在汉藏之间：一个华夏边缘的历史人类学研究》，79~194页，台北，联经出版公司，2003。

间地埂里；还要召集村民订立村规，书写保护田苗的条款，为乡民约法。祭祀结束后，村人分食羊肉，以示祝福。关于羊头会的来历当地流传着这样一则传说：

在很早很早以前，西方的羌人被北方的鞑靼人打败了，只留下一只羊，还有一个叫獠甘的年轻人和他的妻子。羊带着夫妻二人来到一个山谷安居，几十年后，山谷里已经住不下獠甘众多的后人了。山谷里没有通往外面的路，山下全是铁石。老羊让獠甘把自己杀死，用羊皮做成皮囊以助火力，獠甘将铁石熔化后走出山谷。獠甘与家人带着羊头走到了天的尽头，天气十分炎热，他们躲在山洞里，呜呜啊啊地唱起了山歌。獠甘的子孙把羊头供在对面的山头上，羊头的神力保佑他们过上了三日一风、五日一雨、风调雨顺的好日子。为了不忘老羊的恩情，獠甘的子孙们便决定，每当到了在山上放羊头的那天便举行庆典，让娃娃们穿上新衣服，唱歌跳舞，向羊头致敬，"羊头会"就由此形成了。

传说中记载了羌人与鞑靼的战争、迁徙的过程、唱山歌的习俗以及羊头会的形成。岷县有学者认为"羊头会"习俗是从羌人那里流传下来的，也有人认为这是藏民的习俗。

2. 巴当舞

在卓尼县康多乡的勺哇土族聚居区和藏巴哇、洮砚、柏林等乡，以及岷县的小寨、中寨、堡子等乡（镇）的部分村社，流传着一种古老的祭祀舞蹈，卓尼叫做"巴郎舞"，岷县称为"巴当舞"①。据说，巴当舞起源于明朝，最初是由羌人留下的，跳巴当为的是祈求来年风调雨顺、五谷丰登。卓尼地区的一则民间传说解释了"巴当舞"的由来：

说是在很久很久以前，连年大旱，庄稼颗粒无收，百姓们杀牛宰羊祭祀

---

① 巴当：或称"巴郎"，指的是一种由加工过的羊皮制作的双面手摇鼓，鼓直径30厘米，厚度10厘米，手柄长50厘米。当地人认为巴当是神物，每年只在春节期间舞蹈时才用，其他时间要将其悬挂在墙上，不得随意敲响，否则会惊动神灵，致祸人间。

天神，祈求普降甘露，拯救万民。当村民们虔诚地跪在神山前祈祷时，山中隐隐传来一阵阵鼓乐相伴的歌声。村民们记下了曲调和鼓点，回村后做了一种长把的双面羊皮鼓，两边各垂着一打结的绳索，摇动时鼓子发出咚咚的响声。村民们在村子中心的场地上点燃篝火，凭着记忆把在山中听到的歌曲伴着鼓点儿唱了出来。连续跳了几天几夜后，天神果然降下了雨水，解除了百姓的干旱之苦。这之后，村民们为了祈祷神灵保佑风调雨顺，每年春节期间都要跳巴当舞。

"巴当舞"由"安场"、"敬山神"、"扯节勒"三部分组成。每年从农历正月初八或者初九晚上开始，届时，洮岷部分地区的百姓便在打麦场上生起篝火，开始跳巴当。最先跳的是安场巴当；安场舞结束后，开始跳敬山神舞①；敬山神舞结束后，所有舞者开始吃饭、喝酒、品茶，并进行一次大合唱，叫"扯节勒"，这是"巴当舞"的第三部分，合唱时的曲调汉、藏（羌）语②夹杂，悠扬婉转，极具抒情性。

洮岷境内的羌人最早信奉原始宗教，万物有灵的观念支配着洮岷先民的生产和生活方式，他们敬天畏物，自然神灵崇拜成为信仰的中心。洮岷地区流传至今的"羊头会"和"巴当舞"中便蕴含了原始宗教信仰中自然神灵崇拜的形式。

二、藏人信仰的传播

唐代之后，吐蕃人代替羌人成为洮岷地区的主要居民，苯教和藏传佛教信仰逐渐出现在洮岷百姓的信仰体系中，并对汉人的湫神信仰产生了重要影响。

洮岷地区的汉族民众在信仰湫神、山神、土地等神灵的同时，还在村庙与家户中供奉藏传佛教的喇嘛、度母和护法神。笔者在调查中发现，许多湫

---

① "敬山神"是"巴当舞"的核心部分，"春巴"点燃篝火后，引领舞者以篝火为中心进行"拜五方"，然后在新立的秋千架下跳起敬山神的舞蹈。

② 岷县巴当舞的歌词为口耳相传，舞者会唱不会写，也不知道所唱的歌词究竟是哪种语言。当地有学者认为他们所唱的不是藏语，极有可能是以前的羌语。

神大庙中也出现了藏传佛教的欢喜佛、度母等神灵，在湫神、城隍的塑像、牌位上搭满了藏民献上的哈达。有些湫神庙的大门上还绘有藏传佛教的璎珞图和骷髅链，院内的树上系满了风马旗。这种现象的产生与唐代以来苯教与藏传佛教在洮岷地区的传播有关。

图 1-7 洮州新城镇端阳沟村龙神庙大门上的骷髅链

图 1-8 临潭县长川乡冯旗村刘氏家族所供家神：宝贝上师喇嘛（俗称财宝护神）

唐代宝应二年（公元 763 年），洮岷地区陷入吐蕃控制。直到元末明初，吐蕃部落一直占据洮岷大部分地区。吐蕃信奉藏传佛教，在汉藏杂居的地区，藏传佛教对汉人的民间信仰产生了重要影响，大量汉人在保留自己信仰的同时，还信仰藏传佛教。

7 世纪初，佛教传入西藏地区。佛教传入前，在西藏占主导地位的是苯教。佛教传入藏区后，在吸收、改造苯教教义、仪轨的基础上，完成佛教的藏区本土化过程，形成藏传佛教；苯教则通过对佛教教义的借鉴和吸收使自己更为系统化、组织化。在远离吐蕃统治中心的边缘地带，藏人的信仰更是佛、苯相杂，共同存在。在藏人的宗教观念里，无论佛、苯，有一点是共通的，那就是它们都认为自然与神灵是结合在一起的整体，自然是物化的载体，神灵是无形的灵魂。也就是说山与山神共同构成神山，湖与湖神共同构成神湖。

（一）神山与圣湖崇拜

洮岷一带的名山古刹、湖泊水潭，有很多都是藏汉僧侣和民众举行宗教活动的圣地。比如洮岷境内的太子山、莲花山和常爷池。太子山、莲花山既是汉人朝山拜佛的圣地，也是藏人心目中的神山；冶力关的常爷池是安多藏区藏人朝拜的神湖之一，也是汉人崇拜的湫神常爷（常遇春）的神池。神山圣湖边上的庙宇中供奉了众多的汉藏神灵、地方福神，是洮岷民众多元信仰的集中展演之地。

1. 太子山

太子山，藏语名字叫"阿尼念卿"，是安多藏区著名的神山，也是青藏高原和黄土高原的分界岭，受到汉藏百姓的顶礼膜拜。民间传说太子山有三位大王，一是虎林大王，二是金龙大王，三是白马大王，他们都是明朝的开国元勋、"八大关将"，这八位明朝的开国将领既是藏人信奉的山神，也是汉人信奉的湫神。

太子山是西倾山脉北支的重要山峰。洮岷民众认为西倾山是冰雹的发源地，民间传说此山神的眼睛是瞎的，又比较自私，经常以下白雨的形式跟百姓争夺粮食。为了避免白雨侵害庄稼，藏人每年都要请喇嘛念咒、祭山神，汉人则插旗—扎山，希望用仪式手段制服山神，保护粮食。

2. 莲花山

莲花山地处康乐、临潭、卓尼、临洮、渭源五县的交界地带，地理位置十分重要，有一首"洮岷花儿"里唱到："莲峰高耸入云端，山尖云雾紧相连，水帝洞结冰六月寒。邻近相接七个县，康乐、临洮和渭源，卓尼、岷县与和政，地盘管辖是临潭。上古传说六月中伏烈日炎，王母娘娘避暑会八仙……"歌中唱出了莲花山的地理位置与传说故事。莲花山古称"西崆峒"，后因其山峰形似佛教中的吉祥莲花而被百姓称为"莲花山"。当地的藏人把"莲花山"叫做"白玛山"，是他们朝拜的神山之一。

莲花山因山势险峻，风景优美，自南北朝以来便先后修建了富丽堂皇的寺庙，如大佛殿、玉皇阁等大小建筑20多处。清末"莲花山中峰之上，有圣·观世音十一面尊的神殿，东峰之上有帝释神殿。在这座山峰之麓，圣·阿莽道扎塑造了五世达赖、章嘉饶悲多吉、一切知嘉木样协巴等像。有杨先云的静房——禅定洞……该处有供奉文殊、释迦王佛、观世音等以及三世诸佛像的两座佛殿、度母佛殿、普贤佛殿等。还有许多供奉汉族神道的庙宇……汉藏族的病人们前来朝礼此山者甚众，对他们的疾病之所以有所裨益，据说这似乎是由于教长的加持云。现在五月五日这一天，朝山的汉族和藏族的人们难以数计。"[1]

2009年9月，报道人DZM将自己演唱过的各种"花儿"整理好给我寄了过来，其中就有唱诵莲花山佛爷的"花儿"，从他与"花儿娘娘"[2]的对唱中我们可以清楚的了解莲花山上寺庙的位置、神像造型及各路神仙的主要功能等。唱词风趣幽默，一问一答，叙事转换十分巧妙，实在是比笔者的介绍要有意思得多，特摘录一段如下：

女：锅一口，一口锅，你先把唐坊滩里佛爷说，掌世佛么弥陀佛？

男：骡子驮下炭着呢，我不唱意不过者呢！九扎角的莲空殿，画匠画的真好看，三大古佛慈容颜，弥勒佛者眯着眼。

女：鸡儿下蛋着呢，十八罗汉坐着呢么站着呢？脸势朝啥看着呢？

男：鸡儿下蛋着呢，十八罗汉站着呢，面对面的看着呢，口里弥陀佛念着呢！

女：红杨细柳一张杈，摩家四将你见过啦？他到两面墙上画。

男：杆一根四根杆，我把摩家四将见过面，大哥琵琶二哥剑，三哥打的黄龙伞，四哥长虫把人缠……

从"花儿"歌手的演唱文本中[3]我们可以知道，莲花山上是多种宗教并存，儒、释、道三家俱全，既有道家的三宵娘娘、四大灵官、雷祖、文昌帝君，也有藏传佛教的护神、观音，还有民间信仰的湫神、三星、牛王、马王、山神、土地等。

---

[1] 智观巴·贡却乎丹巴绕吉：《安多政教史》，654~655页，兰州，甘肃民族出版社，1989。
[2] 花儿娘娘：对唱"花儿"的女性的统称。
[3] 全文见笔者田野调查资料本之"董正民与他的花儿"。

3. 常爷池

八角乡与冶力关交界的庙花山下有一个清澈的湖泊，它既是藏人的神湖，也是龙神常遇春的神池。当地汉人把这个湖泊叫做"常爷池"，常爷池的官方称谓是"冶海"，藏语名称为"周茂周措"或者"阿玛周错"。每年农历五月二十三日至五月二十七日，康多地区的藏族群众①都要到湖边举行祭祀仪式，祭祀的对象是"常爷庙"内的常爷、海神常遇春和山神。除了每年农历五月二十三日至五月二十七日固定的祭湖仪式外，平时也会有藏民来下宝瓶和朝湖的，据我的一个报道人说：

藏人把我们的常爷信得很，每年都要到常爷池来下宝瓶，康多的、青海的、四川的藏人都有，他们是一个村子一个村子算下日子来的，每个村派一个代表来。藏人把这个湖信仰得很，老人们说以前把银子、银元啥的都往湖里扔着呢！现在还有人把一块的钱一打一打的往湖里扔着呢，就跟他们抛风马一样的，一点儿也不心疼！

也有单个来朝湖的。有的人快到湖边的时候都半死不活的了，到了湖边，用瓶子嘛盆子嘛的盛些水，也不管有人没人，也不管男人女人，都是把衣服全部脱光，用湖水洗身子。说是能治病，洗了后人就精神了。有的人还把娃娃也引上来，冬天啊，天那么冷，他们就在湖边的石头那儿睡下，白天用冰给孩子擦身子，说是能给孩子保平安，不生病。我们这个湖远方的人把它信得很，主要是求不得病和求儿女的！

我听人家说，藏人把这个湖叫"阿玛周措"，"周措"在藏语里就是"湖"的意思。阿玛周措就是说这个湖是藏人的母亲湖，地位大得很，说是在西藏的湖里面，它的地位最大，跟拉萨的那个什么寺院一样大，说是不朝拜这个湖的话，就是朝拜了其他的地方也没有用！②

---

① 甘南藏族自治州其他地区、青海及四川的藏民也有来参加祭祀仪式的，但他们只祭海神。
② 笔者 2009 年 6 月 3 日采录于冶力关镇池沟村，讲述人：XZA。

(二) 藏传佛教的世俗化

明朝初年，洮岷地区藏人众多。但随着汉族移民的大量迁入与官方意识形态向边陲地区的渗透，很多藏人习汉语、说汉话、穿汉服，成为"熟番"。

洮岷两地藏传佛教世俗化、民间化倾向严重。两地藏传佛教的信徒中有众多的汉人，汉人在信藏传佛教的同时，还信仰道教、龙王、泉神等民间神灵，对藏传佛教的信仰程度远远不如藏人虔诚，僧人不可能完全由百姓供养。为了生存，喇嘛们必须走向民间，他们走村串户，替民众诵经、祈福、禳灾、治病和超度亡灵，民间俗称"走施助"。

藏传佛教节日也呈现出浓厚的世俗性、实用性与观赏性，宗教节日变成了娱神、娱人的民间盛会。《岷州志·风俗》一章中对大崇教寺四月八"浴佛会"的盛况有着详细描述：

大崇教寺作"佛诞大会"。自初八日起，寺僧并座经堂，诵经三日。十一日奉高僧于讲堂寺坐净。十二日，以五华宝盖、香位、幢秀幡迎至本寺大殿，登床趺坐。寺僧参见毕，携洮、岷临河各寺诸僧，往往多至千余，陪坐诵经，梵音震山谷。日供斋二餐，午斋各佐以猪、羊肉一盂。至晚，高僧仍归讲堂寺。次日，迎送供奉如前。午时，择番僧之年少者，戴五佛冠，衣五色舞衣，向佛前跳舞，名曰"喜佛"。十四日，跳护神。结坛于山门之内，先一白衣鬼执鞭净坛，次一大头僧执纸扇满坛闲步，次扮龙、虎、狮、象，奔于坛所，诸护神乃出，名曰"二伯马汉"、"四伯马汉"。面具或青、或赤、或黑，各衣大袖绣袍，袖方而劲，虽极跳舞，未尝少委。俄而一人登坛，牛首人身，云是观音变像，名曰"野门达哈"，右执旌旗，左执降魔杵，向南而立。随有贵妇引出一怪，鸟首趾足，一鬼执短棍随之。于是，金鼓齐鸣，诸佛鬼怪绕场三匝而退。继择年少番僧一十八人，如喜佛时装束，依次而登，各执降魔杵，振金铎，旋绕诵经，且诵且舞，所谓"天魔舞"也。舞毕，众僧送施食与旷野，以火焚之，乃散。十五日清晨，用小盘载一铜佛，至寺后北山巡行一周，名曰"迎佛归"，而供诸本殿，大会遂毕。

此数日中，居民约会者携茶茗、运炒面，供僧食用，谓之"熬广茶"。

其余汉番男妇及临郡洮州诸番朝山进香者,摩肩接踵,各携清油、酥油,赴寺点油礼佛,谓之"燃海灯"。甚至羌儿番女并作殿前,吹竹箫、歌番曲,此唱彼和,观者纷然。归时相谑于途,多亵狎之状,非徒赠芍而已也。①

大崇教寺又称"东寺",位于甘肃省岷县梅川镇萨子山麓,是一座藏传佛教寺院,其前身是唐代的龙兴寺。元代时,岷州宣慰使司定而迦将其改为藏传佛教寺院。明代,大智法王班丹札释对其进行扩建,此次扩建得到了明朝廷的支持,扩建后的大崇教寺成为安多藏区的名刹,吸引了周边众多的僧人和藏民前来朝拜。岷县有句俗语为:"西番朝东寺——一谋触心",说的就是藏人朝拜东寺的虔诚与执著。从上文所载的大崇教寺四月八佛诞会的盛况,也可以看出这座寺院曾有的辉煌。

三、汉人信仰的现状

经过明清时期的汉人向洮岷地区的大规模移民之后,汉文化成为两地的主导文化,并深刻影响了洮岷各族群的生活。经过长期的碰撞、交流、融合,汉藏插花居住地区的藏人也接纳了汉人的湫神信仰。汉人祭祀区是盖庙、过会、还愿等费用的主要摊派区,盖湫神庙、湫神复元时,青苗会会首们也可以到藏人信奉区化布施,但过会、还"报愿"的费用藏人信奉区并不承担。过会的时候,藏人只进庙烧香,献哈达,给香火钱。以湫神大庙为中心,洮岷地区形成了一个个联村的甚至是跨地区、跨族群的湫神祭祀区域。

这些信奉湫神的藏人区域分布于汉人祭祀区的边缘地带或者与汉人居住地插花相接。他们半农半牧,说汉语,是汉化了的藏民群体,地方史志或当地土语中把这些群体及村落称为"××族"。如:洮州的眼藏族、泥地族,岷县的坎卜它族等。这些被称为"族"的藏民群体在民国以前皆为某位土司的属民,他们既信奉藏传佛教,也信奉汉人的湫神,并与汉人青苗会有着仪式上的往来,这些区域大多成为洮岷湫神在藏区的"马路",洮州人俗称"路尼"。

---

① 参见(清)田而穟纂辑:《岷州志·风俗》,康熙四十一年抄本。

在我国，一般佛教建筑称为"寺"，道教建筑称为"观"，纪念伟大人物或祖先的地方称为"祠"或者"祠堂"，不会与佛道两家相混。有趣的是，洮岷大地是"佛道不分，见神就拜"。两地将佛道两家的祭祀场所通通称为"庙"，洮州地区将庙内的男神、女神一律称为"佛爷"；岷州则将男神通称为"佛爷"，将女神称为"娘娘"或者"阿婆"。在洮岷村落中，最为常见的庙宇是湫神大庙及其歇马殿（分庙），湫神庙中除了供奉湫神外还供有观音菩萨、三霄娘娘、山神、土地、泉神、藏传佛教的护神等神灵。

洮岷民间主要信奉的神灵有哪些？其寺庙在什么地方？这些我们可以从师家跳神①时所唱的"神曲儿"中来了解其详情。请神时"马角"或"水头"除了要请当地的18位湫神外还要把洮岷地区的汉家、藏家、佛家、道家、释家的大小神灵全部请到。因此，"师公子"的"请神曲儿"中几乎涉及了洮岷民众所信奉的一切神灵，神词全文如下：

请三品（神）②（三元甲子神）

上元一品天爷天娘，天家子孙天公天母、佛家子孙佛公佛母、道家子孙道公道母、雷家子孙雷公雷母、普天神君普地神君、张果老人、李老君臣、二十八宿、六十花甲、放风娘娘、风伯雨师、八个当值九元神行，一切神灵：头来请你赶教愿，二来请你进宝殿，三来请你殿上堂中领教愿。

上元一品洮岷殿上释迦佛、三星殿上尊大佛、雷音寺里弥勒佛、在天庵城光明佛、在地庵城接音佛、江河两岸流茶佛、青草头上露水佛、千树林中树叶佛、无量出来功德佛、消灾出来延寿佛、凡人眼里光明佛、千千万万无数佛、万万千千弥陀佛，一切神灵：一来请你赶教愿，二来请你上宝殿，三来请你门堂殿上领黄愿。

上元一品一波出来。普天菩萨、普地菩萨、青莲菩萨、红莲菩萨、白莲菩萨、皂莲菩萨、黄莲菩萨、观音菩萨，一切神灵：一来请你赶教愿，

---

① 师家跳神：包括法神和起鼓两项。法神就是与神沟通，代神传话；起鼓是指用鼓乐、歌唱的形式将神请来，并称赞、劝慰各位神灵。

② 洮岷地区庙上湫神还愿打鼓请三品神时与家神还愿不同，家神还愿时必须"打马头"，戴"五方佛冠"，而庙愿则不用。图1-10中穿彩衣的"师公子"头上系了"马头"（假长辫子），戴了"五方佛冠"。

二来请你进宝殿，三来请你门堂佛殿领黄愿。

上元一品东海观音、南海观音、西海观音、北海观音、十字观音、道生观音，二臂观音、四臂观音、六臂观音，一切神灵：一来请你赶教愿，二来请你进宝殿，三来请你门庭堂中宝殿领教愿。

上元一品东霸天王、南霸天王、西霸天王、北霸天王、中霸天王、骡子天王、拉鬼天王、吃鬼天王、喝鬼天王、剥皮天王、一百八个大天王，一切神灵：一来请你赶教愿，二来请你进宝殿，三来请你领教愿。

上元一品东方八天、南方八天、西方八天、北方八霸，中有一天，四八出来，三十二天，上有壹天、三十三天，牙古陆兵、福财禄君，别种神灵，一切神灵：一来请你赶教愿，二来请你进宝殿，三来请你领教愿。

中元二品玉皇阁上、三层阁上、麻坊阁上、鲁班阁上、翠峰山、二郎山上、雷祖山上、马王庙呢，一切神灵：一来请你赶教愿，二来请你进宝殿，三来请你领黄愿。

中元二品，一出东门东寺上，二出南门南寺上，三出西门西寺上，四出北门北寺上，肖家出来山西寺、喇嘛滩上头光寺、齐家迭落光德寺、三忠湾呢阁家寺、河沟有它廣木寺、安家李家冲角寺、顺走洮州高楼部李家寺、闫家寺上侯家寺、麻路寺上石叶寺、卓尼温部闹节寺、河州凤凰炳灵寺、三十六座佛家店、二十四座金宫寺、前殿齐栏后殿护法、五湖四海四海龙王，一切神灵：一来请你赶教愿，二来请你进宝殿，三来请你领黄愿。

中元二品，威旗坊里喇嘛寺一座、临洮有他登子城隍、秦州有他任宗皇帝、九殿之上安文王、岷州观了高庙二郎当街城隍、顺走洮州宋城隍、旧洮府呢救苦城隍、河州城内马城隍、九州八府七十二县城隍，一切神灵：一来请你赶教愿，二来请你进宝殿，三来请你领教愿。

下元三品，李落山上真天、白马原野山川、梅川有他大白马、南川有他二白马、海北海嶽宣化太子、后有龙王王家山上、盖国叱咤、水磨沟里小儿叱咤、坎卜它呢兵部侍郎、小扁蹬主、黑池龙王大庙滩呢、驸马大帝、观音菩萨、西林部呢四位神灵、御林部呢西海龙王、高楼衙门水神四郎、三岔有他银山四郎、黑松岭上总督山神、威旗店子金狮牌坊、扁都岸上歇马宝殿、青龙宝山都大龙王、普天同治显应龙王、大石山上总督龙王、水磨川呢小儿叱咤、千家寨呢黑池龙王、旧洮城里五国龙王、青石山上黑池龙王、秦伯部呢五方行雨、张雄寨呢九天圣母、石旗部呢东嶽府君、郑旗部呢白马显神、赤峰崖上南嶽天齐、杨公寨呢九天圣母。一切神灵：一来请你赶教愿，二来请你进宝殿，三来请你领教愿。

下元三品，大金山上大娘娘，二金山上二娘娘，盘龙山上三娘娘，牡丹寺呢四娘娘，五峰山上五娘娘，上有那里斗牛宫呢王母娘娘，下有高庙蹬住崖上珍珠三娘，迭马咀上、透山娘娘，包家族呢白马野神娘娘，一切神灵：一来请你赶教愿，二来请您进宝殿，三来请你领教愿。

下元三品，洮州所管四天官、岷州所管五天宫、九条河道、河王水神、在庙行神、五处山神、九龙泉神、五方行神、门上护神、土地灶君，一切神灵：一来请你赶教愿，二来请你进宝殿，三来请你领黄愿。（请三品完毕）①

图1-9 庙上湫神还愿"请三品"

图1-10 家神还愿"请三品"

从请神词的内容来看，洮岷大地上的神灵按照品格的高低可以分为上元一品、中元二品、下元三品三类。上元一品神包括佛家与道家的上天神，中元二品神包括道教天尊、藏传佛教与汉传佛教的各路神灵以及各路城隍。上元一品与中元二品的区别在于，上元一品神没有具体名称和庙宇所在地；中元二品神虽然也没有具体名称（城隍除外），但是神词中指出了他们所在的庵观寺庙的具体名称。位列上元一品、中元二品的各路神仙离洮岷人的日常生

---

① 摘录于笔者整理的岷县冷地口村"水头"LJH的神词文本，冷地口村位于临潭、岷县、卓尼三县的交界地带，LJH演唱的请神词中，涉及了洮岷大地上的众多庙宇与神灵。

活较远，他们大多被供奉在远离尘世的圣山庙宇中，由和尚、道士等专门的神职人员奉祀。下元三品神包括各路湫神、泉神、山神、土地等民间神灵，与人的关系最为亲密。神词中对洮岷两地的18位湫神的名称（俗称或者封号）及大庙所在地的叙述甚为详细。除了官方敕封的18位湫神外，对洮岷两地较为有名的其他湫神、泉神、山神等民间神灵也多有提及。

根据笔者对洮岷地区师家所唱请神词的整理，现将洮岷地区民间信仰中的神灵按照品级分类如下：

表1-1 洮岷地区民间信仰神灵品级分类一览表

地区 品级	洮州		岷州
上元一品 （上天神）	天家、佛家、道家诸神		天家子孙、天公天母；佛家子孙、佛公佛母；道家子孙、道公道母；雷家子孙、雷公雷母；二十八宿、六十花甲
中元二品 （地域神）	洮州新城晏家堡	洮州北路冶力关	洮岷两地寺庙中所供的佛教（汉传佛教与藏传佛教）神灵、道教神灵与各地城隍
	九江八河四海龙王；洮州的18位龙神	道家及各地的城隍	
下元三品	各路行神、家神、山神、灶神	全国各地的龙王、洮州的18位龙神、行神、家神	岷州的18位龙神与洮州的部分龙神（详细报出大庙所在地与称号）；其他水神、山神、行神、护神、土地灶君等
其他	前辈家亲、后辈亡魂		

现在，请神词中出现的很多庙宇已经在洮岷大地上消失了。由于两地藏传佛教势力的衰落，很多藏传佛教寺院拆除后再也没有兴建，近年来兴建最多的是湫神庙。洮岷湫神庙中除供奉湫神外，还供奉了佛、道两家的多位神灵。

汉人民间信仰对藏人的重要影响除了表现在洮岷藏人崇拜湫神外，还体现在一些土司的家庙中也出现了汉人信奉的民间神灵。如岷县茶埠镇原觉寺原为僧纲后土司的家庙，庙内供奉的神灵汉藏互杂。原觉寺殿外廊柱上绘着四大天王的图像，后宫背对前殿的墙壁上塑有一位骑龙的千手千眼观音像。大殿平日里冷落异常，只有年节时人们才来上几炷香。大殿的高台下，有一座子孙楼，是民国末年才修建的，里面供奉着汉人的福神：碧霞元君、三宵娘娘、痘疹娘娘、眼光娘娘和子孙娘娘。

本章小结

人类与生存环境之间的关系是十分复杂的。人类群体适应并塑造了其生存环境，生存环境因素反过来也作用于人类，影响了人类的风俗习惯与社会、经济、政治生活。洮岷地区古为番戎之地，地貌复杂，气候多变，严酷的生存环境是湫神信仰产生的直接动因。

明代以前的洮岷地区草场广阔，森林茂密，是游牧者的天堂。明清两代，大量的江南及中原汉人移民迁入洮岷地区。汉人是以农耕为主要生计方式的人群，汉人的大量迁入，在推动当地农业发展的同时，也极大地破坏了当地广袤的森林、草场资源，加剧了当地生态环境的恶化。生态环境的恶化反过来又导致洮岷地区的自然灾害更加频繁，这种恶性循环使得洮岷百姓的生活举步维艰。生活的艰难反映到精神层面上便表现为洮岷百姓对湫神信仰的异常执著与热忱。

洮岷地区自然环境多样，族群文化多元。以农耕为主的汉人、半农半牧的藏民与善于经商的回民之间存在着不同的生产和生活方式，彼此之间既有纷争又相互合作。经过长期的碰撞、交流与融合，汉藏插花居住地区的藏人也逐渐接纳了汉人的湫神信仰，并用本族群的方式进行祭祀。洮岷地区的汉、藏、回、土等多民族文化的交错融会造就了当地宗教信仰上的多元格局。藏传佛教、道教、汉人的祖先崇拜和湫神信仰以及源于西羌、吐蕃等族群的以自然崇拜、精灵崇拜为主要内容的原生性宗教形态在洮岷大地上彼此协调、融合，在各族群间达成了不同层次上的合作与认同。

第一章 走入调查地：洮岷湫神信仰的生存环境

第二章　国家权力的渗透与十八位湫神信仰的形成

洮岷地区地处于中原内地与西北边陲的交汇、过渡地带，战略地位十分重要，历代为兵家必争之地。洮州"西控诸番，东屏两郡，南俯松叠，北蔽河湟，西南之要害也"①。岷州"东维关陕，西控羌戎，南则通蜀汉，北则拱神京"②，"面山带河，山川险隘，西亘青海之塞，南临白马之氐，东连熙巩，北并洮叠，内则屏捍蜀门，外则控制边境，为熙河重地"③。洮岷地区是出入藏区的门户和连接汉藏的桥梁，也是历史上各朝经营藏区的战略前沿。

明代以前，历代虽在此设州置县，但都变化无常。唐中叶以来，吐蕃占领河、湟、洮、岷地区达300年之久，成为当地的主导人群。直到五代十国时期，洮岷地区仍为吐蕃所据，期间由于吐蕃势力的衰弱，两地曾臣服于后唐统治。宋代，崛起于大夏河流域的吐蕃人建立了唃厮啰政权，洮岷地区被纳入该政权的统辖之下，并臣属于宋朝。元代，洮岷地区属吐蕃宣慰使司管辖。

明朝初年，在洮岷地区仍然生息繁衍着众多的番族部落，据《岷州志》载："洮岷番人三百八十余族"④，《明史》曰："西番，即西羌，族种最多，自陕西历四川、云南西徼外皆是。其散处河、湟、洮、岷间，为中国患尤剧。"⑤ 洮岷地区番族众多，互不统属，人心不一，叛乱时常发生，极难驾驭。

---

① （清）吴垚修：《洮州卫志》卷一"舆地·形胜"，康熙二十六年抄本。
② （清）田而穟纂辑：《岷州志》卷十七"艺文志上"，康熙四十一年抄本。
③ （清）余谠纂辑：《岷州卫志》卷一"舆地·形胜"，康熙二十六年抄本。
④ （清）田而穟纂辑：《岷州志》卷六"典礼·番贡"，康熙四十一年抄本。
⑤ （清）张廷玉等撰：《明史》卷三百三十"西域二·西番诸卫"，北京，中华书局，1974。

明初，朱元璋忙于统一全国的战争，无暇西顾，虽然其在洮岷地区分别设立千户所进行管辖，但是对两地的管理仍继续沿用元代的羁縻政策，主要是通过当地番族僧俗首领来管理两地的具体事务，并未建立直接的统治。这种羁縻政策的实施使得洮州一带的元代残余势力得以保留。

元顺帝北逃后，北元蒙古势力与明朝廷的战争在西北大地上仍然进行着。随着明朝军队在西北地区的节节深入，为了避免番、蒙结盟，加强对洮岷地区的管理，明太祖逐渐意识到在洮岷地区设置边卫的重要性。

第一节　国家权力的渗透

"岷州孤悬绝塞，与氐羌杂处。南接西固、阶、文，为古阴平入蜀之要道。西连洮堡长城，直通海上祝囊，诚为陇右之屏障也。绸缪之策，守土者其可忽乎哉！"而"洮州实为岷之外屏"，这是《岷州志》编纂者在序言中对洮岷地理位置重要性的评说。鉴于两地的战略重要性，明洪武四年（公元1371年），朝廷就已经在洮岷两地设置了两处千户所，均隶属于河州卫。

卫所制是明朝军事制度的主体，它继承了元代的军户世袭制度，即武官世袭，旗军世役。自京师到郡县，皆设立卫、所，外统于都指挥使司，内统于五军都督府。都指挥使司下辖若干个卫，卫下又辖一定数量的千户所和百户所。一般来说，每卫设左、中、右、前、后5个千户所。据《明史》记载："天下既定，度要害地，系一郡者设所，连郡者设卫。大率五千六百人为卫，千一百二十人为千户所，百十有二人为百户所。所设总旗二，小旗十，大小联比以成军。其取兵，有从征，有归附，有谪发。从征者，诸将所部兵，既定其地，因以留戍。归附，则胜国及僭伪诸降卒。谪发，以罪迁隶为兵者。其军皆世籍。"

通过这段文字我们可以得知明廷根据各地的边防、战略需要设置卫所，固定驻屯戍守。卫所有固定的兵额，大约是5600人为一卫，1120人为一个千户所，120人为一个百户所。百户所下设总旗2个，小旗10个，每个总旗50人，小旗10人。

一、"番族叛乱"与洮岷卫所的建立

明朝军队在西北地区与北元蒙古势力的一系列战争使朱元璋看清楚了洮岷两地战略桥头堡的军事意义。明洪武十一年（公元1378年），岷卫指挥使马烨奉敕在岷州开设卫治。马烨伐木通道、建立卫所。卫所制度对洮岷社会产生了重要影响，因为"卫所实行家属一同驻守的世袭兵制，驻地很少发生变动，这些足以使它与地方发生密切的关系。家属同守是卫所一大主要特征，所以每设置一个卫所或千户所必然要带来一定的军事移民，这种移民数量巨大，而且聚居在卫所周围，一般不与当地居民通婚"①。

岷州卫为军民杂居，编户的里民中既有番属、前元降民，又有迁移而来的汉民。② 明洪武十一年（1378年），岷州卫初建，除了迁移官兵戍守屯垦外，还从陕西岐山县迁民一里③作为"样民"编入里甲。从陕西迁入"样民"的目的是为了给岷州的里甲组织建设提供一个样板。岷地为汉、番杂居之地，代表内地文明的陕西样民可以起到教化其他族群的效果。康熙年间，时任岷州同知的汪元绹在《岷州竹枝词八首》之一中写到："试险西行行近蜀，算程东去本连秦。家家板屋留风土，半是岐阳旧样民。"④ 由此可见，这些迁移来的样民不仅保持了本土民风，也深刻影响了岷地的风习。

与岷州相比，洮州的情况更为复杂，洮州"番回杂处，奸民窃窥，诚不可无兵以守之。圣天子西顾情殷而安不忘危，则绸缪未雨之计宜镇此土者，兵防也"⑤。地方官这样说并非危言耸听，因为洮州直接连接西番腹地，是边疆前沿的前沿和守卫内地的屏障。洮州状况如何，直接关系到明帝国对陇右地区的统治是否有效，影响着整个西部边疆的安定。⑥

洪武十二年（公元1379年），洮州十八族番西三副使等叛乱，并占据纳

---

① 郭红：《明代卫所移民与地域文化的变迁》，载《中国历史地理论丛》，第18卷第2辑，2003年6月。
② 参见宋丽丽：《明清时期甘肃洮岷地区汉族移民研究》，兰州大学硕士学位论文，2007。
③ 一里：大约有一百户左右。
④ （清）田而穟纂辑：《岷州志》卷十九"艺文志下·赋"，康熙四十一年抄本。
⑤ （清）张彦笃修，包永昌等纂：《洮州厅志》卷九"兵防"，光绪三十三年抄本。
⑥ 参见王玉祥：《论朱元璋经略洮州》，载《甘肃社会科学》，2003（6）。

邻七站之地与明廷抗衡。明太祖派遣征西将军沐英、都督佥事奉国将军金朝兴等率兵前往征讨，又命曹国公李文忠前来筹备军事。"英等至洮州旧城，寇遁去，追斩其魁数人，尽获畜产"①。捷报传到京城，朱元璋下诏就地修筑城池戍守。帝报曰："'洮州，西番门户，筑城戍守，扼其咽喉。'遂置洮州卫，以指挥聂纬、陈晖等六人守之。"②其后，朱元璋又给李文忠、沐英等人连发数道敕令，命他们继续留守洮州，李文忠等人不敢违抗，只好将自己带的江淮兵士留在洮州卫城（今新城）戍守。

明代洮岷地区主要由军事卫所进行管理，军事卫所不仅管理有关的军籍人口，还要对普通民众进行管理，成为一种特殊的非正式政区。由于洮岷卫所的特殊管理方式与军事性农业的发展，这些来源集中、居住集中的军事移民及其后裔对洮岷地方的文化教育、风俗习惯、民间信仰等产生了重要影响，再加上洮岷地区地处僻远，较少为外界所扰，因此两地传统的文化习俗被较为完整的保留了下来。

二、明清时期对洮岷地区的管理

1. 土流参治

明清时期，凡县级以上的官员都应在异地做官，任期一般为三到四年，官员流动频繁，是典型的流官制度。西北边疆各族群交错杂居，生产方式多样、文化多元，如果仍采用单一的流官制度是不可能有效治理番族、控制边疆的。因此，朝廷在西北地区施行了以流官为主、土官为辅、流官与土官（即土司）制度相结合的"土流参治"制度来对包括洮岷地区在内的西北边疆进行管理，这是明清时期对西北番族进行有效管理的政治发明。③

明朝初年，为了联合各番部共同反元守边，当时的明廷为怀柔恩抚西北各番族采取了羁縻政策。尤其是对地域辽阔、番部众多的西番诸卫和关西诸

---

① （清）张廷玉等撰：《明史》卷三百三十"西域二·西番诸卫"，北京，中华书局，1974。
② 同上。
③ 参见范长风：《跨族群的共同仪式与互助行为——对青藏高原东北部青苗会的人类学观察》，44页，中国人民大学博士论文，2007年5月。

卫的各部首领，只要他们"率土归附"，朝廷均授予世职。① 洮岷地区有众多的番部首领和前元官吏因为主动归附被朝廷授予指挥同知、指挥佥事、千户、百户等职位，均为武职，并准予世袭。但是在地方政权结构中，流官的权位、官员数量均高于土官。洮岷地区的流官主要是从直隶、陕西、河北、河南、山东及江淮等地调任而来的。在洪武十二年以后，洮州卫汉人的指挥、佥事有十几位，土官的职位只有两位，另有一名土著百户。

洮州的西番首领被赐予土司职位从而被吸纳进中央设置的地方军政机构中，有效地实现了朝廷权力向边疆地区的渗透。土司既是国家官员，又有朝廷封赏的辖区和属民。土司还拥有土兵，土兵平时在家放牧牛羊或耕种土地，所需的粮草、武器装备等均由各地土司自筹。土司受朝廷调遣，在安抚各番族部落、调节番部纠纷、协助朝廷平定叛乱等方面发挥了积极作用。朝廷允许他们建立一定规模的土司衙门实行自治，有一定程度的自主性。土司间接地受中央政权的辖制，对朝廷的任命与封赏要表示忠心。

清朝建立之初，沿袭明制，对前明土司采取了争取、拉拢的方针，承认其合法性，准予世袭。由于这一政策的实施，顺治年间，西宁、河州、岷州等地的土司纷纷归附朝廷。由于土司把守众多关隘，把持地方民事，在汉藏杂居区，有些汉人也供其调遣，土司势力在洮岷地区影响巨大。土司统治地区同样有着森严的等级制度，百姓生活十分悲惨。在岷县的寺沟、麻子川、秦许等乡镇流传着一首借汉人之口替藏人（即指下文中的"西番"，西番是洮岷百姓对藏人的俗称）控诉土司残暴、歌颂朝廷官员替百姓铲除恶霸土司的歌谣，歌谣唱道：

多纳立珠②赵通官③，他在山后管西番，管的西番太可怜。
他修堡城建宫殿，家家交款又送饭，口里还要说我情愿。
窑又窎来路又远，老小排成一根儿线，人挨人的来转砖。
牛羊肥的由他拣，头梢儿骡马随他牵，西番见他浑身颤，谁敢说要一

---

① 参见彭建英：《明代羁縻卫所制度述论》，载《中国边疆史地研究》，2004（3）。
② 多纳、立珠是清代赵土司管辖的藏人村落的名字，据说归赵土司管辖的村子还有铁尺、拉子等。
③ 据说赵土司的先人是赵阿哥潘，是元代掌握兵权的藩王。

文钱。

得罪通官拿刀砍,不顺眼的皮鞭缠,罚你苦工十五天。
朝廷王法他不管,一手遮了半个天,横行霸道谁敢喘。
娃们结亲成亲哩,儿女亲家提心哩,老叫驴他要尝新哩。
西番人人伤心了,打发原告上京了,说通官太丧良心了。
通官听下有麻达,上跻下骛想办法,打发下人请亲家。
铁亲家,木亲家,这个事情阿么恰,用三升金子匿了吧。
亲家给他把话答,三升金子匿不下,人家要你的多脑①价。
赫道台②的人硬扎,哪管你权势尕么大,不除灭你是没王法。
三升金子我不要,我要通官家大的狗多脑,你欺天灭理太霸道。
赵通官,赵通官,脊背靠住二郎山,狗头就叫蛮刀砍,一股儿青烟冒上天。③

此事在当地是人人皆知、辈辈流传,在岷县还有传说版本。岷州方志中也记载了清雍正年间赫道台除暴安良的事情。

百姓们说雍正皇帝将赵通官押进京城,交刑部问罪斩首,并将他的家属充军辽宁。从此后,岷州南乡一带就改土归流了,当地老百姓再也不受赵土司的压迫了。改土归流是雍正年间清廷在西北地区推行的一项削藩政策,目的是加强中央对边陲地区的直接控制。改土归流后,土官只是空具头衔,不再掌管地方事务。赵通官的故事恰恰发生在这一时期,在汉人的口头传统中,"赵通官"成为一种象征符号,以土司的残暴反衬了朝廷的公正,为改土归流的推行找到了道义上的支持。

明中期以后,洮岷地区的"麻竜(lóng)赵头目,攒都沟后土司、宕昌马土司所辖土民,其习俗大部分与汉民无异,辖地归州编户,钱粮及命盗重大案件,悉归州官征收、审判。土司只理其寻常讼词"④。随着越来越多的土民被纳入州县编户,土司的辖地日益减少,势力衰微。清末与民国初年兵燹

---

① 多脑:洮岷俗语,"脑袋"的意思。
② 赫道台:洮岷陇右道道台,名赫赫,民间传说他是满洲贵族、正黄旗子弟。
③ 参见宋志贤编:《岷县民间歌谣》,237~239页,香港,天马图书有限公司,2002。
④ 岷县志编纂委员会编:《岷县志》,86页,兰州,甘肃人民出版社,1995。

横行，加剧了土司势力的灭亡。

土司制度的设立在洮岷地区产生了深远影响，至今在洮岷村落中仍然流传着藏人土司的许多奇闻轶事。这些民间叙事描绘了土司们的奢侈生活、残暴性情等，具有很强的讽刺意味。卫所制度、土流参治这样的军事、政治制度对洮岷地区的湫神信仰也影响巨大，在笔者研究的湫神信仰仪式及其口头传统中处处充斥着一种强烈的军事意向。

2. 僧纲制度

明代对西北藏区的管理继承了元制，除了上述的土司制度外，还施行僧纲制度，以宗教化导番民。并在具体的建制上加以变革，有所突破。僧纲制是明朝在全国推行的地方僧官制度。①

明洪武十五年（公元1382年），朱元璋诏令天下，在京设置了僧录司、道录司，作为中央统管宗教事务的机构，掌管天下僧道。在地方上，建立与行政体制相应的府、州、县三级僧官体制。② 洪武二十六年三月（公元1393年），明太祖在属于安多藏区的西宁卫、河州卫、洮州卫、岷州卫、庄浪卫等地设立了僧纲司，这是在安多藏区建立僧纲司的最早记录，明政府将对汉地佛教所采用的僧纲制度推行到了藏传佛教地区。岷州卫的僧纲司最初设在大崇教寺，明宣德三年（公元1428年），僧纲衙门改设在了大崇教寺的下院原觉寺。明代在西番诸卫共设立了19所僧纲司、3所僧正司。

洮岷藏区的僧纲制度与土司制度是结合在一起的，土司职位由其长子继承，次子则袭任僧纲，若遇到子孙单传的情况，则由土司兼任僧纲。僧纲管理宗教事务，也插手土司衙门的行政、军事等活动，常常是集政、教权于一身，僧纲既是宗教首领，又是行政长官。

例如，从明代开始直到新中国成立前，卓尼政教实权世代掌握在杨氏家族手中。"杨氏世掌政教两权，有弟兄时分掌之，一为土司，治民，一为僧纲，治僧；无弟兄时独掌之，以土司而兼僧纲衔。僧纲者，中央政府所予名义；呼图克图则教中称谓也"③。

---

① 僧官制度始于东晋安帝隆安末年，到明朝时已日臻完善，建立起了较完善的中央到基层的僧官机构。
② 府的僧务机关称僧纲司，设官都纲，并同时规定了各级僧官的品阶、俸禄等。
③ 顾颉刚：《西北考察日记》，218页，兰州，甘肃人民出版社，2002。

清代僧官制度，几乎完全承袭明制，所有中央和地方的佛教管理机构以及各级僧官的名称、人数、品秩、职事等与明代基本相同。

3. 茶马贸易

2009年，当笔者在洮岷地区进行田野调查时，在搜集到的发神词与民间歌谣中发现了相当数量的与茶、马相关的神词、歌谣。如：冶力关常山庙发神词中的"安茶"篇、岷县冷地口神词中的"熬茶"、"安净茶"篇，岷县民间歌谣中的"采茶曲"等。除此之外，许多神词还使用各种各样的马匹作为起始句，神词文本中到处充斥着战马、旌旗等军事意向。如：

例一，洮岷歌谣：正月二月茶发芽，三月四月紫阳茶，五月六月抱叶茶，七月八月扫帚茶。蒸是蒸来挎是挎，蹬的蹬来踏的踏，装成包子快发茶，忙坏茶山种茶家。头运发者阿里价，甘肃凉州验官茶；二运发者阿里价，阶文①礼县验官茶。三运发者阿里价，洮岷二州验官茶；发茶也是茶商家，驮茶也是脚户家，驮死骡子挣死马。

例二，冶力关常山庙发神词中的"安茶"篇：称净茶，安净茶。安茶姐儿十七八，尝茶八十老人家。锅里安茶锅里滑，吊儿里安茶吊儿滑，缸儿里安茶缸儿滑。一盅浇天天干净，二盅浇地长五谷，三盅浇在巢里了，雀儿吃了赛凤凰，四盅浇在河里了，鱼儿吃了是龙王，五盅浇在五谷上，凡人吃了是刚强。

例三，岷县冷地口神词中的"安净茶"篇：东方来的菩萨爷，骑青狮子表战马，人穿甲来马带权，马的口里销子架。吹上一声铜喇叭，左边金蹬左上马，吹上二声铜喇叭，右边金蹬右上马，吹上三声铜喇叭，瞿瞿雷神骑上马。施主交清茶来看雷马。东方不动魂的菩萨，徐达金口尝净茶。青啊落在左手抓，红啊落在右手抓，交是交在那阿达儿，交是交在南方城门下。

这些与茶相关的文本中，对种茶、发茶、安茶、献茶的程序有详细描述，文本内容涉及了茶叶的生产、流通、消费等各个环节。在许多的神词中茶叶还被赋予了神圣的"净化"功能，在给湫神的献祭中，"香茶"是必不可少之物。

洮州盛产良马，战马在朝廷的边防与西番各部的生产生活中占据着重要

---

① 阶文：阶指阶州，即今武都县，文即今天的文县。

位置。洮岷地区又曾经存在军事卫所制度与军事农业，因此在请神词中出现战马、旗帜等军事意象较容易理解。但是洮岷地区并不产茶，为什么在两地的山歌与湫神祭祀仪式中会出现这样多的"茶曲儿"呢？这与明清时期朝廷在洮岷地区开设的茶马贸易有关。

在古代，马既是农耕中的主要畜力，又是狩猎、交通、征战中的重要工具，古人常把马匹的多少与国势的盛衰联系在一起。中土产茶，游牧民族产马，在茶马贸易出现之前，中央王朝主要是用金银绢帛和各种手工业品来交换边疆草原地区各番族的马匹的，史籍上把这种贸易称为"绢马贸易"。它曾是中原汉人与边疆少数族群进行经济、文化交流的主要形式。唐代，饮茶风俗从内地传入边疆，番族对茶叶的需求增加，开始用马匹与汉人交换茶叶，茶马互市出现。但在当时，茶只是番部贵族才能享用的奢侈品，普通民众还无缘享受。唐代的茶马贸易规模较小，并没有引起帝国统治者的重视，绢马贸易仍然占据主要地位。

饮茶习俗传入西北边疆后，由于茶有助消化、解油腻的功效，这对于以肉类、奶制品为主食的游牧族群来说意义重大，从王宫贵族到平民百姓均爱饮茶，饮茶习俗迅速在民间传播开来。北宋时，朝廷与辽、夏政权连年战争，辽、夏政权每年都要从宋朝获得大量茶叶但却禁止战马流入宋地，宋廷只好把获取战马的希望寄托在盛产良马的西北藏区。

藏区产马，而茶在藏人简单的饮食结构中占据了重要地位。腥膻之食非茶不能消化，青稞之热非茶而不能消解。《明史》载："番人食乳酪，不得茶，则因以病。"① 到了北宋时期，西北边疆地区的茶马贸易大规模开展了起来。宋神宗熙宁年间，宋军先后收复了熙（今临洮）、河（今临夏）、洮（今临潭）、岷（今岷县）、叠（今迭部）、宕（今宕昌）等州，设熙河路进行管理。为了就近从藏区获取战马，宋王朝将茶马贸易扩大到熙河地区，并设立了专门的机构管理茶马互市。熙宁七年（公元1074年），北宋政府在熙河路设置买马场多处。南宋时期，熙秦地区陷入番族统治，茶马贸易重点转向西南边疆，西北地区的茶马贸易开始衰弱。元代时，西北地区的茶马贸易继续衰弱。明代时期洮岷地区的茶马互市繁荣发展。明初，朝廷专门设置了管理茶

---

① （清）张廷玉等撰：《明史·食货志》，北京，中华书局，1974。

马的机构和官员,在甘青地区设置了许多茶马司。洮州茶马司设立于洪武十二年(1379年),茶马交易为每年五月开市,开市的时间与洮岷地区的"五月神会"重合。在庙会上,人员、物资云集,庄重的生态防御仪式和盛大的迎神赛会同时举行,蔚为壮观。①

在神词中出现的大量茶、马意象与朝廷在洮岷地区施行的军事性茶马贸易、农业和卫所制度有关。国家的军事意象投射于民众的生产生活、信仰仪式与口头传统之上,在民众行为与内心形成一种世代传承的军事情结,或者说是一种军事性历史记忆。②于是有了神词中众多的茶、马、旗帜等象征符号。

三、汉族移民与洮岷定居社会的形成

洮岷卫所的建立与军屯的发展,增强了明朝中央政权对洮岷地区军事与经济的控制,使得洮岷地区有了一个比较稳定的社会环境,为明朝廷扩大向洮岷地区的移民规模和进行其他形式的移民奠定了基础。

洮岷二卫地处西北边陲,山高谷深,交通运输极为不便,卫所设立后,军粮供应问题成为头等大事。明初经济尚未恢复,为了解决戍守将士的给养问题,朝廷在洮岷地区开设屯田。在洮岷地区进行屯垦的主要是军户及其家属也就是我们说的军屯。这些军士战时持戈上阵,平时种地务农,成为明初洮岷地区第一批从江淮迁来的汉人移民。洮岷属于边地,有时朝廷也会将一些囚徒、无业游民等流放到此充军,发配充军的罪犯及其家属也成为军屯的军户。直到今天,洮岷地区的妇人在嗔怪丈夫与孩子时还常带"军犯"两个字,如"你这个军犯"、"你个军犯娃"等。

移民过程作为集体记忆深深地刻在了移民及其后裔的脑海中,洮州人的"路远歌"中唱道:

---

① 参见范长风:《跨族群的共同仪式与互助行为——对青藏高原东北部青苗会的人类学观察》,46页,中国人民大学博士论文,2007年5月。
② 参见范长风:《跨族群的共同仪式与互助行为——对青藏高原东北部青苗会的人类学观察》,51页,中国人民大学博士论文,2007年5月。

你从哪里来/我从南京来。你带得什么花儿来/我带得茉莉花儿来……

岷县北路则唱：

路远儿哥/路远儿哥啊路远儿哥啊/你那阿里来啊路远儿哥/我那苏州城里来/苏州城里什么来/带着茉莉花茶来/茉莉花茶香得格……

洮岷百姓记忆中的移民史充满了辛酸，很多人提到当初自己的祖先是不愿意到这个荒凉的地方来的，但是那时朝廷想了很多的计策，包括使用欺骗的伎俩迫使江南和内地的百姓迁到了这里。洮州青苗总会的朱会长说，他们先人是从南京迁来的，是上了朝廷的当才到这里来的。他说：

我们以前是南京人，是朝廷骗了我们才到这里来的。我们以前的村子在南京那达儿。有一天朝廷拉了一批鸡就偷偷地放到我们村子里了。那个鸡连我们本地的鸡不一样，从朝廷拉过来后，晚上衙役们就偷偷地在各个村子散过了，每个村子都散了一两只。

过了七八天，街上就贴了一张皇榜，说是我们这儿有人偷了朝廷的鸡，抓到后要满门抄斩呢！我们村也有朝廷的鸡，这个鸡连我们本地鸡不一样，样子好得很，人还相当喜爱这些鸡，也舍不得杀，就在家里养着呢。后头听说是朝廷的鸡，就更不敢杀了。鸡在我们这达儿呢，有鸡的村子都要把人杀光呢！

朝廷里有个大臣就建议着呢，说斩不成啊！充军发配成呢！我们的先人就充军拉到西北这个地方了，哪个村子的人到了阿个地方就在那儿插上一杆旗，你比如说，我们先人姓朱，我们村安下的地方就叫朱旗。我们这儿叫旗的村子多得很，朱旗、王旗、陈旗、马旗什么的！

把这些人发配到这个地方后，朝廷害怕这儿的人会复返，这个地方阿么偏僻的，气候也不正常，朝廷就害怕来的人复返回南京去呢。就下了一道圣旨说：复返者杀！就这样我们先人就回不去了，就在这儿留下了！①

---

① 2009年5月28日，笔者采录于新城朱会长家中。

清初，朝廷在行政建制上多因袭明代制度，仍然通过设置卫所对洮岷地区进行管理。从雍正二年开始（公元1724年），朝廷开始裁撤西北卫所，改为府、州、县三级行政建制。雍正八年（公元1730年），岷州卫改称岷州，隶属巩昌府。乾隆十三年（公元1748年），洮州卫被裁，改为洮州厅，洮岷地区延续了300多年的军事卫所建制结束。

明清时期，这些来自江苏、安徽、山西、陕西、湖北等地的汉人移民使得洮岷地区形成了一个以汉人为主导的移民社会。随着社会的发展，汉人移民文化在与当地土著文化的调整与适应中不断发生变迁，当移民后裔取代移民成为社会的主体，原有的社会特征发生转变之后，洮岷地区逐渐从移民社会转变为定居社会。从前的军户逐渐转变为纳粮输役的普通百姓，当年所修的军事寨堡变成了今天的村落。如临潭县现在的新堡、千家寨、刘顺等地便是当年的寨堡。洮岷两地还有很多以旗①命名的村镇，如陈旗乡、冯旗村、石旗村、王旗村等，据说这些地名就是以前旗长的姓氏。这些地名的流传体现出洮岷地区汉人军事移民文化发展的延续性。

第二节　"神道设教"与湫神建构

李亦园先生认为，中国民间信仰的结构特色是观念层次与集体超自然信仰的层次不是合而为一的，也就是说传统民间的神佛等超自然存在与民间遵循的伦理道德因素有相当程度的分离，它们不像西方宗教那样两者密切的结合在一起。在我国传统的社会文化脉络中，伦理道德概念与思维体系一直都是由儒家思想所主宰的，宗教信仰中大半只用现成的道德伦理准则来作奖惩的判断，而本身并不对道德本源作哲学性探讨。这一传统是中国文化中以"人"为本，而不以"神"为本位所出发的特色。即在中国文化中"神明的"

---

① 明代军队编制中最基层单位称为"旗"。每个百户所统领2个总旗、10个小旗。每个小旗有10名兵卒，每个总旗有50名兵卒。

完美与神圣意义是由人来界定的，而不是神本身所确定的。① 也就是说中国的神灵是由人超脱而成的，对其的评判标准也是人制定的。神是百姓顶礼膜拜的对象，至于什么样的人可以变成神则是官方和民间共同建构的结果。

一、明初的造神运动

明初，朝廷在对全国进行政治统一、经济控制的同时，并没有忽视对民众精神信仰层面的监察和引导。在底层社会摸爬滚打过的朱元璋深知中国社会分化和地域差异的社会实际及其对明朝统治的不利影响。民间社会神灵的庞杂与多神信仰会导致人心不一和社会力量分散，朝廷必须采取措施掌控民心、统一教化和信仰，这对朝廷和民众都具有重要意义。

洮岷地区原为西番居住地，民间信仰十分多元，原始苯教、藏传佛教及羌人遗留的自然崇拜等信仰特征均在民间留下了印迹。该地庙有庙神、家有家神；山、水、风、雷、树、石等自然事物，莫不以神视之。在乡民心目中，无论是佛、菩萨、罗汉、真人，还是娘娘、雷神、城隍、牛王、龙王等，都能保护他们，所以一律祀之。

明代官员在卫所城池建修之时，除了修建学宫以教化民风外，还修建了大量的佛道寺庙宫观以掌控民众的意识形态。如岷州卫军民指挥使马烨在修建岷州卫城时，还修建了城隍庙、真武庙、玄坛庙、三官庙、关帝庙、三圣庙、二郎庙、润泽祠等。洮岷地区的汉人多为明代移民及其后裔，远离故土，来到异乡，生活环境的艰苦使得他们把希望更多地寄托在神佛身上。"今邑尚巫觋妄思求福，琳宫梵宇香火兴盛。建造之多不可胜计，古今一辙，君子无从笑其愚也"②，当然这种崇尚巫觋的风气大概也是因为受周围藏人对藏传佛教虔诚信仰的氛围影响。

明初，朝廷取缔"天下神祠不应祭典的淫祠"③，按照官方祀典的标准来统一人们的信仰行为。朱元璋在立国之初还大封天下城隍神，指出"名山大

---

① 参见李亦园：《文化与修养》，82页，桂林，广西师范大学出版社，2004。
② （清）张彦笃修，包永昌等纂：《洮州厅志》卷三"建置·坛庙"，光绪三十三年抄本。
③ （清）张廷玉等撰：《明史》卷十五"礼四"，北京，中华书局，1974。

川,圣帝明王,忠臣烈士,凡有功于社稷及惠爱在民者据实以闻,著于祀典令有司岁时致祭"①。《洮州厅志》的记载印证了这一说法:"明洪武三年诏封,天下省府州县城隍之神前奉本主,后塑神像,每岁清明节七月望十月朔致祭。"②

城隍是保卫地方平安的神祇,朱元璋大力推崇城隍,是想以此使人有所畏惧,而不敢妄为。这些神灵思想不仅对普通民众有很大影响,也深深影响了军中将士。朱元璋曾在《祭岷山天女洮河诸神文》中称:"神钟灵秀,机莫人知,然福善祸淫,以教人聪明正直之为也,朕命将指挥聂纬等帅兵守御是方,是方乃神所居之处,兵既临此就命聂纬等代朕会神以祀。神其无私,尚飨。"③当时正值"洮州十八番叛乱"被平定,聂纬等人镇守洮州,朱元璋想借神灵之手来安抚军心。戍边将士远离故土,在僻远的洮岷地区生活,为祈求地方平安、风调雨顺,将有功之臣拥戴为神,希望凭借他们的神力来护佑自己。

图2-1 挂满了哈达的临潭新城宋城隍

图2-2 临潭县新城城隍庙大殿

开设洮州卫、岷州卫的将领以及被派驻在当地戍守的军士多是明初开国将领徐达、冯胜、李文忠等人的部队。为了纪念他们的开国定边之功,也为了让他们的神威能够保佑将士生活安康,这些汉人移民及其后裔将其奉为湫

---

① (清)张廷玉等撰:《明史》卷十五"礼四",北京,中华书局,1974。
② (清)张彦笃修,包永昌等纂:《洮州厅志》卷九"秩祀",光绪三十三年抄本。
③ (清)安维峻等纂:《甘肃新通志》卷九十三"艺文志·文",光绪三十四年抄本。

神祭祀。如：镇守洮州的成世疆死后，朱元璋敕旨诏封为"成沙广济都大龙王"，并封赐他的后裔，这一待遇直到清初时才停止。李文忠殁后，朱元璋追封其为岐阳王，并配享太庙，将其肖像列于功臣庙。

明清两朝相继敕封了洮岷地区的36位湫神，有地方长官每岁致祀。朝廷这样做的背后是根本信仰问题，他们希望将不同地域、不同阶层的民众纳入一个有序的格局中，实现意识形态的统一，从而掌控人们的精神世界。

二、从回回人到龙神

洮州的18位龙神大多为明初的开国功臣或皇亲国戚，但是他们大多没有到过洮州，怎么会变成洮州人顶礼膜拜的对象呢？更令人疑惑的是常遇春、胡大海、李文忠等几位明朝大将是回回，他们从回回人到龙神的转变是如何完成的呢？这与明初的平番策略和造神运动有密切关系。

史载，明洪武十二年（公元1379年），洮州十八番族叛乱。明太祖派沐英、金朝兴等率兵讨伐，又命李文忠前来统筹军事。洮州十八番叛乱被平定之后，朱元璋驳回李文忠想尽快搬兵回朝的奏折，下诏曰：洮州西控番戎，东蔽湟、陇，汉、唐以来备边要地也。今番寇既斥，弃之不守，数年后番人将复为边患也。虑小费而忘大虞，岂良策哉。所获牛羊，分给将士，亦足弃两年军食。其如敕行之。① 李文忠等人不敢违抗，在洮地头人昝南秀杰、王星吉巴等人的协助下，选择在东陇山的南川一带量地修筑洮州卫城（史称"新城"），李文忠等人所带的江淮子弟兵也就留在洮州卫城（新城）一带。

明太祖朱元璋出身底层，他深知民间宗教在组织民众方面的巨大作用，为在精神信仰上引导民众与明朝的意识形态保持一致，明朝初年，朱元璋便开始了大规模的造神运动。

洪武二年（公元1369年），朱元璋敕命在江宁府东北的鸡笼山建立功臣庙，供奉徐达、常遇春、李文忠、邓愈、汤和、沐英、胡大海、康茂才等21人，② 后又封这些开国将领为神，敕命全国立庙祭祀。在地方社会，朝廷通过

---

① 参见（清）张廷玉等撰：《明史》卷三百三十"西番诸卫"，北京，中华书局，1974。
② 参见（清）张廷玉等撰：《明史》卷五十"礼四"，1304～1305页，北京，中华书局，1974。

敕额、敕封号的方式控制地方神祠的发展，欲将民间信仰体系纳入国家祀典，使地方社会的精神世界也纳入中央朝廷的控制之下。朝廷强化了常遇春、李文忠、胡大海、沐英等回回人将领的"国家功臣"身份，弱化他们的回回人身份，也将他们敕封为"神"。

洮岷地区回族的来源，可上溯到元末明初。1379年，沐英带兵平定"洮州十八番叛乱"后，所带将士大多继续留在洮州驻防，沐英是回回人，将士中有很多便是回回人。他们在旧城修建了洮州的第一座清真寺，并开始以洮河流域、河州地区为中心与汉民、游牧民族进行生产和贸易往来。

明初在洮岷设置卫所制度后，迁来戍边的军户中也有很多回籍将士。如洮州卫指挥千户敏大镛、千户敏时风、百户丁起甲等，都是回民。《岷州志》载："杨继芳：本卫指挥佥事，升任环县守备，回籍。"① 由此可见，很多回回人在洮岷卫所中担任要职，同汉民一起戍守边防。从陕西前来的"样民"中，也有部分回民在岷县定居下来。明孝宗弘治十七年（公元1504年），岷州西部藏民起事，陕西左副都御使马文升（回民）领兵镇压，之后也有部分回籍士兵留居岷县。

汉、回人民迁徙到洮岷地区之后，便与当地土著交错杂居，开始了互助合作的历程。面对洮州恶劣的生态环境，汉、藏、土、回等族群的根本利益是一致的。

洮州军民将明初的开国功臣奉祀为龙神祭祀，这既是朝廷的意愿，也是顺应洮州百姓之举。常遇春、胡大海、沐英等回回将领有开国定疆之功，也被奉祀为龙神。

洮岷两地的很多民众并不清楚常遇春、胡大海等龙神的回回人身份，在奉祀常爷（常遇春）的地区，很多普通民众将常遇春等人奉祀为湫神。

三、从民间俗神到官方湫神

我国龙神的奉祀由来已久，但龙被赋予人的形象转化为人格神大致发生在唐代以后。明代以前洮岷地区的湫神信仰状况没有可供查询的史料。但通

---

① 参见（清）田而穟纂辑：《岷州志》卷六"人物·忠勇"，康熙四十一年抄本。

过甘肃其他地区史料中对湫神信仰的记载也可以窥视洮岷地区明代以前的湫神奉祀情况。在甘肃，"湫神"一词最早见于《太平广记》中对善女湫、朝那湫等湫神的记载：

泾州之东二十里，有故薛举城。城之隅有善女湫，广袤数里，蒹葭丛翠，古木萧悚。其水湛然而碧，莫有测其浅深者。水族灵怪，往往见焉。乡人立祠于旁，曰九娘子神。岁之水旱被禳，皆得祈请焉。又州之西二百余里，朝那镇之北有湫神。因地而名，曰朝那神。其肸蠁灵应，则居善女之右矣。①

《陇右金石录》载，宋初泾州天旱求雨，地方官重修善女湫庙，有《重修善女湫庙记》流传于世。从学者对甘肃境内与湫神相关的碑刻铭文记录的研究来看，唐、宋、元时，湫神信仰虽已在甘肃境内广为流传，但这些湫神主要是民间信奉的泉神、水神、雷神，湫神原型多为民间神话传说中的人物，尚未发现以历史上的功臣名将为湫神原型者。

从洮岷两地的湫神谱系和庙会来源传说看，两地所信奉的18位湫神体系的形成应是明代以后的事情。除明清两朝敕封的18位湫神外，洮岷民间还奉祀着大量从前朝流传下来的泉神、元君、圣母、河神等湫神，这些湫神因为未受到官方的敕封，大多为各大湫神的属下，在湫神大庙的偏殿或后殿享受供奉。在禳雹仪式中这些没有封号的泉神、雷神还要执行湫神的命令，把守隘口，看好地界，"让恶风暴雨别降，冰雹在云眼里消散"。

也有原来的泉神、地方神被地方精英附会成朝廷的皇亲国戚而得到封号变成符合朝廷祭祀标准的湫神的。如：洮州女神"白土娘娘"本是羊永乡堡子村后山上的一处泉神，早在明代以前该地便已供奉。地方士绅根据本地移民的历史和族源地将庙中供奉的女神附会成了朱元璋的妻子马秀英，"白土娘娘"被朝廷敕封为"西郊透山响水九龙元君"；洮州东路陈旗乡牌路下的龙神"朱氏"本来也是一位民间女神，后被建构为朱亮祖的母亲，朱元璋的妹妹，朝廷还赐予封号"金木元君"。

"元君"是道教中对女神的称谓，朝廷的封号有着明显的道教色彩。洮州

---

① 参见李昉等编：《太平广记》卷第四百九十二"杂传记九·灵应传"。

西路刘顺乡的佛爷，地方士绅认为其是常爷的先锋官朱亮祖，村民们则认为其是他们的先人刘顺。朱亮祖是明朝的开国功臣，有着赫赫战功，与刘氏先祖相比更为符合朝廷的祭祀标准。地方士绅将刘顺置换为朱亮祖的举动得到了官方和民间的认同，笔者在做调查时，报道人一致认为他们的佛爷是"朱亮祖"，没有人再提到刘顺的名字。

明清时期一方面在全国各地立庙，推广朝廷奉祀的各位神灵；一方面将符合朝廷意识形态、有利于维护朝廷秩序的地方神灵纳入官方祭祀体系。地方精英在把握朝廷意图的基础上，将某些本地原来的泉神、山神、河神改头换面，附会成朝廷功臣、皇亲国戚或地方上的有功之人恳求朝廷的加封，既符合了朝廷的意愿又满足了民众的要求。

第三节 洮岷地区的18位湫神信仰

洮岷俗语中有"龙多主旱"、"龙多不治水"的说法，但现实却与这些经验总结相悖，新中国成立前洮岷各地村村都有庙，遍地是龙王。若将洮河流域的湫神加以排列竟然有几十位之多，但是经官方敕封、享受官祭的洮州、岷州湫神各有18位，所以洮岷民间将各村社将所奉祀的湫神总称为"18位龙神"（洮州）或者"18位湫神"（岷州）。

一、洮州的18位龙神

明朝的洮州十八番族叛乱被平定之后，李文忠就地筑城。新城筑好后，卫治所在地移往新城，旧城改为"洮州堡"（今临潭县政府所在地）。李文忠等人所带的江淮子弟兵也就留在了洮州卫城（新城）一带。留居下来的军士们战时出征，平时务农，随后家属又陆续前来，成为洮岷地区第一批从江淮迁来的汉人移民。

洮岷卫所建立后，朝廷开始向洮岷地区大规模移民。明初洮岷地区的汉人移民主要是作为军户迁入的，现在洮岷地区的汉人大多是明朝屯垦将士或者军户的后裔。开设洮州卫的将领以及被派驻在当地戍守的军士多是明初开国将领徐达、常遇春、胡大海、李文忠等人的部队，前来屯垦的军户也大多来自于这些将领的家乡——江苏、南京、安徽等地。洮州是新建之城，明初的汉人移民主要集中居住在卫所周围，与当地土著居民交错杂居的并不多。新城曾一度是洮州的政治、经济、文化与信仰的中心。

新中国成立前，临潭县新城内有两座龙神祠，一座在东岳城，一座在隍庙内，是每年五月端午18位龙神赛会之所，此外旧城还有龙王行宫。现在，隍庙的龙神殿内仍然供奉着经过官方敕封的洮州18位龙神的牌位。牌位在位次上有高低之分，居中供奉的龙神常遇春和徐达为尊。

另外，在新城镇雷祖山的龙神殿中，还供奉着洮州18位龙神的塑像，神像为泥质彩塑，十分高大。每位龙神身后的墙壁上都挂着一块刻着龙神名称和大庙所在地的木牌，居中者也是龙神常遇春和徐达。但是，隍庙龙神殿所供奉的牌位上只标明了18位龙神的封号、大庙所在地，并没有标明龙神的原型人物。

参阅笔者所搜集的文献资料及其他学者的相关文章，现将18位龙神的排位、封号、大庙所在地以及原型、籍贯、出生时间、职位（谥号）、封号等事项制作为两项表格。表2–1中列出了新城隍庙所供18位龙神的排位次序、封号和大庙所在地；表2–2则列出了18位龙神的原型、籍贯与职位（谥号）。

以新城为中心，洮州的18位龙神可分为东、西、南、北四路，庙宇分布于洮州大地的各个村落，成为各村的保护神。如：临潭县旧城城关镇和古占乡奉祀安国公安世魁，民间俗称"安国爷"；新城镇各村多奉祀徐达、李文忠、康茂才；流顺乡各村奉祀朱亮祖、花荣；陈旗乡的村落多奉祀赵德胜、张子明、韩成、朱氏（朱元璋之妹、李贞之妻、李文忠之母）；扁都乡奉祀郭英；羊沙乡奉祀成世疆；冶力关乡奉祀常遇春；新堡乡奉祀胡大海等。

洮州的18位龙神多为明初的开国功臣或者皇亲国戚。从籍贯方面来看，除安世魁、成世疆、康茂才三人的籍贯不在安徽外，其他人几乎都是朱元璋（安徽凤阳）的同乡。这18位龙神的原型人物中，徐达为攻打张思道，曾兵临过临洮；李文忠在平定十八番族的叛乱后修筑了洮州新城，并落籍洮州，但不久即奉命南征云南再也没有回来；成世疆是南京朱丝巷人，元末为避战乱来洮州甘沟（莲花山南麓）定居，云南平定后解甲归田，路过腾腾桥时被贼人所害，家人将其安葬在甘沟小岭山上，现在的甘沟村成姓均为其后裔；刘贵随沐英平叛后落籍洮州，之后其子刘顺承袭父职，刘贵与成世疆一样，既是龙神也是祖先神。其他诸如常遇春、张德胜、康茂才、韩成等将领虽并未涉足洮岷地区，但几百年来却一直在受到洮州人民的膜拜。

表2-1　新城镇城隍庙龙神殿所供奉的敕封18位龙神的排位列表

方位	左八	左七	左六	左五	左四	左三	左二	左一	正中	正中	右一	右二	右三	右四	右五	右六	右七	右八
供奉牌位	敕封西郊透山响水九龙元君之神位	敕封九天化身白马太山元君之神位	敕封九天金木元君之神位	敕封祥眼赤砂都大龙王之神位	敕封五方行雨都大龙王之神位	敕封南部总督三边黑池都大龙王之神位	敕封威震三边朵中石山镇州都大龙王之神位	敕封陀河宝池都大龙王之神位	敕封总督三边常山盖国都大龙王之神位	敕封镇守西海感应五国都大龙王之神位	敕封洮河九汉降房护国赤察都大龙王之神位	敕封康佑西郊青龙宝山都大龙王之神位	敕封四季降房护国赤察都大龙王之神位	敕封成沙广济都大龙王之神位	敕封金龙洞宝山小吉龙王之神位	敕封详渊赤察都大龙王之神位	敕封水司杨四将军都大龙王之神位	敕封普天同知感应大龙王之神位
地点	白土	冯旗	牌路下	梨园	秦关	流顺川	石山	青石山	城背后	冶力关	旧城	宴家堡	水磨川	甘沟	刘旗	石旗崖	韩旗	张旗

表 2-2　洮州 18 位龙神原型、籍贯、职位（谥号）及封号列表

人物原型	籍贯与出生时间	职位（谥号）	封号
1. 徐达	安徽凤阳（1332—1385 年）	开国大将军、中山王	陀龙宝山都大龙王
2. 常遇春	安徽凤阳（1330—1369 年）	副大将军、开平王	总督三边常山盖国都大龙王
3. 李文忠	安徽凤阳（1339—1384 年）	曹国公	威镇三边朵中石山镇州都大龙王
4. 胡大海	安徽虹县（？—1362 年）	越国公、歧阳王	洮河威显黑池都大龙王
5. 郭英	安徽凤阳（1337—1403 年）	营国公	普天同知显应龙王
6. 康茂才	湖北蕲春（1314—1370 年）	蕲国公	东郊康佑青龙宝山都大龙王
7. 马秀英	安徽宿县（1332—1382 年）	马皇后	西郊透山响水九龙元君
8. 朱亮祖	安徽六安（？—1380 年）	永嘉侯	南部总督黑池都大龙王
9. 安世魁		都督同知	镇守西海感应五国都大龙王
10. 赵德胜	安徽凤阳（1325—1363 年）	梁国公	祥渊赤察都大龙王
11. 冯旗太太①		民间女神	九天化身白马太山元君
12. 花云	安徽滁县（1330—1359 年）	都指挥使	四季九汉降房护国都大龙王
13. 朱氏		民间女神	金木元君都大龙王
14. 武殿章	安徽凤阳（？）	定国公	五方行雨都大龙王
15. 成世疆	南京（？—1384 年）	大将	成沙广济都大龙王
16. 张志明	明代	忠烈侯、千户	祥眼赤砂都大龙王
17. 韩成	安徽凤阳（？—1363 年）	高阳侯	水司杨四将军都大龙王
18. 刘贵		百户	金龙洞宝山小吉龙王

二、岷州的 18 位湫神

岷境内称湫神者甚众，惟经长吏给贴者为正神，其他为草野之神。十六

---

① 有地方学者认为，长川乡冯旗村的"敕封九天化身白马太山元君"是郭氏宁妃。

日会正神于城南古刹,计十有九位。十七日,登二郎山,受献官羊,每位用羊一,长吏率属酹酒以祀;草野诸神,故不得而与也。①

文中所提到每年古历五月十七登二郎山受官方献羊的 18 位湫神指的是以岷县县城为中心形成的岷州南路 18 位湫神。二郎山湫神会上除 18 位湫神外,还有 3 位其他神灵也参加神会,他们是本地城隍、大沟寨的观音菩萨和冷地口的九天玄女两位善神,城隍是作为阴界的地方官到会尽地主之谊的。

岷州湫神众多,除南路的 18 位湫神外,还有以梅川为中心的北路 18 位湫神,以及南北路交界处形成的 18 路湫神。洮州龙神以明代将领为主,岷州龙神谱系却十分多元。岷州经过官方敕封的南路 18 位湫神中有 9 位男神、8 位女神。9 位男神分别为:宗泽、庞统②、姜维、朱云、范仲淹、雷万春、李晟、胡大海和张锦,其中张锦和李晟是洮岷地区的地方名人。8 位女神中崖上阿婆、金花阿婆、奶子阿婆是神话人物;斗牛阿婆、金火阿婆、透山阿婆、填炕阿婆是地方传说中的人物或妖精;小西路阿婆的原型则是甘南康多的藏家姑娘,其具体的本庙地点、封号和位次如表 2-3 所示:

表 2-3 岷县南路 18 位湫神位次、封号、本庙

位次	封号或原型	本庙地点
1. 宗泽	忠简公,俗称南川大爷	岷阳镇南川村
2. 庞统	汉代忠良,俗称梅川大爷,又称白马龙王	梅川镇杏林村
3. 庞统	汉室佑凤,俗称关里二爷,又称白马爷,人物原型与梅川大爷同,即二身一人	岷阳镇龚家堡村
4. 姜维	汉代忠良,俗称王家三爷	十里镇王家山村
5. 朱云	汉代直臣,俗称河北爷	十里镇上北小路村
6. 范仲淹	太子太保,俗称太子爷	岷阳镇下北小路村
7. 胡大海	总督三边,俗称黑池爷	西寨镇田家堡村
8. 张锦	兵部侍郎(明代岷州人),俗称艰难爷	西寨镇坎铺塔村

---

① 参见(清)田而穟纂辑:《岷州志》卷八"秩祀·合祀",康熙四十一年抄本。
② 岷县城郊龚家堡和梅川所供皆为"白马爷"庞统。

续表

位次	封号或原型	本庙地点
9. 雷万春	唐代忠良，俗称涂朱爷	清水镇大路村
10. 李晟	金龙大王（唐朝洮州人），俗称大王爷	阿坞河各竜庄
11. 珍珠圣母	俗称崖上阿婆，原型为神话人物碧霞元君	岷阳镇周家崖村
12. 金火圣母	俗称金火阿婆，原型为传说中的孝女	岷阳镇白塔寺
13. 斗牛公主	俗称斗牛阿婆，原型为地方神话传说中的玉帝三公主	寺沟乡杨家堡村
14. 金花圣母	俗称金花阿婆，原型为地方神话传说中的藩王公主	寺沟乡纸坊村
15. 乃慈圣母	俗称奶子阿婆，原型为地方神话传说中为民请命的烈妇	寺沟乡白土坡村
16. 分巡圣母	俗称娘娘阿婆或小西路阿婆，原型为甘南康多藏家女，名达苏阿玛或婆格达苏，为明朝中期人	秦许乡包家族村
17. 透山娘娘	俗称透山阿婆，原型为地方神话传说中的九头蛇妖	清水镇下迭马村
18. 铁丝娘娘	俗称填坑阿婆，原型为《封神演义》中的张奎之妻高兰英	哈达铺新寨村（今属宕昌县）

　　每年的古历五月十九日，当县城二郎山庙会还没有结束的时候，岷县北路梅川镇杏林村的高庙盛会就开始了。参加高庙神会的是以梅川大爷为首的岷州另外一套18位湫神体系。以前，在每年古历的五月十九日，北路的各位湫神先是一起到梅川红水村附近的迎神滩碰头，之后一起浩浩荡荡的登上高庙聚会。北路湫神的具体名称、本庙以及各自的庙会时间如表2-4所示：

表2-4　岷县北路18位湫神的名称、本庙、庙会时间表

湫神名称	本庙	庙会时间（农历）
梅川大爷	梅川龙头高庙	五月十九至二十一
宣泽大王	梅川龙头高庙	五月十九至二十一

续表

湫神名称	本庙	庙会时间（农历）
红牛龙王（一说是姜维、二说是赵云）	原文斗乡顾家沟村	腊月十五
红龙龙王（传说与红牛龙王是兄弟）	梅川镇上马村	九月十五
大乌龙王（大爷金吒）	梅川镇老幼店	正月十三至十五、五月初十
黑池龙王（二爷木吒）	梅川镇马场村	正月十四
水泉龙王（三爷哪吒）	梅川镇西埧村	正月十六到正月十八
白马总督（龙王民间也叫"白马爷"，是梅川大爷的重身子）	维新乡卓坪村	三月二十三
太子爷	西江镇八娘寺	八月十四至十六
金龙大王牌位（一说是常山爷）	（不详）	
阿麻英祖（一说是焦山马路白水观音）	（不详）	
常山爷	临潭	
九天玄女	梅川镇店子村	三月二十八
元君娘娘	梅川镇店子村	三月二十八
司命府君娘娘（二阿婆）	梅川镇杨家庄村	三月初三
锁子金花娘娘（锁子阿婆）	梅川镇梅晨村	六月初一至六月初三
红马珍珠娘娘	西江镇娥路村	七月十二日、八月十五
青马星宿娘娘（民间俗称宁宁阿婆）	原车路乡宁宁村	二月初十

岷州北路 18 位湫神多为神话、传说中的人物，如托塔李天王的三个儿子金吒、木吒、哪吒以及九天玄女、锁子阿婆、金花阿婆等。

三、洮岷湫神谱系分析

从官方敕封的洮岷两地的 18 位湫神来看，如果说洮州的湫神大多和明代的开国功臣有关，那么岷州的湫神祭祀则更具开放性，湫神谱系更加多元化，更注重一种民族精神的崇拜。岷县南路 18 位湫神中，首席是宋朝官员宗泽；胡大海和张锦为明朝人，一位是开国将领，一位则是岷州籍官员；李晟生活在唐朝，是洮州人；雷万春是四川人，也是唐代的将领。岷州湫神中有多位女神，小西路阿婆则更为独特，其原型是一位藏家女子。

宗泽作为岷州南路18位湫神的首席，也是明代朝廷祭祀的对象，这与明代仍受到西北蒙古人的威胁有关，"其目的旨在通过祭礼唤起忠义，抗敌报国"①。岷州文人在推测当地为什么会奉祀宗泽时说道："'忠简公'抱一腔忠义，未尽展舒，残而为神，亦理所必有。然生于浙之义乌，卒于东京留守，与岷了不相关。即其勤王破金，在岷渺无遗迹，岷人以龙神事之，岁奉香火为谨，亦一奇也。岂宋割西路界金，而公之灵尚思背城借一耶？然幽冥固不可知，精神自无不贯"②。也就是说，岷州地方学者认为将宗泽奉为18位湫神之首，更多的是因为国家和民众对其民族精神的敬重。

　　洮岷地区18位湫神崇拜兴起于明代，形成于清代。两地各有一套官方敕封的18位湫神体系，信仰仪式程序相近，民间组织结构相似。洮岷交界的岷县铁城地区与洮州北路的龙神还有着密切的仪式往来。但是由于明初洮岷两地汉人移民同当地土著的居住格局不同，致使两地在文化认同方面存在一些差异，反映在民间信仰中便是两地所选择崇奉的湫神不同，两地湫神谱系的构成有着较大的差异。洮州卫是新建之城，明初迁来的汉人移民以军事性移民为主，主要集中居住在新城之内与卫所周围，因此洮州的龙神多和戍守洮州的将士所崇拜的开国功臣有关；岷州原本就有很多土著居民（番属、前元降民），明初迁来岷州的汉族移民多和这些土著居民交错杂居，因此岷地的湫神谱系也就更加多元化，湫神祭祀也更具开放性，更注重一种民族精神的崇拜。

本章小结

　　由于自然条件恶劣，洮岷地区的民众生活艰难，其反映在精神领域便表现为洮岷民众对湫神、泉神、山神、土地等各种民间神灵的执著信仰。从唐代开始，湫神信仰在洮岷地区便广为流传，但是明代之前，洮岷地区奉祀的湫神原型多为民间神话传说中的人物，还没有将历史上的功臣名将奉为湫神。戍边的将士与屯垦的军户们远离故土，在生态环境恶劣的洮岷地区生活，为

---

① 赵克生：《明蒙冲突与祭礼之变》，载《中国边疆史地研究》，2004（2）。
② （清）田而穟纂辑：《岷州志》卷四"建置·坛遗"，康熙四十一年抄本。

祈求地方平安、风调雨顺，也为了纪念开国将领的丰功伟绩，让他们的神威保佑自己生活安康，这些汉族移民及其后裔将一些明初的开国功臣奉为湫神祭祀。

明清时期，朝廷利用卫所制度、土流参治、僧官制度等军事、政治策略有效地解决了西北边陲的安全问题，并通过茶马贸易加强了对西北地区的经济控制，实现了朝廷向边疆地区的延伸。

明初，朝廷在对全国进行政治统一、经济控制的同时，并没有忽视对民众精神信仰层面的监察和引导。民间社会神灵的庞杂与多神信仰会导致人心不一和社会力量分散，朝廷必须采取措施掌控民心。洮岷地区18位湫神信仰的形成是明清时期官方与民间共同建构的结果。常遇春、胡大海等回族将领有开国定疆之功，也被奉祀为龙神。这既是朝廷的意愿，也是顺应洮州百姓之举。在遵从朝廷意愿奉祀有功之臣的基础上，地方精英还将某些本地原来的泉神、山神、河神改头换面，附会成皇亲国戚或地方上的有功之人恳求朝廷的加封。明清两朝相继敕封了洮岷地区的36位湫神，地方长官每岁致祀，朝廷希望将不同地域、不同阶层的民众纳入一个有序的格局中，实现意识形态的统一，从而掌控人们的精神世界。

通过神道设教，明朝将开国将领、有功之臣等纳入朝廷祭祀，并诏令在全国各地立庙祭祀，推广朝廷奉祀的各位神灵。清代则沿用明代策略。

朝廷的"封神"和洮岷先民的平叛伟绩为两地迎神赛会的产生提供了政策支持和历史主题，由此形成了洮岷两地18位湫神迎神赛会的壮观景象。

第三章 迎神赛社与民间演剧

迎神赛社又称迎神赛会，是一种综合性极强的迎神祭神活动，是农耕社会的产物，最初起源于古老的社祭。社祭即祭祀田祖，这是朝廷的大事，上至天子下至百姓都要祭拜。社祭有固定的日期，即"社日"。祭祀田祖按时间可分为春祈和秋报，前者祈求丰收，后者答谢。随着时间的推移，古老的社祭活动与相关的民间信仰和其他的村社活动融合在一起，最终形成了内容丰富、形式多样的迎神赛社活动。迎神赛社活动虽然内容纷繁芜杂，不一而足，但演剧却是迎神敬神仪式中必不可少的组成部分。① 在研究的过程中，有学者把庙会和迎神赛社活动加以区分，笔者并没有这样做，而是把迎神赛会作为庙会活动的一个重要组成部分进行描述和分析。

庙会所以谓之"庙会"者，乃由：寺庙为其依托，信仰为其动因。② 庙会在特定日期举行，民众借以祭祀神灵、交易货物、娱乐身心。

庙会于中国历史久远。文化史表明"我国约在五六千年前新石器时代已有庙会活动"（据1986年辽西牛河梁女神庙地下遗址考古发现证明）。东晋、南北朝时，战乱频仍，佛教得以广泛流传，对当时政治、经济、文化影响极大；北魏时修庙之风大兴，仅洛阳一地寺庙1300余座，庙会也代替了原来的社祭活动；盛唐，统治者开明，思想界活跃，儒、佛、道等各种思想及宗教得到广泛流行。明清，"行香走会"已风靡一时，至近现代，农民自发兴办祭神大游行中民间艺术活动大展风采，从而使庙会文化得到了取之不竭的资源

---

① 参见白秀芹：《迎神赛社与民间演剧》，中国艺术研究院博士学位论文，2004。
② 参见郝苏民：《庙会·民间信仰与文化的非絮语》，载《西北民族研究》，2009（2），卷头语。

补充与提高。祭神的社戏、皮影、杂耍、"酥油花"、傩舞、竞技等呈现繁荣景象，对社会产生了强烈吸引力。而百艺、游乐事象之增、商市经贸自然兴隆茂盛。原初的庙会发展形成以庙宇俗信为载体、融社会各界多元文化现象的群体文娱活动。价值也远远超出佛道儒之边界，而具有中国历史、艺术、文化及经济等多方面的价值了。①

郝苏民先生这段话概括了庙会的历史、变迁与价值转变，指出现今的庙会已成为以庙宇俗信为载体、融合了不同地域、族群、阶层文化的一种多元文化现象。穿越了历史长河，庙会中沉淀了太多的信仰、仪式与象征，是透析底层社会政治、经济、文化展演与运作的重要视角。

第一节 洮岷庙会

一、洮岷庙会概况

庙会是各种祭祀活动的高潮部分，是具有深远历史源流的地方文化传统。每年从农历正月到九月期间，洮岷地区有大大小小100多场的"湫神会"，会期多为三天，最少一天，最多六天。庙会主祭的神灵除了湫神外，还有道教、汉传佛教、藏传佛教的一些神灵，届时有成千上万的汉、藏、回、土族民众参加。洮岷地区的庙会保留了较为传统的迎神赛会、禳灾祈福、神戏演出、"花儿"演唱等活动，为我们展现了一幅幅汉、藏、土、回等多族群文化的交流与融合的高原画卷。根据洮岷地方文化部门的调查以及笔者的田野调查资料，现以年度为周期，将洮岷地区的庙会日期、名称、持续时间列举如下：

正月

洮州：正月初九店子乡戚旗村会（1天）；正月十四刘顺乡杨家堡会（1天）；正月十五有四场庙会：古战乡古战庵（3天）、扁都乡哈尕滩会（3

---

① 参见郝苏民：《庙会·民间信仰与文化的非絮语》，载《西北民族研究》，2009（2），卷头语。

天）、羊沙乡羊沙会（1天）、八角乡八角庵会（1天）；正月十七卓洛乡日扎村会（2天）。

岷州：正月初九县城天帝庙会（3天）；正月十三维新乡红莲寺庙会（1天）；正月十四有三场庙会：梅川乡老幼店会（3天）、禾驮乡石门会（4天）、小寨乡小寨村会（3天）；正月十五有四场：茶埠乡安家寺会（3天）、茶埠乡哈扎村会（3天）、县城灯会（3天）、县城城隍庙会（1天）；正月十六有两场：岷阳镇龚家堡、后所灯会（1天）、清水乡水磨沟大牌坊会（1天）；正月二十九火神庙会（3天）。

二月

洮州：二月二羊永乡羊永村会（1天）；扁都乡扁都庵会（3天）。

岷州：秦许乡包家族村二月二会（3天）；二月初十文斗乡宁宁（村）会（3天）；二月十九有两场：十里乡十里铺会（3天）、寺沟乡多纳（村）会（3天）。

三月

洮州：三月三店子乡王清洞（村）会（2天）；三月二十八总寨乡石旗（村）会（1天）。

岷州：三月初三西寨乡刘家堡村三三洞会（3天）；三月初八堡子乡堡子（村）会（3天）；三月十二中寨乡扎马（村）会（3天）；二郎山子孙殿三月十八会（3天）、三月二十维新乡卓坪（村）会（3天）。

四月

洮州：四月初八有六场：羊永乡李岗庵会（1天）、刘顺乡眼藏村会（2天）、龙元乡王家坟会（1天）、店子乡李岐山会（1天）、石门乡梁家坡会（1天）、三岔乡三岔村会（1天）；四月十八有两场：龙元乡巴杰（村）会（1天）、城关镇麻尼寺会（3天）。

岷州：四月初四茶埠乡将台堡会（3天）；四月初八有四场：县城喇嘛庙会（3天）、岷山乡茨湾门会（3天）、堡子乡大山庙会（3天）、西寨乡战里（村）会（3天）；四月十四有两场：梅川乡东寺庙会（3天）、锁龙乡大东村会（3天）。

五月

洮州：五月端午共有四场：五月端午新城神会（3天）、冶力关池沟会

(1天)、八角乡布尔庙会（1天）、石门乡占旗山会（1天）；五月初十羊沙乡羊沙村（1天）；五月十一羊沙乡新庄村会（1天）；五月十二有两场：羊沙乡新庄会（1天）、羊沙乡甘沟（村）会（1天）；五月十三术布乡鹿儿沟（村）会、五月十五有两场：石门乡石门口（村）会（1天）、刘顺乡上寨（村）会（3天）；五月十六石门乡罗堡沟（村）会（1天）；五月十七羊沙乡秋峪村会（1天）；五月二十总寨乡总寨村会（1天）；五月二十八八角乡庙花山会（3天）；五月三十冶力关乡池沟庙会（1天）。

岷州：五月初一有两场：茶埠乡出龙岗会（3天）、清水乡蒋家村会（3天）；五月初五有两场：清水乡清水村迎神会（3天）、小寨乡出扎（村）会（3天）；五月初九城郊乡申都村甲滩庙会（3天）；五月十二维新乡元山坪高庙会（3天）；五月十三禾驮乡禾驮（村）会（3天）；五月十四十里乡大沟寨村五台山会（3天）；五月十五有两场：西江乡唐家川会（3天）、西江乡鸦眼林会（1天）；五月十七县城二郎山"花儿会"（3天）；五月十八新城人民桥头会（1天）；五月十九有两场：城郊龚家堡关门会（1天）、西寨乡坎峰村坎卜它会（1天）；五月二十有两场：清水乡大路村二十河滩会（3天）、中寨镇古城村（3天）；五月二十三西寨镇田家堡村大庙滩会（3天）；五月二十三有两场：蒲麻镇蒲麻会（3天）、中寨镇中寨村牧场滩会（3天）。

六月

洮州：六月初一有四场：新堡乡青石山庙会（1天）、冶力关乡常爷庙六月会（6天）、龙元乡龙元山（村）会（1天）、三岔乡大方沟（村）会（1天）；六月初六有五场：八角乡莲花山庙会（3天）、羊沙乡下河（村）会（1天）、店子乡王清洞（村）（1天）、古战乡轿轿湾中伏三会（3天）、长川乡牙麻路中伏三会（3天）；六月十五石门乡草山会（1天）；六月十九城关镇东明山庙会（1天）；六月二十四新城乡雷祖山庙会（3天）。

岷州：六月初一有四场：维新乡蟠龙山庙会（3天）、西江镇令令山庙会（3天）、中寨镇锁子山会（1天）、总寨镇法藏寺会（3天）；六月六间井镇后治（村）会（3天）；六月初八锁龙乡严加村月露滩会（3天）；六月十二间井镇间井（村）会（7天）。

七月到九月

进入七月后，洮岷地区的庙会逐渐减少。洮州较为重要的庙会有：七月十二石门乡梁家堡（村）会（1天）；阳历八月一日临潭县城关镇物资交流大会（7天）；九月初九龙元乡草场门（村）会（1天）；九月十五陈旗乡南家坪（村）会（1天）。岷州主要有：七月十二马坞乡灯场村（会）（10天）；八月十五有两场：岷阳镇下北小路（村）会（3天）、茶埠镇普里（村）会（3天）；西江镇八娘寺会（3天）；八月十八岷阳镇南川（村）会（3天）；九月十九茶埠镇茶埠街会（3天）。

  洮岷地区的庙会形式保持了较为古老的面貌，迎神赛社和戏剧演唱是当地庙会的两个重要组成部分。无论是洮岷两地的湫神会，还是普遍性的菩萨庙会和城隍神诞会，都展现了一幕幕天、地、人三界，汉、藏、土、回①等各族群众的和谐共处场景。在所有的湫神庙会中，以洮州新城端午节的迎神赛会规模最大、所涉地域最广、参与人数最多。

二、集体的狂欢——洮州迎神赛会

  1938年，顾颉刚先生赴洮河流域考察，曾目睹了临潭县新城的"五月神会"，他在书中提到了赛会的主要仪式及日期，并分析了龙神会的形成原因：

> 三十一日：下午，与明轩、霞波等同上城楼，看龙神会；又至隍庙看龙神像。临潭十八乡有十八龙神，其首座曰"常爷"，即常遇春，其他亦并明初将领，但有足迹未涉洮州者，而如沐英之立大功于此者转无有，盖此间汉人皆明初征人之后裔，各拥戴其旧主为龙神，以庇护其稼穑，与主之职位大小、立功地域无与也。龙神像异至东门会齐后，即抢先到隍庙安驾，其至之先后谓与年之丰啬成正比例，故奔驰皆极迅，犹存端阳竞渡之遗意。明日龙神游街。后日端阳，将上朵山禳雹而归。②

  洮州的迎神赛会主要由两部分构成：一是抬神竞跑、踩街巡游；二是戏剧演出、"花儿"演唱。三天的神会期间，汉藏人民共进隍庙，同唱"花

---

① 回民只是在庙会上做生意，到山林里唱"花儿"，并不参与湫神祭祀仪式。
② 顾颉刚：《西北考察日记》，223页，兰州，甘肃人民出版社，2002。

儿",齐拜龙神。

新中国成立前,18位龙神进城的日期并不是固定在五月端午这天的,哪一天进城由阴阳先生提前选定,选定的进城日期并不是黄道吉日而是黑煞月厌、杀气腾腾的日子。民间认为阴阳先生选定这样的日子是为了更好地控制、命令龙神,让他们好好合作,联合起来共同看好地界,预防冰雹的侵袭。洮州冰雹的袭击范围很大,民众认为单靠某地龙神的力量是不行的,18位龙神必须联合起来才能防止冰雹侵害庄稼。阴阳先生选定日期后,青苗总会下帖召集18位龙神进城。20世纪80年代迎神赛会中断后又被恢复,进城日期固定在了五月端午。新城隍庙的青苗总会提前给各地龙神发请帖,龙神队伍可以在五月初四或五月初五当天进城。

1. 中断的神会

从新中国成立至今,洮州的迎神赛会经历了中断(1949—1978年)、复建(20世纪80年代后)、暂时性取消(2008年、2009年)的过程。新城的五月神会自新中国成立后便中断了,人们的祭拜行为只是在暗地里进行。20世纪80年代末,迎神赛会开始复建。但是复建并不是对以往仪式的简单恢复,而是在新的社会情境中,洮州地方精英对其进行再造的一个过程,他们在不触动迎神赛会活动基本原则的基础上,删减、改造了一些仪式程序。

从2005年开始,为促进招商引资,推动地方经济发展,地方政府正式承认了新城迎神赛会的合法性,并对迎神赛会进行征召,为推动地方经济的发展服务。2008年与2009年,因为受地震等特殊因素的影响,甘南藏族自治州暂时取消了新城的迎神赛会活动。

2009年5月27日(农历五月初四)上午,笔者到达新城镇镇政府,政府工作人员说州上今年怕出事故,神会取消了。下午两点多,笔者来到隍庙,碰巧遇到青苗总会的会首们在商议过会的事情,看到我的到来他们很意外。我表明来意后,他们很遗憾,说我可能看不到什么了,佛爷已经两年没进城了,去年是因为汶川大地震,新城也有房屋倒塌,大规模活动暂时取消;今年镇上说是怕出事故,还是不让佛爷进城。会长们在一起商议的意思是,虽然佛爷不进城了,但按照老规程,佛爷还是要请来过会的。他们请了端阳沟佛爷李文忠的"马角"武师在端午节的下午三点来隍庙法神请佛爷。

五月端午上午我向武师问了下午法神的事情:"今年佛爷没进城,下午法

神的时候你应该阿么①说着呢?"武师说:

"今年这个防兵②沙③,老人家没进城。佛爷没进城,但是青苗总会总写下请书着呢,可以把佛爷们一挂都叫过来!人不到,神神也可以都叫过来的!一挂都叫过来!就跟叫人是一模一样的!叫着来了就跟老人家说:'这是青苗总会的诚心,一年一次的常规旧礼,给您老人家献羊呢!'这个羊不是'下马羊'④,是让佛爷上大石山禳厌冰雹的羊,你说成下马羊就错了!那啥有啥地道理呢!过去我们佛爷进城,人家(阴阳)看日子呢!看时间着呢!看的是黑煞月厌日子,就是杀气腾腾的这么个天象,老人家给你发威着呢,暴跳得很!就是上这个石山上,说的这些话,那就法着两趟神呢!那是人家常山总督的'马角'法神着呢!各有各地法事呢!

这个洮州府呢,我可以当总的法师,给他18位佛爷请来,其他我都能说话!就是要把我们洮州府的这些青苗总会地诚心实意我们要说呢!也要把城隍的这个礼节要一挂说清楚呢!这么一个道理!唉,要保佑洮州府的人民、做生意的、考学的、跑车的做啥的,一挂要全面呢,要都说到呢!我们洮州府是宋城隍在这儿坐着呢,这是本县城隍!这个城隍你们知道呢?阴间是城隍执法着呢!恶地恶报,善地善报着呢!祖祖辈辈把它信仰,活在阳间世上地人,一挂都在人家手底下呢!人家是大,比那18位灵神大一级着呢!城背后徐达跟人家平级,常遇春跟人家是平级!听下呢?唉,就这么地个道理!

今儿个我们来,就下⑤来给老人家把事情办到,原原本本,跟老人家进了城是一样着呢!身子没有到,神神到了就成着呢!会首们也一样,礼节行到就行了!这是一年一度地青苗总会的任务!就是这么地个话!"⑥

"师公子"法神、佛爷出巡、上山禳雹都是神圣仪式的组成部分。新中国

---

① 阿么:当地方言,"怎么"的意思。
② 防兵:指怕迎神赛会上出事情。
③ 沙:语气助词,无实意。
④ 下马羊:为感谢龙神前来此地而献的羊。
⑤ 下:洮岷地区读作"hà"。
⑥ 根据笔者2009年5月28日对武师的访谈录音整理写成。

成立后，上山禳雹的仪式再也没有举行过，笔者在庙会上只见到了法神仪式。

2009年5月28日下午两点左右，青苗总会的几个会长到隍庙的后院把要献给佛爷的羊牵过来开始淋羊，会长们先洗羊的头，再洗羊的耳朵、身子，最后洗四蹄，小羊很快便淋了，会长们说这说明佛爷很喜欢这只羊。羊淋完之后，会长们开始杀羊、煮羊。快三点的时候，武师开始准备行神事，因为刚才吃饭的时候喝了酒，出门前武师先用茶水漱了口，以示洁净。来到龙神殿内，武师换上法衣准备法神。突然，武师发现大会长不在，便让人去找。去找的人回来说大会长不在庙上，有可能出去转了，武师有些不高兴，但行神事的时间已经到了，武师决定不再等大会长，他开始给18位佛爷上香、燃表，然后手持钺斧开始法神，众会长一旁跪拜，武师口中念道：

"哦……中华公元乙丑年间，下界嘛哝占了五月端午把18位龙神请到洮州府城隍庙，哦……青苗总会的诚心实意，一年一度的常规旧礼，哦……请收下洮州府青苗总会的明羊一只，为的是大石山冰雹禳厌！禳厌冰雹的明羊一只！"

武师叩头、起立，拿出自己的钺斧，快步走到龙神殿门外，将钺斧在门外的地上左右蹭了两下后，站到门槛外开始请神，念完了所请的18位龙神姓名后，进入大殿内，站到正中的龙神牌位前开始念诵：

"哦……敕封18位龙神，五月的初五日，叫齐了洮州府青苗总会的青苗会会首，哦……叫齐了青苗总会的大小神灵，哦……青苗总会的合会人等，听我一言：哦……一年一度的常规旧礼！哦……这是青苗总会的诚心实意，献上上大石山禳厌冰雹的明羊一只！

哦……18位龙神！哦……保佑我洮州府合会人等各家门户平安，禾苗生长！哦……18位龙神！哦……保佑我洮州府国泰民安！哦……18位龙神！保佑我洮州府风调雨顺！哦……18位龙神，只叫保佑我洮州会首、人民、各家门户、后代儿孙代代发旺！哦……18位龙神，保佑我洮州府的国泰民安！

哦……18位将军撑下鞑子，五月初五日东门攻城，五月初六日，大街抽查埋伏鞑子，初七日上大石山打了四大崖门！叫四方地鞑子们一挂不敢到洮州府里。哦……18位龙神！敕封总督三边……"

念完这段话后，武师对晚到的跪在门口的大会长说："大会长，上来！"大会长上前将一块儿"红"①斜缠在武师的肩上。武师把卦放在大会长的手里，大会长手捧卦站在武师身后等候。武师走到神位前烧香、燃表，做这些动作的时候口中念念有词，但所念诵的语句听不太清楚。之后，武师从大会长手中接过卦，命令大会长跪下，武师先是在大会长的头上用卦做"盖章"状，然后来到在门口跪着的其他会长面前重复上面的动作。头上"盖章"完毕后，武师走到大会长面前开始打卦，每次打在地上的卦都由大会长拾起来，毕恭毕敬的再递到武师的手中。第一次打了"上爻"②，这表示收了神羊以后的佛爷"心情"一般。武师走到正中徐达爷和常爷的龙神牌位前将卦放到上面以求增加卦的神力，恳请老人家给一个"阳爻"③，武师再次回到会长面前打卦，还是上爻！武师说到："上爻大吉"！他回头问到："会首们都到了吗？"众人答："都到了！"武师说："没啥原因！"又念诵了一番后，武师宣布："礼罢！"

后来，武师偷偷地告诉我，佛爷不给"阳爻"，是因为大会长一开始不在跟前，后来才跑来，老人家有些不高兴了。

五月初六下午，隍庙内上香的人明显减少。下午六点左右，会长们开始清点香钱，庙倌儿已经根据面值的大小将香钱分别捆好了。会长们将钱各自数一遍，最后由大会长再数一遍，大会长数钱不很麻利，见我在旁边看着，就让我帮忙数香钱。我开玩笑说："不是说香钱女人不能碰嘛，我数钱，佛爷不会不高兴吧？"大会长说："你们城里人嘛，没那么多忌讳！"两天内隍庙共收到了4724元香钱。会长们说明天还有一天，但估计超不过1000元。今年佛爷没有进城，跟会的人少了很多。2005年和2006年，一天收的钱都比现在多。兼任会计的会长把支票填好，请大会长签字，准备明天把钱存到银行去。有位会长建议说，这两天大家都很辛苦，要求大会长请大家出去吃顿饭、喝

---

① 红：当地献给佛爷、会首、"马角"的一种有吉祥寓意的红色绸缎。

② 上爻：指打的卦是一上一下。按照当地的习惯，以前"上爻"不算数等于没打，但是现在打卦，若连着打了两次"上爻"也算是佛爷喜欢，许愿可以通过了。

③ 阳爻：指打的卦两面都朝上，这表示佛爷十分高兴。

点儿酒。大会长表示同意，并邀请我一同前往。

图 3-1 2009 年五月端午到隍庙敬香的卓尼藏民

图 3-2 新城隍庙龙神殿内的 18 位龙神牌位（局部）

笔者的调查显示，洮州各地的青苗大会对取消神会表示理解与配合，在收到青苗总会的通知后，纷纷取消了抬佛爷进城的计划。他们认为并不是政府不让佛爷进城，而是"藏独分子"捣乱造成的，在神会上有"花儿把式"唱道：

（1）啊，唉，老把式的老行家，各大会事客来了啊，斧头要剁锲把啊！

众和：啊，啊呢啊！

啊，我们今儿个叫诸位的大家听下呢，我们要把藏独分子灭下呢，我们把他打死不嫌劲大啊！

众和：啊，啊呢啊！

啊，你看他把我们国家的经济政策搞乱着太嫌劲大呢，你们新城里的隍庙会上两年没有办下呢？你说是今儿个究竟怪啥啊！

众和：啊，啊呢啊！

啊，一怜，两叶儿啊！

（2）啊，欧，老把式哦，红心柳地一张权，诸位大家抬一（挂）！

众和：啊，啊呢啊！

啊，你看我们今儿个诸位的乡亲们都到下啊，人人要把隍爷的心愿达，都想是到隍庙上朝一挂，来了是这会儿没事啥，你看是我们诸位的大家知道呢啊，这就是藏独分子的奇怪大，把我们的经济搞乱着没办法，我们这会儿的冤枉可没处发！

众和：啊，啊一怜，两叶儿啊！

从"花儿把式"的唱词中我们可以了解，民众认为佛爷不能进城是"藏独分子"捣乱造成的，他们对政府取消神会的做法并没有什么不满。

2. 歌谣、记忆中的神会

在笔者这个第一次来看神会的"他者"眼中，唱"花儿"、上香、法神等活动已经是应接不暇、热闹非凡了，青苗总会和前来赶会的人对2009年端午神会的评价却都是"不热闹"！大家纷纷向我描述以前佛爷进城的盛况。

在洮州著名的"花儿把式"董正民提供的相关资料中，笔者找到了董正民与"联手"对唱的五月端午神会场景"花儿"的完整文本。文本中对神会的热闹场景、仪式过程、民众心理感受等有着清楚的表达，文本如下：

男：钢二两四两钢，你朝五月端午节路径长，轻易把你遇不上，遇上了我连你把十八位龙神唱一唱，唱了心上到底亮！

女：针一根，四根针，昨晚梦的睡梦好，今儿个把你遇得巧，拿上银钱买不到。

男：镰刀割了刺香了，浪会把你遇上了，好像百鸟遇上凤凰了，唱十八位龙神有了紧张了！

女：红心柳，两张权，没缘法办不到你跟下，今儿个我连你遇的扎，说明咱们有缘法，好好把十八位龙神唱一挂，我问你？你把十八位龙神看过啊？

男：镰刀割了油籽草，我今儿个来你迎端了，洮州五月端阳真热闹，十八位龙神都来到，这也是我头一次。

女：蔓一条，一条蔓，我把你来的没知道，你把香钱、纸火给十八位拿来了，求个孙子儿来了。

男：红心柳的一张权，我连你心疼缘法一样下，我也端端说的是那话。

女：红心柳的一张权，我连你心疼缘法都一样着呢，给十八位佛爷到隍庙殿上唱去呢，财帛儿孙也发旺着呢！

男：斧头要剁厥把呢，十八位龙神感应真大呢，叫我连你要把儿孙生下呢，我们要挖银子疙瘩呢！

女：镢头要挖楞坎呢，十八位佛爷稀不灵验呢，保佑把儿孙送到学院呢，毕业要当高干呢，科学发展实现呢！

男：镰刀要割紫草呢，十八位佛爷保佑儿孙要活得到老呢，要把高干一步一步提升当好呢！

女：手拿镰刀割柳呢，十八位龙神把我连你儿孙都保呢，吃穿不愁都有呢，把坟踏到龙口呢，辈辈做官人有呢！

男：钢二两一两钢，我连你到十八位大殿都烧香，给十八位佛爷就把"红"挂上，头磕上，辈辈做官人发旺，今天五月初六日各会的会首迎神赛会都拈香。

女：杆一根一根杆，洮岷、卓尼三县的观众、游客两边街道来参观，铺户家每户放鞭炮响了一连串，万民伞打的真鲜艳，铜号、铜唢呐吹的都不断，外地游客看了真稀罕，接迎会就把羊来献。

男：手拿大麻打拧绳，新城古城六百春，经济贸易营繁荣，古有明将十八位，五月赛会来迎神，隍庙爱国来教育，代代子孙赞长征。

女：钢二两，五两钢，十八位龙神到隍庙大殿也降香，民国二十五年朱德元帅到新城隍庙我地方，叫苏维埃政府也放光，各地人民喜洋洋，解放全国有力量，叫蒋家王朝早灭亡。

男：手拿镰刀割咸烟，五月端阳那一天，十八位龙神上石山，笋高千丈在云端，山顶土平的如洋盘，还有清水泉一眼，天旱十年水不干，回、汉、藏族都齐全，铜号吹的响连天，山下有李都督的古坟滩。

女：剪子要铰衣裳呢，常山总督"马角爷"法将呢，叫冰雹常年夔见呢，秋风细雨常降呢。

男：镰刀要割紫草呢，降法罢了各位佛爷抬到山下要跑呢，跑到西门外三岔路上，青年人抬上都扭呢，就像打擂台的比武呢，看谁英雄把谁扭到呢！

女：剪子要铰衣裳呢，四点钟抬上原回隍庙大殿呢，观众大家各个叩头来烧香着呢，花儿把式一晚陪上十八位龙神到亮来唱花儿着呢！

男：斧头要剁灯杆呢，总会会首请俞道士代替上天李老君来发歹着呢，口念咒语，手托五雷碗手拿雷尺，麻鞭，说打散十八位的阴魂呢，不叫十八位到隍庙大殿常住呢!

女:原来了,剪子要铰衣裳呢,到三点钟抬上各回个的本殿呢,青苗会的会首们,一位一位的送回挂"红"、放炮呢!

男:镰刀割了咸烟了,花行友,我连你把五月端阳神会朝完了,十八位佛爷抬上都回了,再朝就到明年五月端午的这一天了!

从"花儿把式"的演唱中我们可知"跑佛爷"、"踩街"、"唱神花儿"、"上山禳雹"、"发夕"仪式已牢牢地保存在了人们的记忆之中,人们通过赛会、唱"花儿"的方式,祈求神灵保佑风调雨顺、五谷丰登、人畜平安。千百年来,人们祈求平安吉祥的主题没有变,只是向佛爷祈求的具体内容与时俱进,变成了"保佑把儿孙送到学院呢,毕业要当高干呢,科学发展实现呢!"文本中除了生动形象地描绘了五月神会的整体场景外,还唱到了洮州历史上的李都督、明代将领,象征革命的苏维埃政权,以及道教的"发夕"、五雷碗、雷尺等象征符号。

从"花儿"歌手的对唱和对洮州老人的访谈中笔者了解到,现在每年端午节之前,青苗总会便向各地的龙神发出邀请,约定日期,或五月三日进城,或五月四日进城,或端午节当天进城。各地的青苗会接到邀请后按照约定的时间抬上龙神在新城东门瓮城内集合。从五月端午开始,直到五月初七,神会共三天。具体程序如下:

农历五月初五是第一天,叫"跑佛爷"①。各路龙神于端午节的前一天或者当天来到新城城郊,由各自的"接迎会"负责接待,并举行"献羊"仪式;下午大约一两点钟集中到东门瓮城内,由大会长带领众人举行"降香"仪式②。之后,各青苗会的轿夫们抬起各自的神轿竞跑,哪个青苗会的神轿最先到隍庙大殿入座,哪个会就算赢了,赢了的青苗会的佛爷的辖区就会风调雨顺、五谷丰登。从东门瓮城到隍庙的距离有1000多米,抬神轿的每班4人,抬上大约100米后换另一班,跑完总路程要换十几班的人。再加上呐喊助威的、鸣锣开道的,算下来一位龙神的队伍就要动用数百人。"跑佛爷"的

---

① 洮岷一带人民"神"、"佛"不分,见佛就拜,所以"十八位龙神"又称为"十八位佛爷"。
② 新中国成立前是县长或商会头领,现在是青苗会大会长。

时候，每位龙神的神轿附近都集结了大量的本地信众，形成一拨人浪，18位龙神就可以形成18拨人浪。从近几年竞跑的情况看，新城附近村庄的龙神队伍因为跟会的人特别多，经常能夺得前几名，而洮州东北路抬神轿的人数与赶会的群众都少，"跑佛爷"时总是落在后面。

农历五月初六是第二天，叫"踩街"。踩街前，各路龙神拿出自己的全副銮驾、仪仗，包括四面开道锣、四至八对三角形火焰牙边青黄龙彩旗、一对两米来长的大铜号、一对唢呐，轿前为各青苗会的提领、会首等人执香引领，轿后为打着"万民伞盖"和扛着写有龙神神衔的大纛旗和其他小旗的队伍，18位龙神按座次先后下庙①到新城镇前后两街缓慢游行。各街的居民、店铺在神轿经过时鸣炮、焚香表示欢迎，队伍游行完毕后返回隍庙龙神殿重新入座。踩街的当天有很多妇女、老人和孩子跪在街道等候"过关"。过关也就是人从龙神轿子底下钻过去，以沾龙神贵气，消灾免病，保佑身体安康。

农历五月初七是第三天，叫"上山"。拂晓时分，各路龙神由轿夫抬着，到新城西门外约五里之遥的大石山（朵山）上禳雹，目的是祈求龙神驱除冰雹，保佑风调雨顺、五谷丰登。中午人们陆续下山，走到西门外岔路口时龙神队伍便开始了"扭佛爷"。扭佛爷时，抬轿子的四个人背靠轿身，两人为一组，一进一退，大力旋转神轿，力气大的一组常常将力气小的那组摔倒在地，甚至摔出轿杆以外。凡有龙神的地方，这种扭佛爷活动都十分兴盛。扭罢佛爷，下午由新城的俞道士主持举行"发夕"仪式，俞道手执雷尺、麻鞭、五雷碗，念诵经文，主要是告诫各位龙神不得施行恶风暴雨，要清风细雨月月常降，然后才放各位龙神返回各自的地界。唯独秦关村的五方爷不能回本庙，还要用铁锁绑上，将其扣留在隍庙一晚上，第二天还要缴纳5角钱的电费才能回去。民间传说，被扣留的五方爷十分恼怒，出城后一刻也不停息，直接回本庙，只要是落轿就会招来白雨。老百姓们说五方爷以前是泉神，是龙神中主管冰雹的，赶会的时候他的神轿不能落地，一落地就会有恶风冰雹降临。马路村上的村民早早的就要等候在村口迎接五方爷，就怕前一马路村的人捣乱把轿子放在自己的村口，招来恶风暴雨。回去的时候也不能停留，因为老人家被扣留了一晚上，十分生气，停留的话更容易惹怒老人家发白雨，故洮

---

① 洮州人把龙神出庙叫"下庙"，回庙叫"上庙"。

州有"五方爷赶会,一次子"的俗语。

在继承传统的同时,古老的仪式也有着一定的张力,能够适应社会的变迁并做出适当的调整,使得它既可以贮存古老的传统,也可以吐故纳新,展示强劲的生命力。为了取得政府的支持,洮州青苗总会主动配合政府的策略,在不触动信仰原则的基础上,改变了仪式活动的一些细节,如在2006与2007年的端午迎神赛会上,青苗总会将"跑佛爷"改为按照既定的次序上庙;在踩街的活动中增加了"过关仪式"。但是五月端午赛会的当天,迎神队伍打着万民伞、吹着唢呐、铜号,人们簇拥在神轿的周围等候着过关,给佛爷挂"红"、献哈达……这一切仍是古老传统的延续。2008年与2009年各地的青苗大会还配合政府暂时取消了佛爷进城活动,显示出官方与民间社会合作的良好势头。

3. 神会与传说的互构

有一首古老的"洮岷花儿"中唱道:"五月十七二郎山,兄弟征番胜利还。手挽手来肩靠肩,全家团圆人人欢。夺来番王一根鞭,兄弟骑马坐高官。"这首古老的"洮岷花儿"与洮岷两地的庙会传说一起解释了洮岷地区迎神赛会活动的由来。

通常,人们总要对任何一种历史现象或历史事件的来龙去脉作一个追究,不管他是有意的或是无意的,即人们总会想象现在的情景、事件、仪式等的来源是什么?它们的历史原貌是什么样子?民众们是最善于用传说、故事、歌谣等口头形式来解释历史的。

洮州的老人们说三天的赛会演的就是明朝将士撵下鞑子①的整个过程!第一天"跑佛爷"是撵鞑子;第二天"踩街"是进城搜查剩下的鞑子;第三天"上山"是把鞑子撵到山上去。由此看来,洮州的迎神赛会不仅仅是一种祈禳仪式,它还是一种纪念活动,它的支配性话语是用仪式实践讲述历史并加以回味,是对崇拜对象的扮演和对辉煌历史的纪念。洮州民众纪念的究竟是怎样的一段历史呢?

明洪武十二年,洮州羌人扎阿卜商、赵当知、瘿嗉子等串通青海羌人共

---

① 洮州人对元代统治者的蔑称。

同反明，据纳邻七站之地。明朝便派沐英、金朝兴、敏大镛等将领来洮州征讨。兵丁都是从南京纻丝巷、安徽凤阳、山西洪洞县等地抽调出的精锐人员。羌人被平叛后，明朝为守西番门户，就将他们留了下来，他们跑马占田，以旗长姓名为村落，便有张雄寨、朱昌寨、流顺、杨勇、李刚、王旗、温旗、韩旗等村名。为防御西番，就修建起众多的寨、堡、墩、台等守卫设施。时间一长，由于地方环境艰苦，他们就都唱"路远歌"和藏族民歌合并以后形成的"花儿"。同时他们想念家乡，想念过去和自己一起拼杀的英雄将领，就联名奏请朝廷，将以前和他们战斗过的英雄将领李文忠、常遇春、徐达、胡大海、花荣、朱亮祖、康茂才、朱玉环等诰封为神，进行联欢。而在瘿嗉子等反叛中，一部分洮州汉民避走岷州，他们也模仿洮州，把西平王李晟等奉为雷神赛会。之后，就约定俗成的一直延续下来。①

如果我们从历史记忆的视角来看，关于洮州"十八番叛乱"这一历史事件的文献记载与民间传说本质上并无区别。它们都是有关"过去"事件的一种叙说，都是人们对于过去的集体记忆。传说虽为虚构，但其中仍包含着许多真实的历史内容，传说是民间的历史，是民众对历史事件的解读方式。"乡村庙会传说隐喻了民众对其生活空间的想象与建构和对生活空间所有资源分配的机制，是民众对相应村落历史群体记忆的结果"。②

《临潭县志》中记载的这则传说将洮岷两地迎神赛会的起源与明初朝廷平定洮州番部叛乱的历史功绩联系了起来，这并不奇怪。因为县志这种文类是由地方文化精英书写的，具有明显的模拟"正史"文类的倾向。这则传说具有明显的文人加工痕迹，是在洮地民间流传的"赛会由来"、"兄弟征番"、"跑马占田"、"南京移民"等几个传说故事的基础上综合而成的。其对岷地迎神赛会的由来也做了解释，认为岷州的湫神会是由到岷州避难的洮地汉民带过去的，是对洮州迎神赛会的模仿，这一说法引起了岷州地方学者的反对。岷地学者认为，岷州的18位湫神中有很多是明代以前的人物，如关里二爷庞统、王家三爷姜维、河北太子朱云等都是汉代名臣，雷万春是唐代大将，李

---

① 参见临潭县志编纂委员会编：《临潭县志》，841页，兰州，甘肃民族出版社，1997。
② 岳永逸：《乡村庙会传说与村落生活》，载《宁夏社会科学》，2003（4）。

晟是唐代的洮州名人，范仲淹则是宋朝大臣，这些人怎么可能是明代的征番大将呢？此外，岷州的18位龙神中还有8位女神。他们认为，岷州比洮州文明开化得要早，岷地的湫神谱系比洮地更加多元，赛会形成的时间应该比洮州要早，不可能是模仿洮州形成的。

岷地学者的解释有一定的道理，但他们的解释只是针对岷地南路18位湫神谱系给出的回答，而忽略了岷州西北路以铁城地区为中心形成的另外一套湫神体系。铁城地区与临潭县和卓尼县接壤，此地崇拜的湫神与洮州冶力关地区的龙神体系有明显的重合。该地流传的传说、歌谣也印证了洮岷两地迎神赛会的密切关系。

铁城遗址位于岷县维新乡元山坪，与临潭县的陈旗乡和卓尼县的洮砚乡接壤。每年古历五月十三铁城高庙迎神赛会，届时岷县、临潭、卓尼地区的汉藏民众前来赶会，周边地区的18位湫神要上高庙、扭佛爷。扭佛爷时，抬神轿的年轻人手中拿着大刀、长矛、铁尺、木棒等武器，头上缠着黑、白粗布，身穿背心，赤膊上阵，脚上穿着黑白线编的"麻鞋"，下身穿着三四条彩色长裤，裤脚层层褶起，以炫耀英武强健。关于庙会的由来在铁城地区流传着这样一则传说：

我们这儿有座元山，元山上有个铁围城。老人们说明代的时候这个山是土鞑子占下的，土鞑子在山上建了城，城是牢固得很，像个铁打的。土鞑子番性大得很，常常到村子里来抢东西，我们汉人稀不尊障呢。朝廷知道了就派常遇春、胡大海带着兵马来伐这些土鞑子。铁城是稀不坚固呢，常爷他们阿么攻是攻不下来呢。常爷就想了个办法，要"悬榜招将"呢，说是阿个能攻下这个铁城阿个就放给大官当。有个小将砝码得很，叫金朝兴，他就把个榜文揭了。他爬到铁城对面的山上一瞭，瞭见城里的土鞑子早就跑光了，咚咚咚响着的是马摇着的铁铃铛，羊蹄子把鼓敲着呢！金爷率领着将士没费劲就把铁城给攻下着呢！我们这儿有个话是："金朝兴攻城，打得一阵热闹"，就是说的这个！说那天是五月十二，打那以后，我们这达儿为了纪念常爷他们攻城，就在山上修了庙，搞了庙会。

过会的时候要把佛爷们都抬上呢，年轻人要扮成军爷的模样，攻下城的是军爷嘛！要化成他们的样子，佛爷才高兴，要唱呢，要扭呢！越热闹佛爷越高兴,"神花儿"也要唱呢,佛爷爱听。有一年一个赶会的人唱了个"青龙盘在铁杆上,多脑缠成缸一样,刀枪矛斧都拿上,各位龙神齐抬上,铁围城里闹一场"的"花儿",我们佛爷爱听得很,命"水头"传话,给唱"花儿"的人挂"红",还赏了冰糖呢!打那时佛爷就下了神旨了,高庙会上山歌要唱呢!①

传说并不是历史事实,它具有明显的虚构成分,但是它所反映的历史情境往往是真实的。迎神赛会来历的传说中蕴含了洮岷二州深厚的历史文化,再现了明初的洮岷社会空间,向我们传递了旧日民众的日常生活经历、观念心态以及族群间的相互关系等多方面的信息,是洮岷地区迎神赛会由来的民间解释版本。

迎神赛会作为一种信仰活动,在客观上营造的是一种全民性的热闹与狂欢。大型的庙会需要动用大量的人力物力,有时连小孩子都要参与其中,在青苗会长的分派下,每个人都要承担相应的事务,或演戏敬神,或劈柴烧火、或敲锣打旗、抬佛爷等。年轻女子在庙会前可以收到婆家送来的"浪会"钱,已婚女子在庙会期间也可以暂时不用顾及种种约束,出门浪山、看戏、唱"花儿"。从全民的参与性来看,庙会活动打着奉祀、娱神的旗号,形成了封闭、枯燥乡村生活中的一道热闹、喜庆的风景。与洮州迎神赛会活动的兴盛相比,岷县的湫神会已经发生了较大改变,农历五月十七岷县县城二郎山上的 18 位湫神祭祀活动已经消失殆尽。

新城的迎神赛会是洮州 18 位龙神的集体庆典,可算作各位龙神的"朝圣之旅",若从洮州各地的龙神大庙这一层级上来看,最有代表性的当属洮州北路"常爷"(常遇春)②的庙会了。

---

① 2009 年 6 月 25 日,笔者采录于维新乡元山坪,讲述人:ZSZ,男,73 岁。
② 常爷:即明朝大将常遇春,常遇春与徐达并列为洮州 18 位龙神的首席,信仰民众包括临潭、康乐、卓尼三县的汉、藏、土三个民族。在岷县的铁城地区也有常爷信仰,但在岷县南部与北部的 18 位龙神体系中没有常爷。

三、独自的荣耀——冶力关常爷崇拜

常遇春（1330—1369年），字伯仁，今安徽怀远人，是明朝开国功臣中的回回人之一，民间传说其父曾为阿訇。其后裔至今信奉伊斯兰教。① 而在洮州，"常爷"是18位龙神的首席，也是洮地藏民信奉的海神，受到汉、藏、土等多个族群的奉祀。

冶力关镇是临潭县北路林区的一个重要商贸中心和地理要冲，八角乡与冶力关镇接壤，森林资源丰富。两地供奉的龙神都是常爷——常遇春。近几年来，随着冶力关旅游经济的发展，两地的庙会与祭祀活动也呈现出繁荣景象。

1. 庙宇

龙神庙是洮州各地祭祀龙神的地方，其分布结构为：新城隍庙中的龙神殿是18位龙神的象征性神殿。在18位龙神的辖域内，各有一个或两个主庙，当地人称为"大庙"②。"大庙"中供奉的龙神为木刻"行神"③。"大庙"之下有若干个"分庙"，分布于佛爷的"马路"④ 之上，一般称为"尕庙"或"歇马殿"。一般说来，龙神大庙管辖几个自然村便有几个"尕庙"。"尕庙"中多供奉龙神牌位或坐神，即泥塑龙神。龙神大庙对"尕庙"拥有统辖权。

洮州供奉龙神常遇春的大庙共有两座，一座称为"新庙"，在冶力关镇池沟村；另一座在八角乡庙花山山顶，被称为"老庙"。两座庙相距不远，老人们说，两个庙供奉的是同一个"身子"，都是常爷⑤。据池沟大庙今年新当选的青苗会大会长WZK说：

---

① 参见邱树森主编：《中国回族史》（上），394页，银川，宁夏人民出版社，1996。
② 洮岷地区各个龙王的势力范围有大有小，大的龙王如常遇春、胡大海的"马路"可以跨县、跨族群，对于这样的"超级龙王"来说，不但有自己的主庙（当地叫做大庙），还有各自的分庙（当地称为"小庙"或"尕庙"）。但是也有一些龙王只有主庙，没有分庙，如临潭新城城背后的徐达、岷县坎峰村的湫神张锦只有一个村子信奉，没有"马路"。
③ 洮州龙神造像分为两种，一种是木雕神像，称为"行神"，一种是泥塑神像，称为"坐神"。
④ 马路：指除大庙所在村子外，各个龙神所管辖的势力范围。
⑤ 当地将"常"读为"sháng"。

以前我们池沟没有庙，只有八角（乡）的那一个庙。有一年，常爷给我们的先人托了一个梦，说是老人家不想在庙花山坐了，要到我们池沟来，要让人把他偷着过来呢！我们先人一天夜里就把常爷给偷来了，放布袋里背着过来的！八角人不干，两家就打官司，县太爷说，佛爷已经坐到池沟了，你们八角就再掏一个新身子吧！八角的人就照着常爷的老身子又刻了一个新身子。常爷坐到我们池沟时没有庙，后来才盖了这个庙，这是个新庙，比八角的那个庙要晚多了。"老庙新身子，新庙旧身子"的说法就是这么来的。①

"新庙"指的是建在冶力关池沟村的"常山庙"，大庙共管辖了 6 会 21 村，在勺哇、康多、恰盖等藏、土族群的聚居区也有广大的"马路"。常山庙的山门由正门、左侧门、右侧门和戏台构成。正门上方书写：常山庙；左侧门上方书写：肋巴佛起义纪念地；右侧门书写：甘南农民文化宫。

庙内大殿供奉的主神是常遇春，陪侍之神为：敕封普天同知感应尊神、敕封盖国大郎感应尊神、敕封陀龙宝山都大龙王、泉母龙王。三间后殿中则分别供奉了藏传佛教的护法神、佛公佛母、观音菩萨、山神、土地等神灵。

在常山庙大殿外的左侧墙壁上书写着这样一段话，解释了"肋巴佛纪念地"这一名号的由来：

一九四三年二月二十二日肋巴佛、王仲甲、仿效周、汪鼎臣、王万一率领农牧民起义军在此庙问卦抽签为得胜之象，并献羊祭祀。举起庙上龙旗一杆宣誓起义，第二天在关街举行三千多人的大会师。

摘录于甘南州党史资料，丁亥仲夏　黎英俊书

常山庙内有一座建于清朝康熙年间的 18 龙神封神碑。封神碑上所刻诸位龙神中以常遇春地位的最高，居于封神榜正中。碑文上记录的常遇春被敕封的全称为：汉庭侯三边总督镇守西海常山辅王社稷洮河龙王感应尊神。②

---

① 2009 年 7 月 22 日笔者采录于冶力关池沟大庙，讲述人：WZK，男，汉族，73 岁。
② "西海"指的是青海湖，在此指代整个西北大地；"辅王"是说常爷是仅次于明朝皇帝的第二人；"洮河龙王"表明他是洮地最大的龙神。

表 3-1 冶力关常山庙内封神碑上所刻的 18 位龙神的封号、位次图①

方位	封号	人物原型
右九	敕封成沙广济都大龙王	成世疆
右八	敕封祥眼赤砂都大龙王	淮安候华云龙
右七	敕封五方行雨小吉龙王	郭英
右六	敕封四季九汉降房护国小儿赤察都大龙王	东君侯苍云
右五	敕封西郊透山响水九龙元君娘娘	邰氏
右四	敕封洮河洞威显黑池都大龙王	越国公胡大海
右三	敕封金龙洞宝山小吉龙王	黔宁王沐英 赐名文英
右二	敕封威震三边朵中石山都大龙王	歧阳王李文忠
右一	敕封东郊康佑青龙宝山都大龙王	靳国公康茂才 字孝卿
正中	敕封汉庭侯三边总督镇守西海常山辅王社稷洮河龙王感应尊神	开平王常遇春 字伯仁
左一	敕封九天元君圣母娘娘	中山王徐达 字天德
左二	敕封九天元君白马太山娘娘	马皇后 名秀英
左三	敕封镇守西海感应五国盖国大郎都大龙王	武殿章
左四	敕封陀龙宝山都大龙王	吉安侯陆仲亨
左五	敕封普天同知二郎显应龙王	梁国公赵得胜 字甫仁
左六	敕封南江总督三边黑磁都大龙王	朱亮祖
左七	敕封赤察秀头庐卜老爷都大龙王	蔡国公张得胜
左八	敕封水司开路杨四将军都大龙王	韩成

① 表格是笔者根据 2009 年 6 月 3 日在常山庙所拍摄的封神碑照片整理而成。

此外，还有一个现象也引起了笔者注意：明初回回将领之一的沐英曾经作为征西将军，俘获洮州叛乱的十八番族头领，在洮州立有大功，但是新城隍庙龙神殿内的18位龙神牌位中竟然没有沐英的名字，顾颉刚先生猜测说："盖此间汉人皆明初征人之后裔，各拥戴其旧主为龙神，以庇护其稼穑，与主之职位大小、立功地域无与也。"①

但是在常山庙的封神碑上沐英则以"金龙洞宝山小吉龙王"的封号位列其上，而有趣的是在隍庙龙神殿的龙神牌位上，"金龙洞宝山小吉龙王"这一封号则是明朝将领刘贵的封号，刘贵的大庙在扁都乡刘旗。

常爷庙是老庙，坐落于临潭县八角乡庙花山山顶。初建于明朝，"文化大革命"时曾被拆毁，1997年重建。重建"常爷庙"时所用的全部木料都是由卓尼县康多乡的藏族群众捐赠的。庙内主祀之神为敕封盖国常山辅王感应尊神——常遇春。陪侍之神为：普天同知二郎——康茂才、马御保山金陵大王——赵德胜、黑池龙王——胡大海、显身大郎——郭英。当地人则根据神像脸膛的颜色把赵德胜称为"红爷"、康茂才称为"金爷"、胡大海称为"黑爷"。

常爷庙右侧约20米处有一凉亭，内置"肋巴佛纪念碑"一块，由八角乡党委、八角乡人民政府于2008年5月立。碑刻正面书写：怀来仓·肋巴佛民族团结精神永垂不朽，背面书写了怀来仓·肋巴佛的生平事迹。

此外，常爷庙内有一悬挂于正殿上方的匾额，十分醒目。匾额内有一张摄于1962年的常爷庙旧庙的照片。匾额右边题写：一九四三年甘南农牧民群众在常爷庙举义公开反抗国民党的反动统治。左侧书写：常爷庙原貌　景古人靳增华摄于六二年，庆贺重修常爷庙特献此匾。靳增华　一九九六年七月。

由上面的文字叙述可知，在常爷的两个大庙内同时出现了显著的国家符号。如：老庙的肋巴佛纪念碑与照片，新庙大门上书写的"肋巴佛起义纪念地"与"甘南农民文化宫"两个称谓，以及摘录于甘南州党史资料的相关文字等，在老百姓的眼里，这些符号都是可以代表国家的。在庙宇中引入国家符号，把完全可以写在革命历史回忆录中的文字、放在革命历史博物馆中的纪念碑镶嵌于民间祭祀场所中，十分耐人寻味。这些现象的出现也许有国家

---

① 顾颉刚：《西北考察日记》，223页，兰州，甘肃人民出版社，2002。

部门、国家代表的影响，但根据笔者的调查得知，这些国家符号的引入有时却是民间自觉自愿的选择，是民众主动请着来的。如：常爷的老庙与新庙管理委员各不相让，一直在争"肋巴佛起义纪念地"的名号，并都能出示相关的证据。

在冶力关调查时，每当笔者问及常爷的"灵验"事迹时，很多被访者都会主动提到常爷保佑肋巴佛起义成功的故事。常爷的"马角"YS上过甘南卫校，是个文化人，他说：

"我们信常爷不是搞迷信，不是骗钱！常爷是忠臣，是大将，历史上有这个人，是不是？藏民们也把常爷信着呢，他们也来献羊！我们常爷灵验得很，肋巴佛起义成功了，那是常爷保佑的！办庙会是为了和谐！汉人、藏人都来！"

肋巴佛是宗教领袖也是革命英雄，常遇春是明朝大将中的回回人，又是汉藏人民共同敬奉的龙神。肋巴佛向常爷献牲，祈求常爷护佑自己起义成功的故事被民间一再演绎，这使得革命英雄与民间龙神、正史记载与民间口碑、藏传佛教与汉人信仰等元素杂糅在一起，是洮州地区多元文化并存的口头展演。

2. 庙会

洮州地区，为常爷举办的大型庙会有两个，一个是庙花山的五月会，会期为每年的农历五月二十五日到五月二十七日，另一个是冶力关的六月会，会期是每年的农历六月初一到六月初六。接下来笔者将通过描述常爷六月会的盛大场景为大家展示这位龙神的巨大影响力。

2009年农历五月二十九日下午两点半，笔者来到常山庙，发现正门口已经贴上了新对联，上联：龙神古刹雄姿披霞迎游人，下联：六月盛会香烟缭绕保平安，横批：忠武圣地。

进门后，大殿对面的山门戏台上插了新做的一红一绿两杆龙旗，与新贴的对联相映成趣。戏台对面的大殿廊柱上贴了一张捐款名单，名单上写着：为庆贺六月会活动，现将各单位及个人捐款名单公布如下……从这张捐款名单上看，冶力关镇政府的捐款是最多的，其他机关单位的捐款也不少，这与新任大会长的个人能力有关。大会长说，今年群众捐款只有5200元，镇政府、旅游局、森林公园给了两万多，他靠个人关系在搞工程的朋友们那里拉到了两万多元的赞助。在六月会上，大会长充分运用龙神赋予他的象征权力，以龙神的名义调动各小会的会长各司其职。

龙神殿右侧的墙壁上贴了一张执事图，执事图上首先说明的便是：为了庆贺民间传统六月会活动，现将大会执事图分述如下……下面列出了今年大会长、小会会长的名单及各位会长的分工。主要包括：座迎、看客、提茶、撑盘、烧水五项。大会长兼总管，负责任务的分派与钱物的支取，这位老人东奔西跑处理各种事情，几乎是哪里缺人他就顶到哪去，没有什么架子。六月会上，除了会长们义务性的劳动之外，青苗会（寺庙管理委员会）还在周边村子里请了十几位妇女，帮助厨房烧水、做饭，每人每天工钱30元，庙上管饭。大会长说，平时这些妇女在工地上打工都是每天50元，但是帮庙上干活，工资少一些，她们也没什么说的。

大殿门口摆了两张供桌，前面的供桌上摆了三个斗，两新一旧。两个新斗里面放了五色粮食，旧斗里除了五色粮食外还放了一个斟了少许酒的铜制高脚酒杯、一戳羊毛、竖插了一个滚卦，桌面上还放了一包藏密熏香，后面的供桌上放了签筒、香、酒和供神用的两袋子大馍馍。

农历六月初一早晨七点钟我来到常山庙，快到八点的时候两辆兰驼车拉来了戏班的箱子。负责打旗的孩子陆续来到庙上，他们边安装旗帜边嬉戏打闹。9点20分，"马角"打卦向佛爷询问能否出发，打了"上交"，表示可以按时出发。迎神的队伍分成了两路，一路到海家磨村接迎走马路的常爷与他的两员大将上庙，一路到冶力关桥头接迎前来过会的羊沙的成爷（成世疆）。

出发前，"马角"给各位会长挂"红"。大会长提出要去换衣服，车队在庙门口等候。大会长戴上了旧时绅士们戴的呢帽、眼镜。9点30分，队伍出发到海家磨迎神，我跟大会长一起坐在了他家的车里，车上还有他的3个孙子。10点09分，队伍到达海家磨，海家磨是常爷的一个歇马殿，青苗会历来都是在这里接应走马路的常爷上庙。今天在海家磨主持仪式的是YS的徒弟，我们到村口时他正在给还愿的村民们陪侍。此地村民大多是抱着一只公鸡前来还愿的，还愿时"马角"先拔上几根鸡毛扔到火堆上，再打卦询问佛爷是否愿意接受这只鸡。

供桌上摆满了盆栽的鲜花,十分漂亮。供桌前放了两根长长的轿杆,是用来放三位龙神的神轿的。有很多村民赶来给大会长挂"红",不一会儿,大会长及其家人身上便各绑了十几条"红",大会长的小孙子(3岁)很开心地说:"哥哥你是大会长,二哥是二会长,我是小会长!"小家伙身上也绑了七八条"红",还不让爸爸给解掉。

图3-3　2009年临潭县冶力关常山庙到海家磨迎佛爷时的过关仪式

10点50分,远远的可以看到勺哇第五会送佛爷的队伍了,神轿顶上系着洁白的哈达,挂满了鲜艳的"红",在远处看来十分醒目。大会长脖子上系了一条洁白的哈达,带领接应的队伍在村头500米处列队迎接。佛爷迎到后,大会长头前带路,将送佛爷的队伍引领到轿杆处落轿,村中有很多妇人抱着孩子争先恐后地钻到轿子底下"过关"。妇女和儿童是"过关"的主体,这可能与妇女、儿童更容易遭受病痛的折磨有关。历史上,洮岷两地医疗条件极其落后,龙神是富贵、吉祥的象征,人们在龙神身上也寄托了治愈疾病的美好愿望。

11点05分,小班们将三顶神轿分别放在三辆货车上,孩子们打着旗帜、扶着轿子站在车上。大会长的车头前开路,一路上经过的人家都在门口烧香、放鞭炮。队伍到了冶力关镇的大街上后,会长便招呼大家下车步行。器乐班子、旗、伞先行,之后便是为佛爷背龙神大印和文书的两个人与各位会长,再就是抬轿子的小班。街道两旁的商家放鞭炮,给大会长身上挂了几十条

"红",实在挂不上去了就让身边的小班用双手托着。距离大庙还有1000米左右的路程时,队伍开始骚动,抬轿子的人开始"跑佛爷"。有人将笔者拉到路旁,只见伞、旗翻飞,年轻人颠簸、抖动着神轿,呼啸着向前狂奔。

佛爷上庙后,"马角爷"将四位佛爷安置在大殿门口的座椅上,常爷居中。对面戏台上神戏开始上演。演的是天官赐福,大约唱了8分钟左右,神戏结束。下午一点,大戏开始,最先唱的是《忠报国》,看戏的人并不多,绝大部分是老人。

六月会期间来了很多临潭和卓尼的藏民。他们手拿木香、青稞面、酥油等物品来给常爷献供,青稞面集中倒在礼账桌前一侧的角落里,一会儿便堆了一堆。献供完毕后他们会再给上10元到50元不等的香钱。青苗会为了表示感谢,对给香钱的人会发饭票,一般是10元香钱会给一张饭票,多交的多给。藏人很少有留下来吃饭的,他们大多是交完香钱后,直接就出了庙门。下午三点多,在庙上吃饭的人已经不多了,大会长告诉我,昨天买的650斤萝卜和200多斤猪肉已经吃完了。

农历六月初二早晨,"马角"在常爷庙内法了一趟神,下午举行点灯仪式。点灯仪式包括点灯、迎神、跪香、送神四个主要过程。会长们在桌子上点燃了360盏面灯,桌子正中放了一个仓斗,里面的五色粮食上插了"马角"法神用的斧、钺等小兵器,滚卦插在斗的正中间。粮食上面还插了两只"坐斗旗"、四根长幡。幡是法师们用黄纸剪成的,因为没有铰纸钱,大会长掏出了四张10元的人民币分别绑在每根长幡上。

图3-4 2009年冶力关六月会之跑佛爷   图3-5 2009年冶力关常山庙之法神仪式

参加点灯仪式的共有四位法师，YS是"掌坛"，其他三位是他的徒弟。YS穿上了金光闪闪的神衣，戴好"马头"，一个徒弟穿蓝色长袍，另外两个着便衣。整个仪式大约持续了15分钟。

在常山庙周围，笔者没有发现唱"花儿"的人，庙门外只有两家卖零食的小摊贩。常爷庙门外有一条公路连接冶力关镇和旅游景点冶海（即常爷池），镇政府不允许商家在路上摆摊。赶会的小摊贩们大多聚集在镇中心广场和冶木河的两岸。常山庙的会长们认为"念佛词儿"是迷信，庙院内也没有在其他庙会上常见的"念佛词儿"的老太太们。

3. 祭海神

汉族是洮州地区龙神信仰的主体民族。但是，在文化接触频繁、汉藏互染的农业区，藏人也普遍信仰汉人的龙神。勺哇的土族还进入了常爷的青苗会组织，成为冶力关青苗会的第五个分会。

八角乡庙花山下有一个清澈的湖泊，正式称谓是"冶海"，当地人俗称"常爷池"，藏语称为"周措茂措"。康多地区的藏族群众是不参加汉人的迎神赛会的，他们有自己的祭祀仪式。每年农历五月二十三日至五月二十七日，康多地区的藏族群众①都要到湖边举行祭海仪式。祭祀的对象是"常爷庙"内的常爷、海神常遇春和山神。祭祀的主要程序为：

农历五月二十五日至五月二十六日，祭祀的民众在庙花山山顶搭起帐篷，做好祭祀前的准备工作。五月二十六日，举行煨桑仪式。藏族民众认为神灵喜欢桑烟的香味，煨桑是一种告知天地诸神的仪式，桑烟可以将天、地、人连接在一起。煨桑仪式在早饭前、午饭前和晚饭前各举行一次。

五月二十七日，祭海和放神牛。祭海由煨桑、抛风马②和投宝袋③仪式组成。祭海的群众先是在常爷池边的煨桑台上煨桑。煨桑时，喇嘛手持经幡诵

---

① 甘南州其他地区、青海及四川的藏民也有来参加祭祀仪式的，但他们只祭海神。
② 风马是一种纸印的吉祥物，方形，有大有小，大的约有5厘米，小的约有3厘米，有蓝色、白色、黄色、粉色等几种颜色。风马正中印有一匹飞驰的宝马，身上托着各种宝物；风马的四角印着凤、龙、麒麟、虎等吉祥物。大风马的空白处用海螺、宝瓶、莲花灯吉祥图案填充，也有的用小宝马代替。藏族民众认为风马是可以带来幸福吉祥的使者，风马抛得越高越好。
③ 宝袋是一种椭圆形的彩色布袋，内装五谷（玉米、青稞、蚕豆、菜籽、小麦），袋子上系着哈达。一般来说，祭海的时候，康多的每户藏民都要准备5个宝袋。其中，3个被分别放在常爷池周围的山梁上，一个被投到湖中，另一个被埋在常爷庙附近。

经。藏民们口念经文抛洒风马。随后，他们来到湖边将小撮的羊毛放到湖中，希望来年牛羊成群、六畜兴旺。最后，藏族民众乘游艇或汽船到湖中心抛洒风马、投放宝袋。宝袋由喇嘛投放，喇嘛先是边念诵经文边把奶子倒入湖中，再抛洒风马，最后投放宝袋。有人甚至将一元的钞票或硬币像抛洒风马一样，抛入湖中。

然后，有人将准备好放生的神牛牵到山顶的煨桑台前，民众围绕在神牛周围念诵经文，喇嘛诵经，主持者将牛奶、酥油和奶酪等不断涂抹在神牛的身上，淋牛①仪式开始。神牛摇头摆身致使水珠四溅，民众狂呼！与汉民不同的是，神牛淋完后并不宰杀，而是用吉祥结将牛头和牛尾装扮好后放生。因为这只神牛是献给山神、海神的礼物，绝对不能宰杀，神牛放生后在野外四处游走时，也不能任意驱赶。村子里还会派专人看管。

放生完毕，群众开始赛马。赛马结束后拆掉帐篷，人们返回家中。康多的藏族群众并不参加汉族的青苗会组织，但是他们会进龙神大庙拜祭常爷；不举行迎神赛会，但是邀请佛爷走马路、举行祭海仪式。此外，他们还请汉人的仪式专家到佛爷的马路上参加插旗—扎山。

常爷信仰打破了家庭、宗族、村落和族群的边界，在汉、藏、土、回等多族群共存的时空中实现了跨村落、跨族群的生产联合与生活进程中不同层次上的文化交流与认同。各族民众充分发挥自己的想象力，建构起本族群与常爷的各种拟亲属关系，使不同的族群得以联合起来。与常爷相关的传说、故事、神奇传闻等民间叙事，增强了仪式实践的神秘性，解释、维护和强化了信仰的合理性。

第二节　戏剧演出

我国的民间演剧总是和迎神、祭神、送神有关，庙会或相关的民间信仰活动中都要演戏。村庙戏台上的演剧主要是为了向神佛表达感恩之心而特意

---

① 藏族民众的淋牛仪式与汉民的淋羊仪式类似，目的是询问佛爷喜不喜欢这只作为祭品的牛、羊。神牛抖水，则预示佛爷喜欢这份祭品，来年必将风调雨顺、五谷丰登。

安排的。庙会唱戏既是表演行为又是仪式行为。

一、洮岷演剧概述

民间演剧大体上可以分为两类：一类是从民间信仰仪式中演化出来的戏剧，这些戏剧故事的主人公是由人扮演的神灵，内容也是神灵的故事，其表现形式多种多样，有的以念白为主，有的以舞蹈为主，洮岷百姓称这类戏剧为"神戏"。神戏的表演过程也就仪式过程，神戏的表演也就是仪式的展演，离开信仰仪式，神戏一般不能单独演出。第二类是综合性的戏剧演出，洮岷地区叫"正戏"或者"大戏"。这些戏剧演出作为酬谢神灵的一种方式而存在，它们虽然也是仪式中不可或缺的部分，但是离开信仰仪式也可以单独演出。

洮岷演剧有固定的演出程式，神戏演出时一些洁净仪式必不可少。新中国成立前，洮岷各地神戏正式开演前要举行不同形式的洁净仪式。如，会长们在神戏演出前要查看周围有无女人出现，有的话要赶走；戏台周围要洒上鸡血，或者是燃放鞭炮、土炮驱邪。这种演剧之前举行的仪式是民间戏班演出的常规，尽管各地表现方式不一，但目的只有一个，那就是通过驱邪来保证演出的顺利。

洮岷两地传统的神戏与人戏有明显区别，神戏在演出时间和空间上具有神圣性，是给佛爷还的最大愿心，除佛爷和会首外，不允许闲杂人员观看，唱神戏的仪式性目的明显，就是为了答谢神灵。神戏以前是午夜或凌晨时分演，不让女人看。当地人说，若是演员在台上演神戏时看到了女人，演戏的人跟唱戏的村子一年都会不太平。现在则是白天什么时候佛爷上庙了，神戏也就开演了，对女人观看神戏也不再有什么限制。人戏则娱乐性强，对社区所有人员开放。

戏钱开支是庙会花费中的最大宗，每场庙会演剧的费用从四五千元到三四万元不等。洮岷地区庙会上大戏主要是请剧团唱秦腔，岷县西寨镇的大庙滩会"白天唱秦腔大戏，唱三天三夜，共十本戏，2008年请戏花了一万一，2009年花了一万二。会长提前点戏，剧团有一个有50多本戏的剧目单，你点啥人家唱啥。就像咱们去饭店吃饭，人家给菜单一样。现在村里什么也不用管，剧团食宿自理。一天唱三本，晚上加一折，一天共唱三本一折；三天九本三折，共十本戏。"①

民间剧团与村落形成了固定的交换关系，剧团为村落提供娱人娱神的戏曲，而村落为剧团提供生存空间和财政支持。他们之间既有经济上的交换关系，也有文化上的互惠关系。正是洮岷农村地区庙会的大量存在为神戏、大戏的演唱提供了舞台和生存空间。青苗会会首在迎神、请戏、看戏的过程中再次强化了自身民间权威的身份，社区成员通过缴纳戏钱、上庙拜神、看戏强化了社区认同。

洮岷地区有很多地方的湫神没有庙会，还愿的时候不演戏，过年时也不耍社火，只有春报愿、秋报愿和冬报愿活动。当地人说，他们的佛爷是在听戏的时候被朝廷害死的，成了神以后不爱社火，也不爱听戏。如，临潭县扁都乡刘旗村的庙倌儿说："过年的时候，有几个老汉说我们村子每年都不耍社火，不热闹，要弄社火呢。我说再不弄，谁弄谁倒霉，佛爷不爱这个。"② 除了刘旗村，临潭县的晏家堡、端阳沟等地的青苗会均有不能唱戏、不能耍社火的禁忌。

对于有戏剧演出的庙会来说，演剧形式十分灵活，神戏唱完后便开始唱大戏，笔者首先通过个案对洮岷地区的演剧情况进行总体描述。

个案一 冶力关常爷六月会上的演剧

常爷的庙会上是先唱神戏，再唱大戏。神戏的剧目很多，YS说《香山还愿》和《目连救母》是正经的神戏，但冶力关不唱，冶力关唱的是《天官赐福》、《拦路封侯》和《三星报喜》。

今年冶力关的常山庙请的戏班子是由甘南、临洮、冶力关等几个地方的32个演员聚在一起组成的。戏钱根据演员分工按天付钱，唱把式（主要演员）12个，每人每天80元，其他人每人每天60元，庙上包吃住。

---

① 2009年5月6号，笔者采录于岷县镇田家堡村，讲述人：MSP。
② 2009年11月7日，笔者采录于临潭县扁都乡刘旗村，讲述人：LQM。

图3-6　常山庙神戏中的天官　　　　图3-7　常山庙内看大戏

六月初一上午十一点多，常爷上庙后，神戏便开场了。神戏是由剧团的人来唱的，只演了一折《天官赐福》，约8分钟。神戏唱完后，开始唱为期三天的秦腔大戏，剧目是一天一定。《忠报国》、《大登殿》、《窦娥冤》、《辕门斩子》等传统剧目是会戏上的首选。但是《金沙滩》在信奉常爷的地区是不能演的，说是常爷在金沙滩上打了败仗，演这出戏的话老人家会不高兴。①

个案二　茶埠将台村四月四会上的演剧

每年农历的四月初四，在岷县茶埠镇将台村的四月会上都要为湫神范仲淹唱三天三夜的大戏。范仲淹是岷县南路18位湫神之一，百姓称其为"河北太子爷"，茶埠镇的龙王爷是河北太子爷的分身。龙王爷的大庙位于山那与树扎村的交界处，家庙在哈扎村。青苗大会辖3个小会、9个自然村。新中国成立前，每年的元宵节，当地青苗会要在龙王爷的家庙（哈扎村）上唱五天大戏。

茶埠四月四会由弯山、的西、西京、将台、树扎、山那、哈扎、娃珠、石咀9个村共同举办，会费开支由9个村2050户8100多口村民共同承担。会上除了唱神戏外，还要唱三天三夜共七本九折的秦腔大戏。红脸戏《破宁国》是四月初四正日子上每年必唱的剧目。将台村子孙殿供奉的是三宵娘娘，四月四会上不许演《黄河阵》，据说三宵娘娘在黄河阵上与姜子牙斗法失败，唱

---

① 此外，在信奉黑池爷胡大海的地区也不能演《金沙滩》，据说也是因为胡大海在金沙滩一战中吃了败仗。但在信奉龙神朱亮祖的地方，这出戏则是首选剧目。因为在金沙滩一战中朱亮祖打败了常遇春手下的众多将士，其中就有胡大海。

这出戏的话会激怒三宵娘娘降下冰雹。

树扎村的一位 67 岁老人 BL 介绍说，新中国成立前，四月四会上唱戏时戏班子要准备 80 多本的传统老戏。神戏唱罢后，会长要把戏单揉成小纸团，放在铜锣里供在龙王爷神像前，大会长跪在湫神面前祷告，让"老人家"自己选戏，然后大会长起身抖动铜锣，哪个小纸团抖出来，就唱哪出戏。若四月份田苗出土时遇到大旱，茶埠过四月四会的时候，剧团还必须唱一折《干荒店取雨》，唱戏的过程中，台上的演员手拿柳树枝，不时的往台下洒水，表示龙王爷已经取到了灵水，普降甘霖。

洮岷庙会上大戏演出时对所有人开放，虽然演出的目的名义上也是答谢神恩，但实际目的是为大众提供精神愉悦。大戏演出中演员和观众的关系不同于城市商业演出时的两者关系，看戏在民众心里不单纯是娱乐享受，更重要的是他们知道戏是为神灵而设，只有使神灵满意才能降福众生。因此，大戏的演出与神戏一样，也可以被看作是敬神仪式的一部分。

二、庙会神戏演出

洮岷地区现在的神戏演唱分为两种形式，一种是由本村人来唱；另一种是请剧团的人来唱。时间安排上可分为三种：一是凌晨唱，二是午夜唱，还有一种是佛爷啥时候上庙啥时候唱。神戏的演唱时间从五六分钟到一个小时不等。神戏的剧目很多，洮岷两地所唱的神戏主要有《天官赐福》、《拦路封侯》和《三星报喜》，很少唱《香山还愿》和《目连救母》等其他剧目。随着经济的发展，神戏的市场越来越萎缩，以前要唱一个多小时的三折神戏现在大多改成了只有五六分钟的一折神戏。以前演唱神戏时多由村里人自己扮演神戏角色，以示虔诚，现在多由剧团演员代劳。

个案一　大庙滩的午夜神戏

黑池爷胡大海是洮岷湫神中辖域最广的一位，在洮河两岸的广大汉藏地区，形成了多个奉祀黑池爷胡大海的青苗会。洮州有句俗语说："南路佛爷马路宽，阿达儿黑了阿达儿站"，说的就是湫神胡大海的势力范围非常大，马路村遍布洮河两岸，胡大海的青苗会进城参加迎神赛会，一路上从不用担心在哪儿过夜的问题。

在岷县，胡大海也叫"黑池爷"，封号为"湫神总督三边"，本庙在西寨镇田家堡村，黑池爷共管了8庙半共9个村子。上面5庙指的是西寨镇的田家堡（本庙所在地）、西寨、高石崖、桥上、东沟和雪地河，雪地河村子很小，总是和田家堡一起交会钱，只算半个，上面这5个村被叫做佛爷的"婆家"；下面3个村现在属于十里镇，它们是南小路、张家坪、三十里铺，它们被称为佛爷的"娘家"。现在，过神会缴纳会钱的只有上面5个村子，下面的3个村子已经不再缴纳会钱了。

图3-8　岷县湫神黑池爷胡大海　　　　　图3-9　黑池爷的戏台

黑池爷的神会也叫"大庙滩会"，共三天，日期是每年农历的五月二十二日到二十四日。大庙滩会的神戏演唱保持了传统的形式，以前，晚上12点一过，炮一放，神戏就开始了，唱半个小时左右，不让女人看。"唱神戏的时候就是说些吉祥话，走三圈，大约半个小时左右。"①

2009年6月14日，农历五月二十二。笔者住在田家堡村的村主任家中，村主任的父亲是青苗会的会长之一，听说笔者今天晚上要去看神戏，村主任的父母亲都劝笔者不要去，说是去了对佛爷不好，对自己也不好，直到笔者

---

① 2009年5月6号，笔者采录于岷县镇田家堡村，讲述人：MSP。

答应不去，只是让别人帮助拍摄照片，他们才放心。12点过后，笔者与岷县文化局的张局长、县电视台的李记者、田家堡的村主任和驻村干部小王一起在村委会等待神戏开场，村委会与戏台只有一条马路之隔，我们边聊天边等着神戏开场。聊天中笔者了解到，今年岷县很多地方的庙会上请的都是甘谷的秦剧团，戏价一般是一千多元一场。大庙滩今年请的也是甘谷剧团，神戏也是由剧团的人来演。

凌晨三点半，鞭炮锣鼓齐鸣，神戏开演。张局长他们冲出去看神戏了，笔者则呆在村委会隔着玻璃看戏台上的演出情况。神戏演出前，会长们已经巡视了会场，巡视时若发现还有女人还在外面唱"花儿"，就让其进帐篷里躲着，不许出来。夜很静，古老的唱词在夜空中飘荡，神秘异常。演员们唱的是《天官赐福》，时长6分多钟，神戏唱词如下：

（福星）吾在九霄做天官，常在玉帝宝殿前，渔鼓间边报，四部天官降临来！

吾：上元一天官，紫微大帝。适值功曹云中跑马，常在云前善恶登场，带我打开刚刚一观：唉嗨呀！我当为了何事，原是有（读文本）：甘肃省岷县西寨镇大庙滩合会人等，大庙滩五会合会人等，向黑池龙王许下了花花愿戏！这般时候，待三老来在云头，向大庙滩一瞭①！走走！

（福星）来在福地，拨开云头抬头一观，嘿嗨呀！观见大庙滩合会人等行事弟子，烧香地烧香，叩头地叩头，香烟广大，真乃是：人有诚心，神有感应，喜之不尽，待我言辞以后封赐：此庙修的甚风流，周公踏线鲁班修！修在八卦前，是代代出王侯！

言辞已毕！待三老奔向大庙滩，合会人等，走走！

（寿星）来在福地！

（福星）来在福地，拨开云头一观，观见此地：山清水秀、人杰地灵，喜之不尽，带我言辞以后封赐：凤凰山，山青草在头，西有洮水潺潺流，流向千里黄河去，祖祖辈辈出王侯！

言辞已毕，待三老向此地赐福、赐禄、赐寿！

---

① 瞭：洮岷方言，"看"的意思。

赐福、赐寿、赐禄已毕，愿黑池龙王勾取愿心！

赐福、赐寿、赐禄已毕！保佑此地，国泰民安、风调雨顺！读书人金榜题名，生意人空手出门、富贵还乡；牛羊低头吃草、抬头长膘！愿飞蝗少有，恶风雹雨被我揣在了袍袖里边！

福星：天官伺候，带禄星洒下场来！禄星！洒钱者前来！

禄星：是！

（三官）洒钱已毕，愿心已毕！待三老回上天交旨！

神戏结束的时候，三官在戏台上往台下撒五谷粮食，寓意五谷丰登。

个案二　清水乡的凌晨神戏

清水乡水磨沟供奉的湫神是涂朱爷雷万春，神戏是农历五月二十二日清晨开始唱，直到现在，水磨沟的神戏仍然是由本村男性村民来扮演福、禄、寿三星，所唱神戏共三折，长约一个小时。水磨沟村也置办有福、禄、寿三星的服装道具，但青苗会嫌取来取去麻烦，今年神戏演出时他们就借用了剧团里的服装。剧团演员看完水磨沟村人演的神戏后，称赞他们演的"讲究①得很！我们给别的会场演神戏的时候都偷工减料着呢，哪能唱这么长时间！"

清水乡的ZGH老人以前唱过神戏，他为我们口述了神戏的唱词（注：括号中为ZGH老人的口白）：

第一折

（福禄寿三星上场，上场后就是福星先说着呢！）

福星：吾在九重做天官，常在玉帝宝殿前，世人落地功过满，四部天官降临凡。

吾（这就代表是道家）四部天官紫微大帝，适才在南天门上打坐，四值功曹云中跑马报道言说（再就是给我们这儿的佛爷唱的）：甘肃省岷县所管正西路河北清水乡水磨沟合会人等，给本方福神许下花戏三折，一来勾销愿心，二来赐福万名。

禄星、寿星：情愿前去！架起祥云，同奔福地。（这就打起锣，就走了

---

① 讲究：岷县方言，"认真"、"好"的意思。

路了！）

福星：来在福地带入福到，拨开云头一观，唉嗨呀！观见此地香烟广大（就是搞的兴盛得很），诚心歌祝，众弟子一旁下跪，吾道喜之不尽，降诗一首：

盘古王出宫天地正，众家师盖庙堂，喜的是初一、十五进庙里化马焚香，桌案上金盆玉盏，山门外戏楼道场。一炷清香达上苍，保佑得合会人等安康。（再就是说的这个庙呢！）此庙盖的甚风流，周公踏线鲁班修，修在凤凰山顶上（我们这是凤凰山），祖祖辈辈出贤才！（出下的一挂是国家栋梁！）保佑得合会人等：四季平安，春季管一籽跌地，万籽归仓，夏季管牛羊低头吃草，抬头长膘；秋季管人上百口，粮上万石；冬季管骡马成群，牛羊满圈。保佑的合众人等：大的无灾，小的无难；空怀出门，抱财回家！读书人是皇榜高中，步步高升，出门人是空怀出门，抱财回家。（这就是陪侍的吉祥话，陪侍罢以后，锣就响了，铜锣响了！这就是见了圣王交旨！）下场了！

第二折

（第二场就是拦路封侯，这都是好戏。）

老相段干上场：齐楚燕韩赵魏邦，不好刀枪，一心和他争上下，我国缺少一栋梁。

言还未必，苏秦就开始问话了，那就锣打了，唢呐吹了！说的话长得很，就是这么个意思。话说完了就是这么几句：啊，说起来你有功。大王心喜，赐你软绒冠一顶，大红袍一顶，玉带一条，箭杆一双，牛羊百对，彩绣锦旗二十四杆，命你回家探乡祭祖，祭祖一毕，仍然回朝。话说完了再就开始打了，话再没有。（这就是第二场）

第三折

（第三场就是福禄寿，福星上来以后就是这个……）

点点下天台，黄花遍地开，渔鼓见班响，三老出洞来。

吾：福地星君广成子、寿地星君南极子、禄地星君云中子。

（福星）二道兄稽首了！

（禄星、寿星）稽首了！三人静坐梅花古渡，心血来潮，有人许愿，你们谁愿前去？情愿前去！

一人架起福、一人架起禄、一人架起寿。三人架起福、禄、财和寿，同奔福地。来在福地带入福到，拨开云头一观，三老游来游去，游在了八景，三老走去世间如何，各有美言诗句献上，正是：粉白墙来粉白墙，南阳东沟有家乡，子牙背背封神榜，各州府县留会场。海水滔滔流不断，扬子江心一只船；世人落地功过满，老人归天鸟归山。眼观雪山宝地，家有美酒羔羊，一点一点水流珠，海外的三仙来到。先献上仙桃一枚，后献上王母蟠桃。王母蟠桃功盖高，吃一颗长生不老。（再就是原说的吉祥话，再就完了！）

ZGH 老人还说：

神戏是最重要的，一年到头，这出神戏是献给佛爷的最好的愿心，比烧香磕头都好，很多人不懂这个！神戏就是花戏，就是庆贺的戏！花戏就三折。敬神的最大愿心就是这三折神戏！宰上一个牛，宰上一个羊，不如神戏，多的人不懂这个！①

神戏是典型的仪式剧。神戏的演唱是为庙中或到场神灵而演，传统神戏在时间上和空间上与世俗大众分离，在演出时间、内容、程式、观看人群等方面存在诸多禁忌，这些禁忌使神戏几乎没有任何娱乐性可言，演出的主要作用在于仪式功能。神戏是针对湫神的一种献祭，有神在场的演出不同于一般场合，神戏演出时人们会感受到一种神秘气氛。神戏演出是为了社区的平安，女性会主动回避。戏中的三官除了赐福、赐寿、赐禄之外，最重要的职能是攘除各种自然灾害。

本章小结

洮岷地区的庙会由迎神赛会、演剧、唱"花儿"等一系列具有多重功能的仪式构成，其中迎神赛会和演剧是湫神祭祀仪式的重要组成部分，也是洮

---

① 2009 年 6 月 13 日，笔者采录于岷县清水乡 ZGH 老人家。

岷庙会活动的高潮所在。庙会活动既是洮岷民众对自身传承及历史的一种叙述，也是对历史上多元文化并存、多族群交流这一"事实"的再现。迎神赛会本身便是一种信仰活动，整个神会活动都是为这种驱邪求吉心理服务的，人们在其中寄托了风调雨顺、人寿年丰、子孙兴旺、家道清吉等许多美好愿望。就庙会上仪式的性质特征而言，它是表达性的，但不仅限于表达性；它是形式化的但又不仅限于形式；它的效用发生于迎神赛会场合但又不仅仅限于赛会当天，它影响着洮岷民众生活的各个层面。

  在我国的民间信仰中，仪式与演剧是一个统一体，常常结合在一起进行。民间演剧因为某种信仰而产生，信仰仪式又框定了演剧的内容及形式。演剧与仪式的目的皆是为了表达谢意、趋吉避祸。在洮岷农村，演剧是给神灵的一种献祭，戏剧中有仪式的因素，有些戏剧本身就是求吉仪式。祭祀仪式中也有戏剧因素，祭坛便是舞台，仪式专家本身便是歌、舞、乐三位一体的民间艺人，仪式是一种沟通人、神的目的性极强的表演。

  受民间信仰仪式影响，洮岷演剧可以分为神戏和大戏两种。神戏演出具有严格的时间与观众限制，其实质是一种求吉仪式。大戏演出也与祭祀仪式紧密相连，剧目按照龙神的好恶进行甄选，对于大戏演出来说，娱神是形式，娱人是实质。洮岷演剧从始至终呈现出一种浓厚的仪式色彩，演剧的主要目标是酬神和娱人。

第四章 仪式专家、仪式实践与仪式组织

李亦园先生认为,要了解国内的种种宗教现象及其对社会的影响,应该先理解人类的宗教信仰可包含两个不同的层次:第一个层次是较属于概念的层次,诸如探寻生死问题、人生意义、宇宙存在的终极关系,以及伦理道德、社会正义等相关的问题;第二层次则是较具体的层次,它们涉及我们信仰的超自然对象,如神明、上帝等等以及其与信仰者相关的互动关系。在人类宗教信仰的这两个层次上,属于观念层次的终极意义、终极追寻,在无文字的社会中,可以借传说、神话、口语文学甚或符咒等形式,而在文明社会中则更以教义、经典、戒律种种,用以引导、解答,满足人们对人生、宇宙、道德意义等问题的困惑,这是无论原始或文明的宗教都或多或少具备的因素,否则就难于成为一种宗教信仰。[①]

洮岷地区的湫神信仰也包括概念和实践两个不同的层次,在我国的传统社会,神话、传说、故事、神奇叙事等口头传统是湫神信仰观念的重要承载方式;在实践的层面上,湫神信仰主要表现为庙会活动和插旗、还愿、祈雨、禳雹等各种祭祀仪式。在本章中笔者将为大家描述湫神信仰的仪式专家及其各种仪式实践。

第一节 仪式专家

洮岷地区的仪式专家可以分为三种,第一种是职业化的阴阳和僧道;第

---

① 参见李亦园:《文化与修养》,80~81页,桂林,广西师范大学出版社,2004。

二种是半职业化的"师家";第三种是画匠。僧道和阴阳是职业性仪式专家;画匠掌握着一些神像开光、洗脸、翻身时使用的咒语,与湫神关系密切,湫神的"洗脸"和"装脏"仪式皆由他们完成;"师家"是与湫神关系最为密切的民间半职业化的仪式专家,民间称为"师公子",他们是集歌、舞、乐于一体的巫师,主要职能是法神和打鼓。

"师公子"通过法神、打鼓、要卦等仪式手段,沟通人神。法神是指神灵附于"师公子"身上,借其口传言或询问会首们还愿的情况。打鼓伴随着神词的演唱,是祭祀仪式的重要组成部分,神词相当于道家、佛家的经文,内容包罗万象。

洮岷地区的每位湫神都有一名专任的仪式专家,洮地称为"马角",岷地叫做"水头"。以前,每个青苗会除"马角"外还要有一个"掌坛",负责青苗会的所有仪式活动。临潭县新城镇晏家堡龙神大庙的"马角"赵师说:"'马角',据说是佛爷马前的随从,是佛爷借口传言的人。'马角'是拿着钺斧行神事的,他不打鼓还愿,'掌坛'(师家)是还愿的,掌管着一个青苗会的神事活动。当'掌坛'的人在家族里面还顶着家神,他也是家神的'马角'。现在,很多地方的'掌坛'和'马角'全变成一个人了,比如端阳沟的'掌坛'是王家,'马角'是现在的孔孔,但现在端阳沟里的'掌坛'(师家)家里已经没人了,孔孔一个人既当'马角'又当'掌坛'。现在,我们青苗会和其他我走过的青苗会都变成了这样。"①

"马角"(或者"水头")只能是湫神选定的某个师家或者某人来当,以前"马角"并不打鼓还愿,他们的主要职责是:抱佛爷、陪侍佛爷和法神。抱佛爷是指佛爷下庙或者上庙时"马角"负责把龙神像放到神轿中,其他人不能抱;陪侍佛爷主要是指"马角"把祈愿或还愿者的要求传达给佛爷;法神就是跳神,神灵附身后,"马角"进入阈限状态,以神的口吻向青苗会会长们传话。"掌坛"是青苗会仪式活动的主持人,只打鼓还愿,不法神。

一个湫神跟一个"马角",一个青苗会配一个"掌坛",民间把"马角"和"掌坛"统称为"师家"或"师公子"。师家所从事的最主要仪式活动是法神和打鼓。以前,"马角"和"掌坛"的分工十分明确,"马角"法神,

---

① 2009年11月7日,赵海成口述。

"掌坛"打鼓还愿。现在，由于"师公子"数量减少，很多地方出现了一个"马角"跟几位湫神，一个"掌坛"主持几个青苗会仪式活动的情况。如：晏家堡的赵师是龙神康茂才和扁都乡刘旗龙神刘贵的"马角"兼"掌坛"，千家寨的石师是本村龙神黑池爷胡大海和羊永乡冯旗村龙神冯旗太太的"马角"和"掌坛"，他们被戏称为"双料职工"。

一、家传与师承制度

在洮岷农村地区，几乎每个村都有湫神庙或者湫神的歇马殿，每个家族也都有自己的家神。有了湫神和家神就要有"顶佛爷"的人，即代替佛爷传话的人，这些人也被称为湫神或者家神的"马角"。

洮岷地区仪式专家的产生是通过打卦或者抽签由湫神或者家神决定的。按照传统，某位佛爷的"马角"只能在青苗会某些固定的姓氏中产生，如果在湫神面前打卦后确定了"马角"人选，"马角"便由该家族世代传承。如：晏家堡龙神康茂才的"马角"按照传统要在本村赵姓、刘姓中挑选，赵姓中已有五辈人担任过"马角"一职。

"师公子"所掌握的仪式知识和"神曲儿"（也叫"神词"）是一辈一辈口耳相传的，学习方式是家传和拜师相结合。赵师的父亲担任"马角"时，恰好赶上了新中国成立后的一系列政治运动，基本上什么仪式知识和"神曲儿"也没有学下。"文化大革命"期间湫神庙被毁，神事活动基本上销声匿迹，赵师的父亲也没有任何实践学习的机会，只是空顶了一个"马角"的名分，赵师自然也就没能从自己的父亲那里学到什么。20世纪80年代末，洮岷地区的湫神信仰活动渐渐复兴。当时不满12岁的赵师被湫神选为"马角"，开始了正式拜师学艺的过程。

二、学艺与"达庵"

赵师回忆说，他12岁的时候，正上初中一年级，选成"马角"后就不能再上学了，要正式拜师学艺才行。那年冬天，晏家堡青苗会的老提领带着他到长川乡拜师学艺。老提领骑着一头尕驴驴儿在前面走，小小的他就在后面跟着，一老一小走了七八个小时才来到长川乡，拜见了当时很有名气的"师公子"LQX。老提领说明来历，给 LQX 送上冰糖、白糖等四色礼物，赵师磕头拜师。因为赵师没有从父亲那里学到法神的技艺，因此他只能从头开始跟着师傅一点点的学习法神和打鼓，学艺过程十分辛苦。师傅先是给了他一些手抄的神词本子让他带回去看，之后便开始教授一些基本的神事过程。正式拜师后，徒弟们要在师傅家住上些日子，由师傅口传心授一些法神的基本技巧，然后就是一次次的实践。哪里有神事活动，师傅就会提前通知徒弟到会，参加神事活动。以前交通不方便，小徒弟们都是接到师傅口信的第二天就早早起床，步行赶到神会上去的。12 岁整的时候，赵师正式"达庵"。

"达庵"是过关仪式的一种，是师家的成人礼。达庵后，这个人就可以成为一个正式的师家，主持一个青苗会的仪式活动与打鼓还愿了。赵师说："像我们'掌坛'（师家）在 12 岁或者本命年的时候必须达庵，达庵我估计就是到达清境的地方吧。达庵后就可以任青苗会的'掌坛'了。达庵时最少要坐七天净，在一间房子里，里面供着神像，点上灯，学习一些神词或其他的。不出门与外人结交，也不准其他人进来，屋里只有自己和师傅两个人。每晚子时（晚上 11 点到凌晨 1 点）喝佛教寺院里高僧喝的神香（烧好的一种香）……"

就这样过了七天后，赵师终于成为了晏家堡青苗会的"掌坛"。成为"掌坛"后，赵师仍然跟着师傅继续学艺。

长川乡的"师公子"在洮州的名气很大，"甩马头"、剪纸、扎幡、打鼓的技艺十分精湛。赵师说他的师傅是长川乡最有名的"师公子"，带着二三十个徒弟。徒弟们在师傅家住着，边学艺还要边帮师傅干些农活。一开始，师傅会让小徒弟们干些剪纸、扎幡、打鼓等简单的仪式活动。小徒弟们背诵下一些请神的曲子之后，师傅会让他们跟着自己在仪式上打鼓请神。徒弟们先是跟着师傅唱《请三品》、《请香》等较为常用、简单的神曲儿，然后学习《谒天神》、《观二十八宿》等复杂一些的神曲儿。"师公子"凭着口耳相传记住大量的神词文本，通过反复的仪式实践，逐渐掌握了大量的神词和仪式技巧。

打鼓分为好几种形式，学起来并不容易。赵师的一个徒弟说，学艺的过程特别苦，有一次他跟着一个老师傅一起打鼓，转鼓的时候，身子转错了方向，老师傅一脚就踹在他身上了。提到学习法神的过程，常爷的"马角"YS说：

"我学法神是老人们传下的，一句一句教着呢。记得时候费劲得很！法神首先就要请神呢，把神请着来享受供奉，完了还要回神呢！给佛爷献羊的时候就要法神呢，说的嘛就是让老人家保佑田苗生长、牛羊发旺，要叫清风细雨月月常降，恶风暴雨别降一方的话！安家神的时候也要法神呢，我们这儿家神多得很，冶力关这块儿的家神主要是元朝的，有鞑子大郎、鞑子二郎、鞑子三郎、鞑子四郎、鞑子五郎，元朝鞑子番性大得很，他们统治人统治得厉害！再有就是天上封下的神，二郎神什么的，女神没有，护神有，六臂护神、财宝神都有！安家神的时候要先唱请神的曲子呢，《请神》、《请香》、《赞香》、《安茶》、《二十八星宿》、《六十甲子》啥啥啥的都要唱呢，内容上没啥忌讳的。"①

学会了打鼓和法神后师家们就可以接受湫神庙或家户的邀请，为村庄求雨禳雹、祈祷风调雨顺；或者进入家户内安家神、还家愿、祛病消灾、捉鬼念咒。一般说来，师家在庙上的活动大多是以物品或者现金作为酬劳，而家户内的仪式则是以现金来答报的。

以前，法师法神时要扎钎，扎钎可分为四种，口钎、背钎、臂钎和全钎。口钎、背钎、臂钎各两只，全钎八只。师家说，扎钎就是要兵呢，一只钎代表一路天兵天将，全钎就代表八路天兵天将。但在笔者调查的过程中，师家们都说现在法神都不扎钎了，也没人愿意学了。

赵师说他们师兄弟中有"文"的手艺学得好的，有武的手艺学得好的，有能写的，有能画的，有能扎的，有能唱的。"文"手艺就是盘鼓、唱神曲儿时口齿清晰，声音洪亮；"武"手艺就是还大愿点灯时"甩马头"厉害，人甩动"马头"时，可以借助"马头"翻飞时的惯性，把自己的身体提起来。赵师说自己"甩马头"的功夫是很厉害的，名气比较大，是小时候冬天戴上牛笼头硬练出来的。在家神还大愿点灯时，他能边"甩马头"边把每盏铜灯

---

① 笔者于2009年6月3日采录于常山庙。

底下压着的钱取出来，取钱的时候不能碰翻灯盏，若"甩马头"取钱时碰翻了灯盏的话就会被群众耻笑，师家也就不好意思继续取灯盏下面的钱了。

图 4-1　家神还愿上"师公子"滚灯　　　图 4-2　家神还愿上"师公子"转灯

一直以来，洮岷地区的"师公子"都是社会中的边缘群体，地位十分低下，名誉也常遭人贬损，"跟上好人学好艺，跟上师家学假（家）神"便表达了民众对"师公子"法神、打鼓技艺的嘲讽。丁家山的史师说：

"现在的年轻人谁也不愿意学法神了，羞得很！我们以前出去跳神还愿，村里人看见我们背着鼓出门，就会讽刺我们，说：'××，出去挣馍馍去啊？'听见人家那么说，确实羞得很。我们师家以前跳神，庙上或主人家给神的供奉要分给我们一半，以前人穷，跳几天的神，就挣下半斗粮食、几个馍馍。现在人家给我装粮食，我们还嫌颇烦呢。现在还愿什么的我们忙上一天顶多也就是挣上 100 大（即 100 元钱），跳神的事情又不是天天有，就春天、秋天那么几次，靠跳神就不能养活自己。我给工厂里拉土，一天也能赚上 100 多元。我师傅现在带的这个徒弟 XH，跳神的时候，打电话叫都叫不出来，学的时间本来就短，现在什么也没学下，还不愿学。看见你们用相机拍照，就更不敢跳了！"①

---

① 2009 年 11 月 25 日，临潭县新城镇丁家山"师公子"SPP 口述，笔者记录。

以前的"师公子"除了在还愿仪式上跳神、打鼓外，还常常背着家神的画像到家户内驱邪、治病，他们掌握着一些法术口诀，可以驱使鬼魂。赵师说，他的师爷知道很多"邪术"口诀，有一天师爷用了"鬼抬轿"的法术正在天上飞着呢，突然好奇的看了一下给他抬轿子的鬼，发现给他抬轿子的鬼竟然是自己逝去的祖先！打那以后，师爷就再也不敢念咒用鬼抬轿了。还有一次，师爷赶路的时候发现前面有个影子样的东西一直跟着自己，就用法术把影子打了一下，这一打不要紧，他发现影子露出了所穿的衣裳，那衣裳是绣着海水朝阳的官服！那种衣服只有洮州的龙神才穿。当时师爷路过的是南路爷胡大海的辖区，被打的影子就是南路爷胡大海。得罪了南路爷没多久，赵师的师爷就死掉了！赵师说，师爷去世后，师傅再也不肯教给他们"邪术"口诀了。

渡边欣雄认为，民俗知识并不是均质、单调而一律化的，它存在某种"层积性"。在社会共同体内存在着一些充当信息提供者的关键人物，他们对于某种知识是"全知的"。[①] 对于与湫神信仰相关的各种仪式知识来说，"马角"和"师公子"是"全知的"仪式专家，他们主持插旗—扎山、走马路、还愿、祈雨等仪式，是仪式活动中不可或缺的关键人物。青苗会会首虽然是祭祀仪式的组织者和传统知识的保存者，对主要的仪式程序比较熟悉，但是会首们不能直接与神沟通，也不清楚祭祀仪式的具体细节，往往需要在"马角"等仪式专家的指导下才能顺利完成祭祀活动。"师公子"不仅是沟通人神的媒介，也是青苗会组织的关键人物。

第二节 仪式实践

仪式与象征研究一直是人类学者颇为感兴趣的领域。从表面上看，仪式由于神圣化而显得神秘、怪异甚至不可理喻，但就其实际内容来说，仪式往往与当地日常生活中最基本的生存状况有关。

从古及今，农事活动都是我国最重要、最基本的活动之一，农业生产的

[①] ［日］渡边欣雄，梁景之译：《民俗知识的动态研究》，载《民族译丛》，1994 (6)。

发展是传统社会存在和进步的基础。依靠耕种为生的民族有着发达的农业知识，越是在洮岷地区这种生态环境恶劣的地方，就越是需要民众充分利用积累的经验和智慧付出加倍的努力和汗水。

洮岷百姓春种、秋收、夏耘、冬藏，主要赖农业以生存。但是洮岷两地生态环境恶劣，干旱、冰雹、霜冻、洪涝等灾害的发生频率要远远高于内地，真个是"十日不雨则苦旱，一雨三日则苦涝"①。根据洮岷地区的自然、气候，两地百姓总结出了"小满油籽，芒种荞"、"末伏青稞，绿黄割过"、"霜降霜降，洋芋地里不放"等农业知识，知道怎样不违农时，及时播种收割。他们也懂得足够多的气象知识，甚至可以预见天气的变化，"冬雪多，冰雹少"、"霜断早，冰雹少"、"泉水起泡，白雨就到"……但是"人事之外，尚有天命"，即使洮岷民众对天气变化有丰富的经验总结，在频繁的天灾面前，人类的经验和知识有时是派不上用场的，这晴雨丰歉好像是天意，人力几乎是没有办法左右的。

就像为了顺利度过人生的关键节点，人们求助于超验的神灵，创造出人生仪礼一样；面对年复一年的灾害侵袭，为了让滋养生命的庄稼顺利成长，当各种农事知识派不上用场时，各种各样固定的农业禳灾仪式就被人民创制了出来。

在春种、秋收等关键时刻，人们祈求湫神保佑，创造出一系列向湫神求雨、祈晴、禳雹的仪式，希望以仪式手段影响环境，渡过眼前的危机。在以年度为周期的农事流程中，洮岷百姓在辛勤劳作的同时，还在各自的村落、堡寨里操演着相同或相近的春祈秋报、祈雨禳雹等仪式规程。

从总体上来看，洮岷龙神的信仰仪式可以分为常态下的周期性仪式与非常态下的临时性危机处理仪式两种。周期性仪式主要指的是一年一度的春祈秋报仪式，具体包括春报愿、秋报愿、冬报愿、走马路、插旗、迎神赛会等。危机处理仪式包括集体危机处理仪式和个人危机处理仪式，集体危机处理仪式包括求雨仪式、禳雹仪式两类；个人危机处理仪式包括许愿、过关两种。求雨仪式又包括一年一度的固定取水仪式和临时的求雨仪式。禳雹仪式包括

---

① （清）田而穟纂辑：《岷州志》第十一卷"风俗·土习"，康熙四十一年抄本。转引自岷县志编纂委员会办公室编：《岷州志校注》，184页，地方资料，1988。

每年固定的插旗—扎山仪式和临时的禳厌冰雹仪式。现在，洮岷地区每年固定的取水仪式只有岷县的东山区仍然进行；一年一度的插旗—扎山仪式在临潭县与岷县的东山区仍然普遍存在，但在岷县城郊及川坝地区已经消失。

一、求雨仪式

自古以来，龙在国人的观念中是一种能兴云致雨的神兽。佛教传入我国后，国人传统观念中的龙与佛教中的龙神相结合，而道教也力图将龙纳入自己的体系中，这都使得龙神主雨的观念更加深入人心，向龙祈雨的现象也就更为普遍了。从唐代开始，龙王崇拜逐渐兴起，并受到官方的推崇，这对中国民间信仰的发展产生了巨大影响。到明清时，中国大地已经遍地是龙王了。自先秦以降，我国流传下来向龙神的祈雨方法主要有作龙形祈雨、逼龙降雨和驱旱魃等三种主要类型。

第一种：作各种龙形以祈雨

《山海经·大荒东经》载："应龙处南极，杀蚩尤与夸父，不得复上。故下数旱，旱而为应龙之状，乃得大雨。"①《淮南子·地形训》中也有"土龙致雨"的说法，高诱注："汤遭旱，作土龙以象龙。云从龙，故致雨也。"②此段文字说明，从上古时代起先民们便发明了通过模拟龙的形状来求雨的方法。

汉代时，作土龙、舞龙求雨的方法逐渐兴起。唐宋时出现了画龙求雨法。明清时期许多功臣、名将、民间神灵被官方或民间建构为"龙王"，敬奉龙王在明清时期的国家祭祀中变得越来越重要，到了19世纪末期，朝廷不断发布上谕敕封或旌表龙王。百姓多向湫神或龙王爷求雨，洮岷地区主要采用此种求雨方式。

第二种：逼龙降雨

指使用符咒、禳物、曝晒、鞭笞等威胁的方法逼迫龙神降雨。岷县民间传说中有往湫池放虎头逼龙降雨的方法。古人认为，龙虎是天敌，比较容易

---

① 袁珂校注：《山海经校注》，359页，上海，上海古籍出版社，1980。
② 刘文典撰，冯逸、乔华点校：《淮南鸿烈集释》，141页，北京，中华书局，1989。

争斗，若向湫池中投放"虎头"等龙讨厌的东西，激龙发怒，龙虎相斗，奔腾跳跃，必能兴云致雨。

在各种求雨方法失灵之后，百姓还会通过曝晒、鞭笞等方法来威胁龙王，以彰显百姓的愤怒与无奈，通过这种与祈祷、献祭完全相反的方式迫使龙神降雨。

第三种：驱旱魃

洮岷地区有句俗语说"旱魔不怕秃和尚，就怕精身臭婆娘"。这句俗语的流传与洮岷地区的一种古老的祈雨习俗有关。新中国成立前，在临潭县与康乐县交界的莲花山一带曾有过"驱旱魃"的习俗。

传说当地有一个黑眼泉，泉里住着一个旱魔。这个旱魔长得像牛，但只有一只角，长着两只长长的驴耳朵，最爱晒太阳。每当天空乌云蔽日，刚刚要下雨的时候，它就抬头把乌云吹散，这样雨就下不成了，天就一直旱着，百姓被干旱折磨得痛不欲生。后来，有位云游到此的和尚同情百姓的不幸遭遇，决心为民除害，剪除旱魔。他提上剑去斩旱魔，却被旱魔用独角顶翻在地，旱魔得意地说："不怕秃和尚，就怕赤身臭婆娘"。和尚将此方法告诉了山下的村民，村民打那以后有了"赶旱魔"的习俗。

"赶旱魔"仪式由村里的"神头"主持，主要参与者是已婚妇女。首先是村中每户来一个媳妇，大家一起用草扎一条象征"旱魃"的草牛，然后选出四个年轻貌美的媳妇抬着草牛在"神头"的带领下来到村口的"班辈石"前转上三圈后，将班辈石搬倒。还要唱诸如"红心柳两张权，旱魔怕的是娘们家，裤子脱下鞋脱下，不顾羞丑追一挂"之类的"神花儿"。

洮岷地区的民间祈雨方式主要有固定的取水仪式和临时的祈雨仪式两种。固定的取水仪式旧时多见于岷县的广大地区，洮州并不多见；临时举行的祈雨仪式在洮岷大地的春夏之季时有发生。取水仪式是每年为了预防干旱的发生而举行的固定祈雨仪式。在调查的过程中，笔者参与观察了岷县锁龙的取水仪式。

(一) 固定的祈雨仪式——以锁龙青苗会为个案

锁龙青苗会既指每年农历六月初九到六月十五举行的庙会也是庙会组织的名称。锁龙青苗会奉祀的湫神是两位女神，一位俗称大阿婆，封号为"九天圣母京华娘娘"；另一位俗称二阿婆，封号为"九天圣母京皇娘娘"。两位湫神的辖域跨岷、漳两县，辖域内共有两个青苗大会，分行两套会事。其中，锁龙青苗大会辖5个会19个自然村①，这19个自然村又分成了5个会，头会：后家沟、赵家庄；二会：山庄、潘家寨、背后庄、买家庄；三会：严家庄、林畔；四会：拔那庄、窝儿里；五会：锁龙、古素、打牛沟。习惯上人们称前三会为上三会，后两会为下两会。漳县的直沟村参与上三会的活动。而大东沟、寺沟、新庄、双燕、打地沟这5个村子则另外组成一个青苗大会，并单独举行庙会。

锁龙青苗会由"水头"2人、伞客2人、锣客2人、师家2人、总会长1人、五大会各分会长5人、二陪官2人、三陪官2人、四陪官2人、老友若干组成。两名"水头"民间通常称为"大老爷"和"二老爷"。

每年，锁龙青苗会的所有活动都是围绕着"风调雨顺"的主题而展开的。每年从年初的集体敬神开始，经过祭北风、祭山、取水、游五会，到年末的集体敬神，一年的活动结束，如此周而复始，代代相传。

每年农历六月初一到六月十三的取水仪式是锁龙青苗会一年中最重要的固定祈雨活动，主要仪式程序如下：

1. 叫水（六月初一）

每年农历的六月初一是锁龙青苗会开始的日子，俗称"叫水日"。这一天青苗会要宣布两位"水头"的人选。六月初一的上午，青苗会会长和师家带领青苗会上一届的所有组成人员，敲锣打鼓的停留在谁家门前，就说明谁家的男主人当选了"水头"。当选"水头"的人家要开门恭迎青苗会会首们进门，大摆筵席以示庆贺。以前，新当选的"大水头"、"二水头"、

---

① 19个自然村为：岷县锁龙乡的严家庄、林畔、后家沟、山庄、潘家寨、背后庄、赵家庄、买家庄、拔那庄、窝儿里、锁龙街、古素村、打牛沟、大东沟、寺沟、新庄、双燕、打地沟、漳县的直沟村。

锣客、伞客以及青苗会的其他成员要在宴会完毕后一起到月露滩庙向娘娘通报"水头"人选，现在则是不举行宴会，所有当选之人在接到信息后，就直接去月露滩庙汇聚，由师家向两位娘娘逐一通报新当选的"大水头"、"二水头"、锣客、伞客，通报的方式为：

"××村的××人鞍马齐备，家道赢人，给娘娘抱灵水一季"；

"××村的××人鞍马齐备，家道赢人，给娘娘鸣锣一季"；

"××村的××人鞍马齐备，家道赢人，给娘娘打伞一季"。

通报完毕后，青苗会会首们要帮助两位新当选的"水头"在月露滩总庙两位娘娘的正殿内搭好两铺新床。然后再分别到"大水头"、"二水头"、锣客、伞客的家中，由会长、老友负责在他们各自的家里设置神位，并在摆放神位的房间即神房内为他们搭设新床。六月初一，坐床仪式开始。

2. 坐床（六月初一到六月十二）

2009年7月26日，农历六月初五，我与原岷县文化局副局长张润平一起来到今年新当选的二老爷家中。二老爷MSX，锁龙村人，48岁，家境富裕。我们到的时候，二老爷家已经搭起了彩门，贴好了新对联，不知道当地青苗会这一习俗的人肯定会误以为这家在办婚事。张副局长进门后，我却受到了二老爷家人和帮忙人的阻拦，不允许我经过走廊旁的神位，更不准我进入二老爷的房间。经张副局长解释后，他们才让我避开神位，进入房间内。二老爷家的正房分为两间，一间辟为神房，供二老爷坐床之用；一间作为招待前来恭喜之人喝茶宴饮之处。相处了几天之后，青苗会的会首们对我解除了不准进入神房的禁忌，但除我之外的其他女性仍是不准接近神房。

新当选的"大水头"、"二水头"、锣客、伞客要完全按照当地传统上的娶亲习俗准备一切活动。这些新当选之人从里到外要换上新衣服，外着黑色绸缎长袍，头戴黑呢礼帽。家人要为其置办全新的床上用品，日常用品也必须是新添置的，并且都是专用品，不能与其他人混用，神房不允许女人进入。

新当选的"水头"，从六月初一叫水日的晚上开始就要在神房的新床上休息，由陪官扶上床，并指定专人侍候，坐床仪式正式开始。坐床之人不能再与妻子同房。新人坐床前，首先要净身，即洗澡后再用木香熏身。里外穿好新衣服后，再净手。之后，由师家主持敬神，主要是祈求两位娘娘"保佑全村人等百事如意、万事亨通，保佑延川五大会百姓风调雨顺、国泰民安"。以前，"水头"在坐床期间，只准偶尔与陪官说话，除此之外再不准说一句话。需要方便时，不能与其他任何人共用一个厕所，且每一次方便的位置都不能重复。晚上休息时，"水头"自己用一套新被褥，睡在左边（男左），留一床新被褥铺在右边虚置。

新当选的锣客与伞客坐床时也有专人伺候，但没有"水头"那样周到。坐床仪式要一直持续到六月初八晚上。六月初九，老爷取水归来后还要在庙上坐床三日。锁龙的老人回忆说，以前这种坐床仪式最少要持续60天，从四月十四就开始了；后来改成了从五月初四开始坐床40天；新中国成立后又改为五月十四开始坐床30天；改革开放后，改为从六月初一开始坐床，共12天。

3. 恭喜（六月初七、六月初八）

六月初七、初八这两天是"恭喜日"。"恭喜"是指新当选的"大水头"、"二水头"、两位锣客、两位伞客的亲邻好友拿上被面、毛毯、喜幛等各色礼品及鞭炮前来恭贺，并搭礼上席。当选之人的家里要大摆筵席，恭迎前来贺喜的人，仪式与婚礼中的贺喜、搭礼完全一样。张副局长与我入乡随俗，先后在两位"水头"家中搭礼。礼单由专人记录、管理。宴席的开支完全由新当选的个人承担，青苗会并不承担宴席的费用，所有的礼金、礼物也归新当选之人所有。

4. 献羊

六月初八这天，新当选之人除继续接受他人的"恭喜"外，青苗会还要在大青苗（即青苗会的大会长）和两位"水头"的家里分别举行献羊仪式。青苗会的所有成员在进入大青苗、两位"水头"的神房之前，必须要先洗手，再用木香熏身，熏身的次序为鞋、裤腿、胯部、双手、袖筒，然后才准进入神房，开始献羊仪式。

大青苗家的献羊仪式结束后，青苗会的成员要在青苗会长家坐席。饭后，青苗会要到"大水头"家敬献"大水头"为大娘娘准备的祭羊。大老爷家献羊仪式进行的同时，青苗会的另一部分成员也要在"二水头"家为二娘娘敬献"二水头"准备的祭羊。

六月初八晚上，老爷、锣客、伞客仍然要在各自家中坐床，陪侍娘娘。一位老友说，虽然新当选之人都为娘娘准备了床铺，但是二位娘娘要看谁最虔诚才到谁家，不一定就非得到二位"水头"家过夜。

5. 取水

农历六月初九是取水日，取水仪式是青苗会活动的高潮所在。早晨六点钟左右，"水头"、伞客、锣客在各自家中吃早饭、敬神。家人及侍候的人要将他们所骑的马披红挂绿装扮一新，还要把为庙会上准备的四种菜肴和盘馍放在笼床里。这些天亲朋好友恭贺的礼品也要全部装上车，以便在庙会上炫耀、展示。装满供品和礼品的车要提前出发前往月露滩庙，新当选之人则随后骑马从各自家中向月露滩庙进发。每匹马都有6人伺候，一人在前拉缰绳，二人牵马镳，二人坠马镫，一人在后扯马尾，一路鸣锣送到月露滩庙。青苗会会长、师家、历届老友也要骑马前来。等老爷、锣客、伞客全部到齐后，老友们开始在娘娘庙内为二位"水头"及二位陪官铺床，以便二位老爷取回神水后"坐庙"①。

2009年7月30日，农历六月初九，天空下起了濛濛细雨。八点刚过，二位"水头"上庙，老友们用两条红绿彩绸（俗称"达福"）包裹好灵物（二位娘娘的净水瓶）绑在两位"水头"的背后。灵物绑好后，青苗会的所有人等跟随在二位娘娘的神轿之后下庙，取水仪式开始。

出了庙门后，拉马坠镫的小伙子们簇拥着花枝招展的马儿来到老爷、锣客、伞客的身边，请他们上马。"水头"、锣客、伞客骑着一色的高头大马头前开路，小伙子们用八抬大轿抬上二位娘娘随后跟上。青苗会的所有成员再加上打旗的、抬轿的、拉马坠镫的，取水的队伍约有一百多人。尽管雨越下越大，但前来观看的群众仍然很多，他们前呼后拥的跟在取水队伍的周围，气氛异常热烈。

脚下的道路在众人的踩踏下已变得十分泥泞，取水队伍按照传统的取水路线有条不紊的行进着：从月露滩庙出发到后门梁为头歇马，即第一次停轿祭祀之地；从严家村上房陈林家（娘娘的娘家门）到后家村为二歇马，即第二次停轿祭祀之地。每到一处，都由师家主持祭祀仪式，敬酒、敬茶、敬献

---

① 坐庙：指老爷们取回神水后在庙中休息，陪伴二位娘娘过夜。

由小茶盅压出的干糌粑，祈求二位娘娘保佑四乡的庄稼平安生长。这一圈巡行下来大约有三公里的路程，沿途百姓鸣炮上蜡，热闹非凡。两次祭祀完毕后，取水队伍直奔取水池而去。

取水队伍到达一片开阔的草地之后停住。草地十分湿滑，远处是一片平缓的有三个台阶状的山坡，生长有茂密葱郁的松树，娘娘池就在高处的树林中。小伙子们将二位娘娘坐北朝南安顿好，师家主持祭祀仪式。之后二位"水头"、锣客、伞客、陪官们及各位老友换上新水靴，一起上山取水。在合拢口下方的坡地上，老友们铺上新毡，请二位"水头"面朝下坐定。二陪官、三陪官坐在二位老爷身后。取水地点在合拢口的上方相距约30米的两棵柳树下，取水的任务由二位"水头"各自的师家和老友进行，取水过程除师家和老友外不允许任何人观看。

神水取好后，二位锣客用铜锣抬上二位"水头"敬献给娘娘的祭羊头，开始交换羊头，以示灵水都已取到，互相祝贺。之后，由老友将二位"水头"准备的祭羊分发给所有参与取水的人员，大家一起分享祭羊肉。

取水成功后，二位老爷要更换衣服，将原来的礼帽、黑袍更换为蓝袍、缠头，并用"达福"将取来的灵水拴在二位老爷的身前，二位"水头"手持象征瓶盖儿的鲜花，这一行为被称为"抱水"。之后，老友们为二位"水头"及参与活动的所有人员在头上插新发的嫩松枝，插嫩松枝是取到灵水的标志。

接下来，要在三重山门（即原来的三个寨子处）前逐一举行庄重的拜水仪式。拜水时二位老爷在二陪官的陪同下面朝山下，三陪官、四陪官面朝山上，交叉磕头三次以拜灵水。三次拜水仪式结束后，取水队伍直接回到二位娘娘的落轿处，老友们在二位娘娘的神轿上也要插上嫩松枝，向二位娘娘报告水已取到。"水头"、锣客、伞客、陪官等人将上山的水靴换为原来的布鞋。之后在师家的主持下再次对二位娘娘进行祭拜。祭拜后，取水队伍抬上神轿返回月露滩神庙。

雨越下越大，队伍取水回来时月露滩庙已是人山人海。二位老爷的家人在庙前燃放两杆子鞭炮，迎接娘娘及取水的队伍。老爷在庙门外稍事休息后互相给对方挂"红"，庆贺对方取到了神水。待二位娘娘在庙中安置好后，陪官护送"水头"进入神庙，将取来的神水摆放在娘娘的神位前。二位"水头"宽衣解带，由陪官服侍坐在庙里的新床上休息、抽烟、饮茶。

两位"水头"休息片刻后,"拜五方"仪式开始。"水头"、陪官站成一排,先面朝南磕三个长头,然后面朝北磕三个长头,再相对而站,朝东西方向交叉磕三个长头,然后交换位置相互再次跪拜。

图4-3 岷县"拜五方"仪式(季绪才摄)　　图4-4 老爷们在山门上看戏

拜五方仪式结束后,二位"水头"由陪官搀扶到庙中床上休息。神戏开始后,"水头"和陪官、老友们要在山门上与娘娘一块看戏,以示与民同乐。以前看戏时二位"水头"根据戏曲的演出情况,还要赏赐演员。

晚上,师家要主持祭北风、祭雷神的仪式,但不写祭文,只是口头祈祷。祭祀完毕,"水头"、陪官、锣客、伞客相伴在庙中过夜。

农历六月十二日上午10时许,二位"水头"骑马背上灵水与青苗会其他人员一起前往娘娘的取水池,将取回的水倒回原处,是为"回水"。回水仪式结束后,二位"水头"的家人拆掉庙里及家里的床铺,坐床、坐庙仪式正式结束。

农历六月十三日,青苗会所有人员在月露滩庙集合,由一位老友书写"申文",报告湫山总督和八海龙王说今年的二位"水头"已为二位娘娘举行了隆重的取水仪式,二位神灵可以将他们造册管理了。

农历六月十五日,青苗会所有组成人员再次在月露滩庙会合,敬神后,由师家正式宣布二位"水头"被湫山总督和八海龙王造册管理的"文件",是为"讨文"。至此,二位"水头"才正式成为二位娘娘为百姓赐福的代言人,月露滩青苗会的全部活动结束。

锁龙地区的取水仪式与庙会活动相结合,是一种固定的祈雨仪式。二位

"水头"是湫神娘娘在人间的代言人,主要任务就是为青苗会取回神水。"取水"是锁龙青苗会的仪式核心,取"神水"是一种典型的象征行为,这一行为的完成预示青苗会已经获得了保证庄稼顺利成长的充足雨水。"神水"在庙上供奉一段时间后,仍要送回到湫池中,不能在庙中永久供奉。

(二)临时的祈雨仪式

春夏时节,如遇大旱,洮岷各路群众便祭祀湫神祈求降雨。求雨时要设牲祭、竖神幡,"师公子"着神衣,手持单面羊皮鼓请神,请神完毕后,"水头"会法神,即请神"附体",代神传言。会首、村民们跪地祈祷,请求降雨,并许以宰牲、洗脸、换装等优厚条件。"师公子"除了"法神"外,还要前往湫池"抱水",用专门的水瓶汲取湫池之水,以供布雨,一旦降雨,便将瓶水返还。同时还要在庙内进行祭祀活动。若此招不灵,群众情急之下,会给神灵以颜色,香蜡陪侍后,以怨词责神,进而将轿抬出殿外,揭去轿顶,让神像受烈日暴晒。一旦降雨,便为神像洗脸、换装,加祭"赔不是"以示敬意。

《岷州志》第十八卷《艺文》中记有一篇杨始旭写的《灵泉记》,文中记载了发生于清康熙二十四年(1685年)岷县官民在城北向湫神祈雨灵验的事件:

己丑夏,久不雨,父老谒余言:"去城北数武有湫,往旱则祈祷。"余乃偕众致祝焉。是时湫水方涸,忽然傍涌一泉,流入于池。池上白杨数株,影浸池中,与波相荡,水光莹彻照人,不盈不竭,激之不浊,尝之则甘。不禁嗟叹久之,叹其未足解苍生之渴也。俄而风起云蒸,甘霖大沛,周二百余里,入土几二尺。是年大有,特书⋯⋯

《岷州续志采访录·杂记》一章中亦谈到岷县民间的求雨活动:

东乡梅川之北,有北沟洞,深不可测。入二百武许,有石床,床后渐窄不可入,中有流水淙淙然。每大旱,乡人约众数十,焚香秉烛,持钵鼓直至床所。跪祝毕,击钵鼓而出。是夜必大水塞洞喷涌,不三日必得雨。

第一则记录的是官方祈雨的情景,由官员偕众祝告祈雨;第二则说的是民间的祈雨方式。在笔者的田野调查过程中,虽然也遇到了临时性的求雨仪式,但都比较简单,多以青苗会会首到庙中许愿或请人念经求雨为主。旧时抬上神轿到湫池求雨的活动在洮岷地区现已基本消失。因此,对临时性求雨仪式的描述笔者主要是根据访谈对象对旧时求雨仪式的回忆整理而成。

1. 记忆中的求雨仪式

个案1:岷县王家山供奉的湫神是"王家三爷",原型是三国时期的姜维。之所以叫王家三爷是因为该湫神与岷县梅川镇的"梅川大爷"、城郊龚家堡的"关里二爷"是好朋友,民间有"兄弟三人"的说法。王家山全村共有87户人家,400多人,400多亩山地,没有川地。湫神"王家三爷"的马路村有8庙半,分别是:张家湾、申家山、瓦窑沟、白土坡、舍扎、杨家堡、老鸦山、蓝坞麻、张麻屋。笔者在王家山做调查的时间是2009年5月6日,古历四月十二,当时岷县已经40多天没有下雨了,旱情严重。尹会长说:

"今年进了四月,天一直不下雨,当归栽下去不出来,我们会长们一商量就问佛爷要雨着呢。四月初八到庙上要雨,'师公子'法神说是十四、十五下雨呢。'师公子'法神时,我们会长就点上蜡,再用蜡点着香,一人一炷香拿着,跪着要雨呢。昨天不是下雨了嘛,许给佛爷的羊要还呢。一家子要了5块钱,买了个羊,晚上饭吃了,才还羊。

再旱的劲大了,就要到瓦窑沟要雨呢。旧社会五月十八我们这儿过会,把大爷也抬着来呢,这两年不抬了,把牌位迁着呢。一起抬上到瓦窑沟要雨着呢,瓦窑沟里有一个河上泉,瓶瓶拿上,旧社会南川大爷都要抬来,跟三爷一起去泉上求雨。

有一次我们求雨,说是啥时候啥时候下雨,我们拿着香就跪着呢,当时阳婆①那么热呢,比这时候的阳婆热得很。到了三点多的时候,风就刮起了呢,雨下着呢。那时候我就在那儿站着呢,不然我也很不相信。"

---

① 阳婆:洮岷方言,"太阳"的意思。

个案2：岷县西寨镇坎峰村（旧时叫坎卜它村）供奉的湫神是"艰难爷"张锦。该村因为这两年建水电站，村子的川地被占了不少，再加上建房用地、退耕还林，可耕的土地越来越少，现人均不到一亩。

提到天旱求雨，坎峰村吴庙倌儿说：

"以前，天旱的不成时就要求雨呢，我们的佛爷抬进沟（秋峪沟）求雨，百发百中。去的时候，大家打着锣，拉着羊，就上山了。把羊给佛爷许给。青苗会会长问神：'老人家有雨吗？'然后打卦说：'老人家，有雨给阳爻！'要许愿呢，许羊呢，就给阳爻了。打三次卦，是阳爻，三天以内就下雨了。求雨时没啥忌讳，女人也能参加，她们帮着干些杂活儿。在庙里要设坛求雨，会长求。头天设坛，第二天泼水，洗碌碡。总管（会长）求雨，嘛呢会念经，念的是《香山卷》……我们佛爷为啥叫'艰难爷'，就是因为我们佛爷就管我们坎卜它一个村子，每次求雨都是只给我们一个村子下雨，别的村子我们的佛爷不管，私心重，艰得很①，别个村就叫我们佛爷'艰难爷'了。"

个案3：岷县西寨镇田家堡村与坎峰村隔河相望，是黑池爷胡大海的本庙所在地，庙前有湫池和护林。被访的老人说：

"以前天旱求雨的时候是在庙上也求，池子上也求，我们爷没有固定的瓶瓶儿，打我记事起一直没有，瓶瓶儿是求雨时临时找的，小瓷瓶、啤酒瓶什么的都行。天旱，土地又不能浇水，只能求雨。

老人家常显灵着呢，他个子大得很，戴着一个尕小帽，过神会的时候到处走着呢！老爷爱附到某个人身上，借这个人的身子传话。不是谁都行，要跟老爷亲近的人才行，跟神关系好的人爱附。附到那个人身上后，那个人就抖着呢，问啥说啥，用签子扎他的胳膊也不会疼。问啥都行，若问：'有雨没有？'他就会说有或者没有。有雨的话就要把日子定下来呢，下雨的话就要给老人家献羊呢。"

---

① 艰：洮岷方言，"吝啬"的意思。

个案4：临潭求雨仪式：

"求雨也叫祈雨，是每个青苗会举行的，是我们师家主持求雨。在天旱时先传村里老年人在庙上烧三天香，每天分早、午、晚三次，在烧香时青苗会会首们口中说：'喇嘛南海观世音，普降甘露救万名'。若三天后不下雨，就抬着佛爷到指定的泉上，我们换装法神，行神词，就说'某年某日，我万名主上以本方的酒龙（指泉神），求以甘露在某日某时有雨。'行神词的时候就要把下雨的时间定下来。然后在旗杆的一端拴一个葫芦叫'宝瓶'，瓶口用红布包裹好，用点燃的香在红布上烧三个小洞，在泉水里打三下后把旗杆提起来。之后抬上佛爷拿上宝瓶回庙。提领等人烧香祈祷，并开始吹号打锣，要一直等到宝瓶里打到的一点儿水发到从口子里出来为止，那叫'燥救'。'燥救'是几小时的事，下雨一般定在几天之内。如在'马角'给出的时间内仍没有下雨，在民国时就'火上柴笼'，把'马角'和佛爷一起烧了。因为那时候求雨由政府出面，求不来雨就可以把'马角'和佛爷烧了！"①

由上面所述的个案可知，洮岷地区临时性的祈雨仪式按照旱情的程度可以分为：庙上念经祈雨、湫神池祈雨和"火上柴笼"三种。旱情最初发生时，会首们只是在庙里烧香磕头，祈求龙王早降甘霖，在庙上祈祷的时间一般为三天。若老天还不下雨，会首们就会向民众收取钱粮，通知小班抬佛爷上山取水。"马角"在湫池边法神，告诉众人何时有雨，距离降雨的时间从三到七天不等；若过了三到七天还是没雨，民众们就会忧心如焚，开始责怪神灵，甚至会迁怒于"马角"，他们把龙神抬到太阳底下暴晒，若暴晒一段时间后仍然无雨，民众就彻底绝望了。从旱情发生到暴晒龙王通常已经过了二三十天的时间，庄稼即将枯死，各种祈雨方法已经用尽，万般无奈之下，县官会下令将佛爷和"马角"一起用柴火烧了。晏家堡的"马角"赵师说，他听人说民国以前在洮州确实发生过这样的事情。焚巫祈雨的方式我国历史上早已有

---

① 晏家堡村的祈雨过程由该村龙神"马角"赵师口述，采录时间为2009年12月10日，电话访谈。

之，但把龙王塑像也一起烧掉的事情却是极为罕见的，"火上柴笼"是民间祈雨仪式中的一种典型的恶祈行为。

2. 祈雨灵验传说

与仪式过程中"花儿把式"演唱的"神花儿"不同①，祈雨灵验传说通常不会在仪式过程中讲述，而是浸润于民众的日常生活之中，成为湫神"灵验"的鲜活证据。

传说一　应诏降雨

洮州总寨乡秦观村龙神武殿章（也有人说是"伍金龙"）俗称"五方爷"，原是秦关村秦百户家中所供奉的家神，是该村后山沟里的泉神。"五方爷"因为兴云布雨，有求必应，在洮河沿岸拥有广大信众。据传说，清嘉庆年间，有一年大旱，洮州知府将各地龙神抬到府内，祈求龙神普降甘霖，但是一连好几天，都是晴空万里，没有一点儿下雨的意思，庄稼马上就要旱死了。知府大怒，将所有的龙神塑像抬到院中暴晒，晚上南路爷胡大海给知府托梦，说南乡秦观村有个伍金龙，专门兴云布雨，可将他请来，定能降雨。知府醒后立即派人去请，去的人传知府命令，将五方爷抬上，一村转一村送，路上不准停轿。就这样将伍金龙抬到了府衙里，当天便下了大雨，解除了旱情。打那以后，五方爷就加入了洮州迎神赛会的队伍，每年到新城集会，享受官方的献祭。秦观村青苗会会首说，五方爷是神，不是人。他是官方请着去的，进城的时候要一村转一村送，只能换人抬，不能轿落地，回去的时候也一样。

传说二　黄旗黄伞

岷县梅川余家那村"水头"张吉平家中保存着一柄黄罗伞，这把伞对应着湫神"梅川大爷"的两个祈雨灵验传说。

传说北宋仁宗年间，京畿大旱，百姓诵经、烧香祈求神灵降雨都无济于事。仁宗下旨把全国各地有名的神灵都调到京城祈雨，但全部失败。这时有人举荐说岷州湫神梅川大爷神通广大，可以调来京城祈雨。圣旨到了岷州后，梅川大爷与九天圣母一起进城布雨。两位神灵大显身手，借"水头"传言，

---

① 对祈雨歌谣的分析详见本书第五章。

城内三天雨，城外照太阳；城外三天雨，城内照太阳。后果然灵验，大雨如期而至。仁宗心悦诚服，欢喜地说："你本当是神，我以兄弟相待，封你为挟天代帝镇天白马龙王，赐黄旗、黄伞、金瓜、钺斧、朝天蹬，称之为半朝銮驾；封九天圣母为替天行道，万天祖神、九天圣母娘娘，赏赐金字牌一个，玉石水瓶一个，护卫营兵50名，营马三匹。"

明嘉靖年间，岷州闹旱灾，瞿道台慕名而来，向梅川大爷跪拜求雨。祝告神灵，杨天官被神借口传言："求雨要灵，必下虎头于潭中。"道台一一答应。祭祀完毕后，在潭中下了虎头。天官又一次被神借来传言："我龙王随时驾云，当时有雨，赶快将我的轿子抬到龙台寺。"语毕，只见龙王潭的水旋转翻腾，一股烟云腾空而上，人们抬着轿子刚进庙门，大雨就来了。连下了三天三夜。道台见雨下得太多了，就问杨天官怎么让雨停下。天官说，把虎头从潭里取出来就可以了。道台为感谢梅川大爷降雨，说："梅川大爷，你本当是神，当年皇帝赐你什么，我一一照做。"并写了"感而遂涌"四字，贴在轿子前方。数月过后，道台派官员四处选择、定造、换新仁宗所赐的那把伞，据说梅川余家那张吉平家存放的黄伞，就是道台按照北宋仁宗皇帝赐的那把黄伞到四川仿造的。

传说三　九天圣母的祈雨灵验

九天圣母的"水头"卢金海说：

"我们爷当'水头'的时候，有一年的五月十七跟着九天圣母一起到二郎山赶会，十八路佛爷都到了，一个佛爷跟着一个'水头'。那年天旱的不成，县太爷就急了，说我把你们佛爷都好好地供着，你们也不显感应。要是谁显感应的话，我就重新给他修庙。'水头'们就开始法神，突然，我们爷就神附体了，就啊、啊、啊的跳着呢，人都拉不住，说是几日几日有雨。县太爷就问那是哪个佛爷的'水头'？人家说是冷地口九天圣母的'水头'。县太爷就让我们爷在全县化大布施，重新给我们佛爷盖庙，庙盖的稀不好了呢！"

事实上，在中国古代体制下，祈雨是一种官方行为，由严格的礼法制度所规定,并深刻反映着国家的性质及其与社会的关联。① 代表国家的地方政府也常常参与并主持由民间自发的祈雨活动。旱灾发生时,洮岷各地湫神往往也是地方政府祈祷的对象,湫神信仰的合法性来源于地方政府的认可。湫神的灵验事迹若能得到官方的肯定,是当地百姓十分骄傲的事情,在上面的传说中湫神或者应诏进京降雨灵验,受到了皇帝的敕封;或者因为降雨有功,被地方官员赏赐仪仗、重修庙宇,身价倍增。传说中的湫神积极参与到国家的祈雨仪式中,大显神通并受到朝廷和地方官的赏赐,与国家祭祀体系发生了别有意味的互动关系。

二、禳雹仪式

洮岷俗语里有"不怕恶风刮、就怕白雨打"的说法,两地最可怕的自然灾害是冰雹的袭击,几乎是"十年十打"。洮岷地区举行的农业禳灾仪式中,以求雨和禳雹为主,而尤以后者为甚。

(一)传说与仪式

在岷县,有人说禳除冰雹最厉害的方法是"撼白雨"。具体做法是在山上挖一个坑,在坑内面朝起雹雨的方位,倒栽一个"毛女子"(即一具未婚女尸)。民众认为这样就可以镇住妖魔,不发白雨了。这种禳雹方法的施行与岷县的一则传说有关,这则传说传递的信息十分丰富,不仅揭示了冰雹形成的原因、路径,还解释了"撼白雨"仪式的由来。此外,从这则传说中我们可以明显感受到岷州百姓信仰中汉传佛教、藏传佛教与民间信仰并存的文化特点,传说的主要情节如下:

九头蛇原来是个癞蛤蟆,在四川峨眉山楠木林里过活。一夜,有位法通长老上山护林,看见它能捕捉各种害虫,就把它带到寺院的大经堂里,放在屋梁上,让它听经学道。有一天,宕昌良恭有个姓贾的女施主到峨眉山烧香还愿。当时香火旺盛,青烟把这只蛤蟆熏晕了,跌在地上。蛤蟆无处藏身就

---

① 参见雷闻:《郊庙之外:隋唐国家祭祀与宗教》,295 页,北京,三联书店,2009。

"哧溜"一下钻到女施主衣袖里去了。女施主回到家中，抖出来一个碗大的癞蛤蟆，惊慌中不小心把蛤蟆蹋死了。蛤蟆死后变成精灵扑入女施主的怀中，女施主就怀孕了。

女施主怀孕三年零六个月整，生下一个女娃。这个女娃百灵百巧，但是有个怪脾气，除了妈妈，谁也不理睬。白天她喜欢在门前栽树种花，晚上就坐在门前，瞅着各种飞虫，嘴里不停地念嘛呢，不愿意与世俗的人交往。人们说她是"野生的，迟早是个惹祸精"。

长到十八岁，一天中午，姑娘干活累了正躺在炕头打盹。忽然听到门外人喊马叫。当地有个大牧主，要往林中去砍树盖庄院，路过她家门口，马啃了小树苗，她妈妈和庄客争辩，庄客们狗仗人势，甩起鞭子乱打。姑娘出来制止，被老庄主看上了，抢回府里。老庄主进洞房时发现炕头上趴着一个簸箕大的癞蛤蟆，浑身麻拉拉的，眼泡突出，张开血盆大口，咔嚓咬断了他的头。这只癞蛤蟆，跑到后院，七哩八拉的，一溜儿咬死了干坏事儿的八个庄客，浑身都被血染了。姑娘显出了半人半妖的模样，手提九颗人头，腾云驾雾回到了峨眉山。

法通长老勃然大怒，举起戒尺就要打它。她驾起云头向娘家方向逃去，法通长老就在后面追，追到古岷州城东郊龙王潭的时候，眼看就要追上了，姑娘变成了一条蛇，钻入水中。洮河老龙王替她求情，长老饶恕了她，将她手中的九颗人头变成了九粒数珠，套在她的脖颈上。

姑娘受了法戒，苦苦修炼，九颗数珠变成了九颗蛇头，就成了九头蛇。由于身子不能变化，她就越长越粗，越长越长，成了庞然大物。渴了她就喝洮河水，饿了就吃河底苔，苦守清贫，委屈极了。她经常思念远在宕昌良恭的妈妈。岷州五月十七的湫神会上，她听着"啊呜令"里唱"啊……巴勾虫叫着立夏哩，女儿要想娘家哩，远路上捎信带话哩，心急得要拔头发哩"。九头蛇决定回娘家看看，老龙王阻拦不下后让她回娘家时直走一条线，千万不能占的面积太宽。带动的冰雹，上楞坎打了，下楞坎别打！遇着好人头上闪开，恶人头上猛砸，要善恶分明，千万不能损害庄稼！

九头蛇要回娘家了！洮河两岸乌云翻滚、冰雹像撒豌豆一样落了下来，黑云头黄云尾，一条直线，向宕昌良恭方向奔去。九头蛇回家后，受到了邻居的责骂，骂她"老妖精养下的小妖精，处处与人为害！"老牧主的儿孙和被咬伤的庄客的家人听说了都找上门来要捉拿妖精，把九头蛇的妈妈打得遍体鳞伤，下不了床。九头蛇回到河里后，担心妈妈的伤，就有了第二次、第三次回娘家。九头蛇每次回娘家都会暴雨不停、冰雹乱打，给岷宕两县的人带来了无尽的灾难。人们害怕极了，有的祈求当地的十八位湫神作法，师家披发仗剑，在空中阻截九头蛇的云头；有的在山头扎山，抬着黄毛丫头的尸体，倒立起来，插上扫帚，敲锣打鼓的，向她示威；还有的干脆用洋枪、洋土炮乱打，狗娃炮、三眼子炮、高射炮……轰隆隆的漫天响，打得天边子也在发抖，九头蛇发疯了，向人报复，带领鱼鳖虾蟹，水漫了岷州和宕昌，殃及了无数百姓。玉皇大帝知道后，命峨眉山的法通长老前来岷州降妖，法通长老伸出五雷掌，举起雷尺，将九头蛇打死在在洮河北面的红根山梁上，长老随后施展法术，退去了洪水。岷州、宕昌的两地的百姓齐声念佛，感谢活佛的大恩大德。

但人们怜爱九头蛇对母亲的一片孝心，在洮河北面红根山梁上盖起了一座"九头观音庙"。后来信奉的人逐渐增多，在清水乡下跌马村建了本庙，为了表示尊重，百姓们把其改称为"透山阿婆"或"透山娘娘"。后来，佛身被盗，祭祀也就中断了。①

传说最主要的意义在于它反映了当地的历史生活与时代面貌。② 这则传说作为洮岷百姓的一种集体记忆，对冰雹灾害的发生原因、情景、禳除方式进行了解说，真实地反映了洮岷民间信仰的原貌。"九头蛇回娘家"这则传说，关联着岷县、宕昌两县的冰雹路径、民间信仰状况、禳雹仪式、伦理道德、百姓与牧主之间的矛盾等丰富的气象、地理、历史信息。传说原文有明显的文人加工痕迹，笔者在此引用时进行了部分删节，只保留了传说的主要情节。从这些主要情节中我们可以看到洮岷地区历史上民间信仰的多元特点：在传说中，派遣法通长老前来降妖的是玉皇大帝；长老降妖时用的法器是道教的五雷掌和雷尺；受汉传佛教度化的九头蛇在日常生活中念的却是藏传佛教的"嘛呢"，被打到水府修行时带的是"九个骷髅头"；强抢民女的是土司（牧

---

① 参见景生魁编：《岷县民间故事》，60~65页，香港，天马图书有限公司，2002。
② 参见万建中：《民间文学引论》，175页，北京，北京大学出版社，2006。

主);为九头蛇说情的是"洮河龙王"……文中这些信息与笔者将要介绍的禳雹仪式关系密切,在洮岷两地的禳雹仪式中,湫神是祈求的对象,仪式的过程却综合了道教、藏传佛教、民间巫术等不同信仰类型的多种元素。

(二) 禳雹方法概述

冰雹在洮岷两地被叫作"白雨"或者"冷子",对庄稼、人畜危害极大。为了对付冰雹的侵袭,洮岷民众想出了许多办法禳除冰雹,历史上流传下来的方法主要有以下几种:

1. 喊白雨

民众一旦发现带冰雹的云彩,就敲锣、敲盆、打小锅从家中奔出向田间地头跑去,边敲边喊"白雨散了,门闩闩了!"这种禳雹的方式,民间称为"喊白雨"。现在,这一方式已经消失。

2. 扎山—插旗

插旗又叫"扎山",是洮岷地区存在的一种禳雹仪式,即将龙神抬到所属领地的险要隘口上,由师家法神,杀猪宰羊献祭,再插上写有"风调雨顺"、"国泰民安"等字样的三角红布小旗,以此驱逐白雨、黑霜等自然灾害的侵袭。以前扎山时,师家在山上插旗后,村民也会在本村土地、山坡的边界上插置木牌、扫帚等禳物,用来阻挡雹雨的袭击。插旗—扎山仪式是洮岷地区现在仍然使用的禳雹方式之一。

3. 攒山神

若某地连年遭受冰雹的袭击,除了定时的插旗仪式外,村民还会请喇嘛或师家在选定的时间内在某个山头上进行"攒山神"(祭山神)和再次扎山。喇嘛"攒山神"时,先把捆扎好的松木椽子竖立在山头之上,在上面绑上一只公鸡,然后书写符咒、念诵经文。师家则在山头法神、宰羊。有的地方,喇嘛与"师公子"扎山要在山上挖坑埋禳镇之物,喇嘛所用的禳物主要是马头或狗头,并在上面书写经文;"师公子"所用的禳物主要是白狗、朱砂、扫帚等。

4. 撼白雨

方法是在山上挖一个坑,在坑内面朝起雹雨的方位,倒栽一个"毛女子"(即一具未婚女尸),再同时埋上扫帚、狗头等禳物,人们把这种禳雹的方式称为"撼白雨"。"撼白雨"在历史上可能流行的地域并不大,在笔者的调查过程中并没有人回忆起当地曾经存在过这种禳雹方式。

5. 守雨

"守雨"指的是存在于岷县东山区的一种集体防御、禳除冰雹的仪式,"雨"即是"白雨"。守雨组织由一位"田官"和数位"青苗"组成。田官是"人选神定",任期为一年。田官选定后要住在庙上,负责还愿、看管庙宇、伺候佛爷等一切事务。青苗由各村的家户中的男主人轮值,湫神辖域内有几个村子就有几个青苗,一年一换,青苗所在的人家称为"守雨户"。从每年农历四月初八开始,各村的"守雨户"正式开始守雨,守雨的时候要将象征湫神的"守雨牌"请回家中供奉。

每逢天空电闪雷鸣,有下恶雨(即冰雹)的征兆时,"田官"就开始敲锣报警,青苗们听到锣声以后要立即上庙"守雨"。青苗们到齐后,田官手拿象征"佛爷"神威的雨旗开始"豁雨",他先是手持雨旗左右挥动六下,之后大喊一声:"打……哎!"再将雨旗向正前方一挥,意为用神灵的威力将带冰雹的云彩从中间劈开,以此来驱除冰雹。若豁雨仪式不灵,雹云仍没有消散的意思,田官会摇晃"佛爷"的神轿,以期惊动老人家好去驱散冰雹,若是摇晃神轿也不灵验的话,田官就会跪在地上向湫神许愿,田官和青苗们持香跪拜。若守雨还是失败,冰雹降临的话,守雨者会把佛爷抬出庙门,掀去轿顶,让佛爷与百姓一起共遭白雨。据说这一招非常灵验,下次"守雨"的时候一般都会成功。

守雨的过程中田官若曾经给佛爷许诺献羊的话,不管守雨是否灵验,在守雨后的第二天都要给佛爷还愿心。还愿后的肉由田官撕成肉丝后与辖域内的百姓共享,乡民称这种肉为"愿心肉"。

6. 打白雨

以前,洮岷群众以修庙、祭神、扎山、插牌等方式祈求风调雨顺,但同时也在山头设置炮点,用土炮轰击的办法防雹。以岷县为例,新中国成立前全县约有炮点100个,设土炮百余门。土炮的种类有三眼炮、长龙炮、马腿炮、将军炮、狗娃炮等,但火力有限,效果不大。

打白雨,即是指人们在险要的山头用火炮打雹。以前是每年农历四月份铁炮便上山,有专门的炮手负责放炮,八月份铁炮下山。铁炮上山、下山的时候都要宰羊祭祀，铁炮中装入的炮弹俗称"钱粮"，制作炮弹时要掺入白狗血、朱砂、红胶泥丸等禳物，民间俗称"打白雨"。现在是用部队退役的三七高炮防雹。若发现带着冰雹的云彩，当地的"人影办"（全称为"人工影响天气办公室"）会向上级汇报，同时跟航空公司联系，协调好"打炮"的时间，将带冰雹的云彩打散。

2009年5月笔者在岷县调查时发现，现在岷县很多地方已经不插旗—扎山了。在笔者走访过的西寨镇、十里镇、岷阳镇的很多村子，扎山活动已经完全消失了。岷县冷地口的"水头"卢金海说：

"这两年冰雹少了，也就不扎山了。以前扎着呢。我们'水头'、会长们赶着羊，敲锣打鼓的就上山了。到了山上要先法神呢，法完神后打卦，看神喜不喜欢许给它的羊。然后就东南西北各方都插上牌，牌上写着'风调雨顺'、'五谷丰登'什么的，有时什么也不写。然后掘坑埋禳物呢，禳物有朱砂、扫帚、狗头什么的。不埋毛女子的尸体，阿地儿埋我不知道。然后就下山了。这两年退耕还林了，气候好了，有高炮打雹呢，那管用，砝码得很。"

2009年5月6日，笔者与岷县宣传部的王亚红一起到城郊王家山调查时，也听到了这样的说法：

"以前六月六要在半山上敬神、法神呢，叫神看田活呢。咱们这儿不扎山，偏远的地方，中堡那块儿扎山。扎山时，他们要把牦牛赶到庙上，淋牦牛呢。中堡村有时候好几年也不扎山，有时候雨淌的多了，冰雹打的多的时候扎山。中堡有青苗会，咱们这儿没有。"①

与岷县很多地方的扎山仪式已经消失的现状不同，洮州各地的插旗（在洮州"扎山"一般被叫做"插旗"）仪式依然盛行。

---

① 2009年5月6号，笔者与岷县宣传部王亚红一起采录于岷阳镇南川村宗泽庙，报道人：杨庙倌儿。

(三)"佛爷走马路"与"插旗"仪式

洮州的龙神们都有各自的辖域,辖域以村落为单位,修建有歇马殿(小庙),每年龙神都按照既定的路线前去走马路、插旗,如洮州南路扁都乡张旗的普天同知显应龙王郭英与新堡乡青石山的佛爷胡大海,每年农历的五月十七日都要到刘旗村的黑泉滩插旗,晚上赶到哈尕滩西沟门,十八日早到扁都乡的尕庙子,下午去下川村插旗。为了迎接佛爷的到来,在龙神歇马殿的庙门上,一般都会贴上新写的对联,主要内容大多为:"永逐冰雹千里外,常施甘霖九畴中"等。插旗时要"扭佛爷"、唱"花儿"。一村插旗,全村老幼都参加,像过节一样。以前,插旗后村里的青苗会便会拟出两项规定:一是推选出"俄拉",即田苗管理人员,看护田苗;二是列出村民上庙烧香的时间表,拿出一面铜锣,让每户按所排名次轮流在早晨、中午敲锣到庙上烧香磕头,直到秋收为止。

1. 佛爷走马路

每年农历的四五月份,洮岷地区的各路湫神都要下庙查看地界,民众称为"佛爷走马路"。佛爷走马路的具体方式因地域不同也略有区别。例如,有"藏族佛爷"之称的端阳沟龙神李文忠的藏区马路在卓尼县的恰盖乡和申藏乡等地。以前,每到农历五月,马路上的一些藏族村落都会来青石山大庙请佛爷去"扎山"走马路。他们是算好日子过来的,到了大庙上以后,并不抬着佛爷回去,而是把象征佛爷的大纛旗、小红旗和卦带回去。回去之前,藏族头人会给青苗会的提领、会长和"马角"留下四匹马,其中有一匹马是专门为佛爷准备的,石山会的一位老人说:"佛爷的身子虽然没有去,但神神要去呢,你看马上没有佛爷是吧,可佛爷就在马上坐着呢,到了藏人的寨子,佛爷骑的马身上还淌汗呢!"①

青苗会一行人准备好后,就骑着藏族会首们留下的马前往邀请佛爷扎山的村落走马路去了。"到了庄子,全村男女老幼跪下一大片,烧香、磕头、献灯、献羊,把大纛旗展开,说佛爷'收盖盖',这跟汉民不一样。然后把大纛旗供在庙里,坐下来喝酒,阵势大得很,全庄子人都来,先给我们会首敬酒,开始划拳。我们用佛爷的神印将红色的三角旗沓了印戳,马路上的村民把旗插在山上

---

① 2009年古历五月初五笔者采录于端阳沟村,报道人:WKK。

和村界四边……过去佛爷走马路是一个村一个村的转,一趟下来要40多天。"①

2009年笔者到端阳沟调查时发现,这种走马路的方式已经消失了,藏人村落的头人现在只是每年在端阳沟插旗时过来,给庙上献一只羊,然后请青苗会在插旗的时候顺便给他们带来的小红旗上盖上龙神的"印章",然后把小红旗带回去插上即可。但到了冬天,这些藏区的马路村庄还是会接佛爷过去还愿。

与藏区走马路不同,在汉区走马路时则要抬佛爷下庙。青苗会涵盖的范围越大,走马路所用的时间也就越长,若是走到了湫神的"娘家"②,湫神还要"坐娘家"。例如:冶力关常爷的青苗会体系,跨越了临潭和卓尼两县的广大汉藏区域,信众涉及汉、藏、土三个族群。与两个"大庙"相对应,龙神常遇春有两个青苗大会。一个以冶力关的"常山庙"为中心,辖六个小会,其中有四个会在冶力关镇,五会是羊沙,六会是勺哇(土族/藏族),勺哇是常爷的"娘家"。另一个大会则以八角乡庙花山常爷庙为中心,辖五个小会,一会是中寨、二会是八角、三会是切阳、四会是巴扎、五会是扎那山。

庙花山的常爷不去参加新城的迎神赛会,走马路的时间比较集中,路线为庙花村→中庄→八角乡→切阳→八度→牙布山。每会一天,五天后上庙看戏。冶力关的常爷因为事务繁杂,走马路的时间比较灵活。一般说来是:头会农历四月十二、二会四月十七、三会五月十二、四会五月十七、五会五月十九。前五会走完后常爷就要到第六会勺哇去"坐娘家"了。常爷在"娘家"一直要住到六月初一(六月会的第一天)才由青苗大会从海家磨接迎上庙。2009年,常爷在参加完羊沙成爷的庙会(五月初十到五月十三)后,就到勺哇"坐娘家"去了。2009年闰五月,按照六月会当天常爷才能上庙的传统,常爷在勺哇呆了一个多月才上庙。

2. 插旗仪式——以洮州新城镇端阳沟为个案

洮州全境东西跨度非常大,虽然插旗仪式大都集中于农历四五月份举行,但是各村举行仪式的具体时间并不一样,具体哪一天插旗要由阴阳先生根据

---

① 范长风:《跨族群的共同仪式与互助行为——对青藏高原东北部青苗会的人类学观察》,中国人民大学博士论文,2007年5月,91~92页。

② 洮岷地区的18位湫神中,有很多湫神都有"娘家"。地域不同,"娘家"的具体含义也不同,有的地方指最初供奉湫神的那个村庄,有的地方则说"娘家"是湫神的出生地。常爷的"娘家"指的是传说中常爷妻子的娘家所在地。

月厌日、会长的属相、庙的方位等因素来确定。洮州的插旗活动一般到了农历六月下旬就结束了。

新城乡石山大庙内供奉的龙神是李文忠，俗称"石山佛爷"或者"藏族佛爷"，封号为"威震三边朵中石山镇州都大龙王"。龙神庙屹立在高高的大石山上，为后来重建，有着浓郁的藏式风格。山门上绘着骷髅链和璎珞图，庙院的树上绑着羊毛、哈达和经幡。每年石山的佛爷插旗、还愿时，藏族村落的会首都会前来献羊，进城参加迎神赛会时，藏民也会帮助抬神轿，石山的佛爷在临潭、卓尼两县的藏区有着广大的马路，信众很多，故有"藏族佛爷"的称号。

石山佛爷管辖了5会10寨，在临潭和卓尼的藏区还有20多个马路村。石山青苗大会所辖马路上的石山大族、卓逊、亚布、初尼尕布等村庄属于以前卓逊小杨土司①管辖。这些龙神马路上的藏人在语言、信仰和组织上有着双重属性，既会说藏语，也会说汉语；既信奉藏传佛教，也信奉汉人的龙神；既归土司管辖，又向汉人的龙神大庙献羊，与青苗大会合作完成插旗仪式。他们的这种双重属性，使得牧区的藏民认为他们是汉人或半藏民，汉人则叫他们为"半番子"。

以前，藏族村落每年都要派人来抬佛爷过去走马路、插旗。现在，来抬佛爷的藏族村子越来越少了，很多村落都是趁着端阳沟插旗的日子把羊拉过来献给佛爷，请"马角"和会首们上山插旗时顺便在他们带来的小旗上盖上龙神大印，带回插在山头和村口即可。

笔者到新城镇的第二天，恰逢端阳沟大石山举行插旗仪式，笔者跟随插旗的队伍上山，记录了2009年端阳沟插旗仪式的整个过程。

2009年5月28日（农历五月初五）早晨六点半，笔者从新城出发去端阳沟，到了端阳沟后，天空开始飘雪，并且越下越大。七点钟，端阳沟的佛爷李文忠被村民抬到了村口，石山会的大会长跟"马角爷"WS说，今天一大早已经有卓尼的藏族会首到庙上献羊来了，在庙上等着呢，要请"马角爷"插旗时把他们带来的小红旗也盖上佛爷的章子，让他们带回去插上。

---

① 卓逊土司属于"洮州三土司"之一，为了使其与卓尼杨土司相区别，民间将其称为"小杨土司"。卓逊部落先祖为永鲁扎剌肖，明永乐年间因功被授予土官百户，并赐姓杨。卓逊土司共传承了19代，历时600余年。1941年"改土归流"时，卓逊土司仅辖6族48户。

上山插旗的队伍中除了村里的会首、小班，还有十几个负责扛旗、打锣开道的中学生，他们雀跃着走在队伍的最前头。小班负责抬神轿、背羊、水、柴、馍馍、香、蜡、纸表上山。背羊与背水的人负重几十斤，十分辛苦！学生们打着锣、扛着旗，走在队伍的最前面。交谈中笔者得知，他们学校端午节放了三天假，就跟着上山插旗来了，以前也跟着上山插过旗，知道阿么做。

端阳沟前山海拔约2800多米，插旗的队伍全部上到了山顶后，人群自然的分成了三部分。以会长、"马角爷"为首的人群簇拥在神轿的周围，在山顶平地的最高处准备仪式活动。抬轿的小班退到一旁分成两拨人，一拨人负责烧水，一拨人等待宰羊。神轿、锅灶、宰羊的地点呈三角形分布。神轿落地后，会长从轿中拿出原先放进去的香、表、馍馍摆放在神轿前的空地上，开始燃香、焚表叩拜，淋羊仪式开始。

会长们烧香、燃表，跪地叩头。一只小羊羔被牵到神轿右侧，"马角爷"将一块"红"放在佛爷的神轿内，叩首后退到淋羊人的后面。淋羊的人从壶中倒水，在小羊羔的身上通体揉搓，待羊羔全身湿透后，将其抱到佛爷的神轿正前方，在燃着的柏树枝上熏烤一下，以示再次洁净。熏烤后将小羊放到地上，一人手执羊角，等待小羊"淋"，众人口中高呼："淋！淋！淋！"小羊抖动身体，将水"淋"成了雾状！这说明佛爷很喜欢这只羊羔，众人十分高兴，有人过来把羊牵到宰羊的地点。宰羊的人先是从羊脖子上割了一刀，羊血一部分淌到地上放的一个小盆子中，其余的任其流到地上。血放完后，剥皮开膛，取出羊心，放入盆中的羊血之中，拿到神轿前供奉。

图4-5 端阳沟前山插旗仪式之抬爷上山　图4-6 "马角"手执龙神的大纛旗"豁雨"

随后,"马角爷"开始换装。此时,山上的温度已降到了零度以下,笔者有些头晕、恶心,冻得瑟瑟发抖。"马角爷"穿戴好全副法衣,胳膊赤裸,准备法神。学生们敲起铜锣,小班吹起长号,法神仪式开始。"马角爷"手持钺斧,碰触了一下自己的额头后将钺斧高举过头顶,面对神轿叩拜三次,开始法神,他手持钺斧唱到:

哦……唉!敕封威震三边大石山总督敕封地大石山下马在造一庙,提领、长随,历届地青苗会会首,(众人答:都到了!)乡贤、大庙、总班、小班、什郎,合会地军民,(众人答:都到了!)中华公元乙丑年间,哦,下界玫成了五月地,五月初五地前山山神禳厌冰雹。哦,是把在云眼里走马地冰雹消散哦!(众:消散呢哦!)哦,下界吩咐山神、泉神,哦,守把隘口、各守地界!哦,各有交界马路,只叫马路四方平安,只要冰雹远走!哦,保佑合会地田苗多加丰富;保佑下界,河流慢走;哦,下界吩咐山神、泉神,各有地界哦;山神土地戎马俯瞰哦!哦,山神土地各显神威;哦,敕封请益大家平安打醮;哦,请叩头谢恩!提前一表:礼毕!

锣鼓、铜号响起!"马角爷"随后又开始诵念:山神、土地、泉神各把隘口,叫冰雹云眼里消散!恶风雹雨别降一方!(众:消散呢!)哦,提领,血印准备!一个小班将盛满羊血的盆子端到提领身边,提领取出血中浸泡的羊心,在一面大红旗上盖戳。"马角爷"并不向前,只是站在后面指挥:"大家喊!"众人高呼:"一颗、两颗、三颗、四颗、五颗、六颗、七颗",(有些人顺口喊出了"八颗",遭到了会长们的批评:"哪里有八颗,再不喊!")盖好了七颗羊心戳子后,大红旗被人取走放好。又有人取来事先做好的一把小红旗,共九面,众人一起喊着:"一颗、两颗、三颗、四颗、五颗、六颗、七颗",全部盖上羊心的戳子后,众人说:"成了!""马角爷"接过小红旗,口中念道:"山神、土地、各把隘口,要叫保佑马路地方平安"等。念诵完毕后,一个会长将小红旗插在山顶上的一堆石头上。

最后，会长取来搭放在神轿背后的象征龙神威力的黑色大纛旗①，"马角爷"手执大纛旗，口念"哦……禳镇冰雹"等语。话音一落，便向东西南北四个方向挥动旗帜，众人高呼："散了！散了！"到此，插旗仪式结束。

图4-7 盖"羊心戳子"

图4-8 插旗

插旗仪式结束后，会长们带着给藏族会首们盖好龙神大印的小红旗下山。下山后，龙神停在原来的牌坊处接受汉、藏百姓的膜拜。这一天，前来还愿的人非常多，有很多从卓尼专程赶来的藏民，他们给佛爷提来了清油、糌粑，并给佛爷献袍、献羊，感谢佛爷对村落和家人的保佑。他们汉话说得很好，有的人已经一点儿藏语也不会说了。但是他们叩头的方式是藏式的，与汉人磕头有着明显的区别，还愿时神情十分虔诚。

在洮州的插旗仪式上，大纛旗和象征佛爷大印的羊心戳是禳除冰雹的两样重要武器。当地人认为会长挥动大纛旗，可以驱散冰雹。在村口、山顶插上盖了"龙神大印"的小红旗后，龙神便可以命令山神、土地把守地界，保护人畜平安。

由于冰雹的打击路线很长，从几公里到几十公里不等，百姓认为仅靠各个地方插旗禳除冰雹，有时是无济于事的，各地的龙神必须联合起来共同防守，才能达到"永驱冰雹千里外、常施甘霖九畴中"的愿望。于是出现了一村插旗，要同时邀请邻村的几位佛爷一起前来插旗的情景。如：刘顺川的眼

① 大纛旗是湫神威力的象征，黑面红边，边缘呈锯齿状。旗杆顶端有"山"字形，"山"字形下面缚有一圈黑色的缨子。

藏村插旗时要抬上本地龙神胡大海和刘顺佛爷朱亮祖同去，民间将其称为"同伴二人"。冶力关龙神常遇春则常与甘沟—羊沙的成爷一起出现在各种仪式场合。以前，每年端午节迎神赛会时，18位龙神的主要任务就是共同联合起来，同登朵山一起禳镇冰雹。

由前面的论述可知，洮岷百姓所举行的插旗、撼白雨、攒山神等禳雹仪式是为了减轻恶劣生态环境带来的生存压力而创制的一套生存技术。由于冰雹路径的不同与打击范围的过大，这些仪式中既有围绕各地龙神单独举行的插旗仪式，也有18位龙神联合在一起共同举行的禳雹仪式。以现代科学为标准，插旗、撼白雨、攒山神等禳雹方式是对冰雹灾害的非科学、非理性的处理方式，很难产生实际效用。洮岷百姓除了用仪式等"非科学"手段消除冰雹灾害外，还使用"非科学"与"科学"并存的"打白雨"方式，用土炮、高炮打散雹云。以前制作的土炮炮弹中掺有朱砂、狗血、筷子等禳物，以增加炮弹的威力。

现在洮岷地区主要使用"三七"高炮打雹这种"科学"的防雹方式，防雹任务由政府统一安排，统一行动。在岷县，科学防雹的方式已经取得了较好的效果，民众已普遍认同，因此，很多乡镇的扎山仪式已经消失。

但是因为各种因素的影响，高炮并不能打散每一块带雹的云彩，洮岷两地每年还是有大片的庄稼被冰雹摧残殆尽。洮州地区位于青藏高原的东北部，与岷州相比距边疆更近一步，地貌更为复杂，高炮打雹的成效远远不如岷县明显，直到今天，洮州大部分地区仍然进行着插旗仪式。

在我国，人们对各种神灵向来是毕恭毕敬、尊敬有加的。民众认为若对佛爷不敬，必会遭到神灵的惩罚，因此在我国乡村流传的各种神奇叙事大多与违规—受惩的主题相关。这些神奇叙事在民众的头脑中一再刻写着神灵的灵验事迹，维系、巩固着民间信仰的传承。然而，在我国的龙王信仰中，祈雨禳雹时却出现了掀翻轿顶让龙王与人一起遭受烈日暴晒、冰雹侵袭，甚至鞭打龙王、捣毁龙神塑像等恶祈现象。从恶祈现象的发生来看，龙王应该是我国民间神祇中比较不幸的一位，洮岷地区为什么会有这种恶祈现象发生呢？

我国的民间神祇大多是"一专多能"的职能神，有着各自的主管范围。人们会根据生活中困难的类型去乞求不同的神灵。龙王是主管雨水的神灵，凡是遇到干旱、洪涝、冰雹等与水相关的问题，人们的首选乞求对象就是龙王。旱涝等自然灾害的程度有大有小，但一般说来都不会是灭绝性的，只要灾害不造成庄稼绝收，不威胁到人的生命，即使龙王"失职"，祈祷没有灵验，仪式中也很少有向神灵施暴的现象发生。

地震、洪水、台风、泥石流等自然灾害来去匆匆，发生的时间非常短，它们的后果虽然常常是灭绝性的，但是面对这些灾害，人们逃命尚且不及，哪里还有时间向神灵施虐。与其他自然灾害不同，旱灾的发生有一个渐进的过程，人们的祈祷方式随着干旱程度的加深而不断变化，从最初的念经祈祷到湫池祈雨再到最后的暴晒佛爷甚至将佛爷和"马角"一起烧掉，这是民众面临灭顶之灾时的无奈之举。

在民间信仰的众多神祇中，龙王的神格并不高，从洮岷地区的请神词来看，龙王位于中元二品或者下元三品的行列，统领的是一些没有具体名称的山神、泉神、土地神等民间小神。法术高超的道士、和尚、喇嘛甚至是清正廉明的地方官员都可以命令、指挥他们。当地的民间传说、故事、歌谣等口头传统中出现了很多关于某位道士收服湫神、法师或官员逼迫湫神降雨以及湫神与其他神灵斗法失败的故事，这种蔑视、虐待龙神的事情已经成为一种地方性知识为百姓所接受，为仪式中出现的恶祈行为奠定了心理基础。

哲学中的矛盾论告诉我们，从时间角度看，矛盾两极的分布有共时和历时两种情况。所谓共时，也就是说矛盾的两极在同一时间内作为现实存在的双方互相对立统一；所谓历时，则是指矛盾的两极不是共时并存，而是先后相继、彼此更替，当此极显示为存在时，彼极只是潜在的，只有在一定的条件下经由转化的环节，现实存在的此极才能转化为潜在的彼极，原先潜在的彼极才能成为现实的此极，两极的现实状态通过转化的环节而相互联结，历时并存。正如天之寒暑交替、人之祸福转化、国之治乱变迁等，善祈与恶祈行为也是可以相互转化的，它们之间的转化与灾害程度的加深和减缓密切相关。若是恶祈行为发生后有雨水降落，人们会立即向龙神赔不是、许大愿，若是恶祈中损毁了神像，还要重塑金身，伴随着灾情的解除，恶祈又变成了善祈。也就是说恶祈行为的发生并不代表人们对龙王信仰的抛弃，因为恶祈与善祈行为的存在并不是一种共时矛盾而是一种历时矛盾，它们之间随着时间的流逝可以相互转化。

恶祈是龙王信仰系统的一个有机组成部分，是仪式延续的一个必然环节，它的目的是通过一种激烈的手段来威胁神灵,逼迫他们降雨。也就是说,在龙神信仰中,人们存在双重态度,一方面他们匍匐于神灵面前祈祷神灵施恩;另一方面他们企图运用恶的手段向神灵施压,希望通过自己的"暴行"控制神灵,早降喜雨或驱散白雨。笔者认为,湫神信仰中这种双重态度的存在是一种极端的功利主义,是湫神信仰中的必然环节。因为神灵是人塑造出来保佑天地万物的,当人的生存面对灭顶的威胁时,为了生存下来,人们采取恶祈的手段是不难理解的。

三、"秋报愿"仪式

一直以来,围绕湫神崇拜,洮岷民众都有"春祈秋报"的传统。每年农历四月份到六月份之间,洮岷各地的湫神就纷纷下庙查看地界,接受乡民的献祭和膜拜。两地围绕各自的湫神会举行的一系列仪式活动,如:春报愿、佛爷走马路、插旗(扎山)、迎神赛会和演剧等,这些都可以归入"春祈"的内容之中。

而秋报愿和冬报愿则是湫神大庙所在的村庄或者佛爷马路上的村庄在庄稼收获后,为答谢湫神而举行的"酬谢"仪式。每年等到场里的庄稼打碾完毕,洮岷各地的青苗会便陆续开始了给湫神和家神的还愿活动,当地人把春、秋与冬季举行的酬神仪式都叫做"×报愿"。以前每年都有三次"报愿"活动,分别为:春报愿、秋报愿、冬报愿,现在很多地方都将三次报愿合为一次,一般在秋天或冬天举行,也叫"还秋报愿"或者"还冬报愿",报愿一般为一年一还,也有三年一还的。

(一)仪式过程概述

根据规模的大小,报愿又可以分为"小愿"(一天)和"大愿"(三天),按照举行的地点可以分为庙愿和家愿两种,仪式举行的时间与主要程序如下:

1. 龙神庙小愿

第一天:

寅时(3点—5点),念香、剪纸

念完香之后紧接着是剪纸,剪纸前要法神。还愿的类型不同,剪纸的种类和数量也不同，大愿用"全幡"，小愿用"半幡"。

午时（11点—13点）请神、动鼓

未时（13点—15点）开坛、接神、法神

酉时（17点—19点）了愿、法神

第二天：

辰时（7点—9点）回神（补将）、法神

2. 龙神庙大愿

第一天：

寅时（3点—5点），念香、剪纸、法神

辰时（7点—9点）树杆、法神

巳时（9点—11点）上供、法神

午时（11点—13点）请神、动鼓

未时（13点—15点）开坛、接神、法神

酉时（17点—19点）升幡、法神

第二天：

寅时（3点—5点），起正坛、动鼓（一品鼓、二品鼓、三品鼓）

午时（11点—13点）迎五（五道神）、随时送五、收羊撕印物、法神

未时（13点—15点）洒净、按神（出斗、观二十八宿）

酉时（17点—19点）了愿、法神

第三天：

回神（补将）

1. 家族小愿（一天）

寅时或卯时（3点—5点或者5点—7点）念香、剪纸、法神

午时（11点—13点）动鼓、请神

未时（13点—15点）捏施食

酉时（17点—19点）交施食

戌时（19点—21点）接神（开坛）、圈鼓（一拜东方、破五门、十二相、天地三宝）

子时（23点—次日1点）家神坛出斗、收灯、谒天神、了愿、法神

（小愿完）

2. 家族大愿

第一天：程序如小愿

第二天：

寅时（3点—5点），起正坛（一品鼓）、二品鼓、三品鼓

未时（13点—15点）洒净、出斗、观二十八宿

申时（15点—17点）谒天神、按神（按众神、按众将、按玉皇爷）

戌时（19点—21点）踩花坛、游五湖（在院外场里面）、招亲（在大门上）、架黄鹰、送五退五道

子时（23点—次日1点）谒神、收羊撕印物、了愿、游天门、迎公喜神

还愿由法神和动鼓两类仪式组成。法神就是"马角"（"师公子"）进入阈限状态代神传话、以神的口吻询问会首们还愿的情况。"马角"法神时上身只穿无袖法衣，下身系裙子，手中拿着小钺斧，口中念念有词，法神用词有固定的格式，内容根据仪式情景变化：

×年×月×日秋报愿（或冬报愿），还大愿（或还小愿），众人钱粮收到官里，钱粮不准盘剥，明呢去是暗里补着呢，叫头人家门口财帛发旺，保寿命安康，家门口保牛羊满圈，骡马成群，谋事得成，想事得到，空怀出门，满怀得进！

笔者记录了2009年9月29日端阳沟龙神大庙还冬报愿的情景：

"马角"法神时说到：敕封朵中石山威震三边感应镇州青龙宝山都大龙王，中华人民共和国二零零九乙丑年9月29日还冬报愿。"马角"武××，提领李××，大会长汪××，五会小会长，头人都齐全吗？

会首们齐答：老人家，齐全着呢！

"马角"：叫你们"马角"、提领、大会长、五会小会长，五会十寨人民风调雨顺、五谷丰登，细雨长降，冰雹云眼里消散，保佑居家平安、万事如意、百事遂心、遇难成祥、想事得到、空怀出门、满怀进门，明呢去是暗里补，叫家门口财帛发旺。

会首们答到：老人家，答报你的神恩着呢！

"马角"：你们把众人钱粮收到宫里，钱粮不准盘剥！

会首们：老人家，我们把钱粮收到了宫里，不敢盘剥！

除了还愿时"师公子"要法神外，每年农历二月初二"扶龙头"，五月初五"发将"，小暑、大暑、立秋和九月九日都要在湫神庙法神，法神的目的是让青苗会会首和湫神直接交流，由会首们向湫神汇报在仪式的当天做了什么，湫神则领愿心。还愿时除了"马角"法神外，"师公子"们还要打鼓①唱神词，相当于佛家、道家的念经卷。

还愿活动结束后，青苗会会首或者户长们要请"师公子"喝酒，并以礼钱、羊肩胛、馒头、供果等物品进行答谢。"师公子"拿羊肩胛与一个传说有关：

据说以前一个王侯有四个公子，第四个公子很孝顺，能通神。一天王侯病了，只有吃人肉才能治好，四公子就把自己的两个肩膀砍下来送给父亲吃。后来叫着叫着就把四公子叫成"师公子"了。"师公子"给庙上还完愿后，庙上要用羊肩胛或者猪的两只前腿答谢"师公子"，就是为了补偿他献给父亲的两只肩膀。

以前，洮岷民众除了以集体名义在庙上给湫神或者家神还愿之外，每户农家在秋收后还要"过会"。所谓过会，就是指某一家购些水果，做些面灯，蒸些小花卷、荷叶饼，摆在堂屋桌子上，请来"嘛呢会"的"善人"及村邻晚上前来聚会。过会的人家要擀一锅葱花素面，请来人吃一顿夜餐，便算是还了愿，报答了家亲神灵的保佑。

（二）晏家堡之秋报愿

古历二零零九年九月十八日—二十日是临潭县新城镇晏家堡村还"秋报愿"的日子，青苗会还的是大愿，共三天。还愿日期是"马角"赵师根据

---

① 打鼓就是"师公子"边敲羊皮鼓便唱念神词，有些神词的名称就是仪式的名称，如念香、请三品、谒天神、出斗、交施食等。

《玉匣记》和《皇历》择定的。赵师说，一连三天都是黄道吉日的情况很少，在不能保证三天全是好日子的时候，只要保证九月十九日还正愿这天是黄道吉日就可以了。

晏家堡还愿过程与前面所述的一致，不同的是他们的祭文是写在黄表纸上烧给龙神的，当地人把这种祭文叫做"黄龙单子"。以前，由于"师公子"识字很少，祭文大多由"马角"口述，文人代笔。晏家堡现在的"马角"赵师念过初中，是水泥厂的工人、大队主任兼村文书，晏家堡的"黄龙单子"便由赵师自己来写，单子内容如下：

谨择于本月的十八、十九日天德黄道吉日与敕封康佑东郊青龙宝山父子七人老爷报愿之辰。合会外坛关口诚许的金柱一根、黄幡一座、三十六首吉红一段、明羊、瘟猪、蒸食、炸食、明灯、信香、白盘、树果，外坛大数俱全；里坛诚许的上架的马子平头汤饭，黄龙时分敬洒玉缸，下马的明羊一只、蒸食、炸食、明灯、信香、白盘、树果，里坛大树俱全。

各随时辰，寅卯不同，宜向东南方迎喜神，开剪绞纸大吉。

辰时树杆大吉

巳时上供大吉

午时动鼓大吉

未时接神大吉

酉时升幡大吉

本月的十八日大吉、十九日寅卯不同宜向东北迎喜神，起正坛大吉。

巳时洒净大吉

午时迎五大吉

随时送五大吉

申时收牲大吉

酉时敕封康佑东郊青龙宝山父子七人老爷收愿大吉

公元二零零九年古历九月十九日

提领：党全寿、刘瑞生

会首：蒁万才、王得祥、党吉奎、刘永光

合会人等，敬叩。

黄龙单子上详细列出了内坛与外坛上的丰富祭品，并写明了秋报愿中每一项仪式的名称和举行仪式的具体时辰，三天的还愿仪式完全遵照黄龙单子所写的程序进行。第一天开剪铰纸、树杆、上供、动鼓、接神；第二天迎喜神、起正坛、洒净、迎五、送五、收牲；第三天送神。黄龙单子上所写的仪式名称也是打鼓请神时所唱的神词的名称，还愿时每项仪式都是在"师公子"打鼓唱神词的过程中进行的。

图4-9 还愿仪式上使用的"黄龙单子"

图4-10 新城晏家堡龙神康茂才

黄龙单子末尾，赵师将一个提领的名字写错了一个字，赶紧另剪了一小块儿黄表纸用糨糊粘在错字上，重新写上了正确的字。赵师说："我们文化水平低，写白字可以，但是错字不行。单子是写给佛爷看的，错字不敢有。"赵师边改错字边给笔者讲了洮州的于道人因为写错字被打了40军棍的故事，赵师说：

"以前新城有个于道人，有一次写祭文时把'玉皇大帝'写成了'王皇犬帝'，于道人自己也没有发现，就把祭文直接烧掉了。玉皇大帝看到祭文非常生气，就托梦给于道人说：'王皇尚可，犬帝不成，奎木狼下去打你40军棍！'于道人醒了后不知道自己怎么做了这样的梦。

有一天，于道人出门给人做神事，山路太陡了，他跌了一跤，身上背的鼓滚到了路边。这时卓尼的那个土司杨司令的马队刚好经过，鼓滚到了杨司令骑的马前面，马受惊把杨司令摔了下来，杨司令十分生气，让手下打了于道人40军棍。于道人突然想起来前几天的那个梦，这杨司令就是天上的星宿奎木狼，自己挨板子是因为在祭文上写错字了！

这个故事笔者在新城隍庙做调查时也听过，但是并没有留下深刻的印象。赵师未讲故事之前，外面羊皮鼓的咚咚声、空中飘动的黄幡、丰盛的祭品与跪香的会首们所组成的仪式场景已经营造了一种虔诚、神秘的氛围。黄龙单子上祭文的格式、仪式程序、祭品名称的描述采用了一种古老的表达方式，使祭文成为一种与日常文字不同的神圣文本，神圣文本应该是"完美的"，书写时不能有任何马虎，于道人写错字被打军棍的故事已经刻写在了赵师的心中。祭祀文本的神圣性是"写错字—受惩罚"故事产生的前提条件，此类故事的讲述反过来又增加了祭祀文本的神圣性。故事的流传、仪式的神秘氛围与神圣文本的严格书写方式使祭文的书写者相信，如果自己在祭文上写错字的话，也会像于道人一样受到神灵的惩罚。

古历九月十九日是晏家堡大庙还愿的正日子，这天的上午，赵师的孩子感冒发烧，赵师一大早便赶到新城医院去了。临走时他嘱咐自己的徒弟先按时辰完成既定的仪式，"谒天神"等他回来后再开始，因为他的两个徒弟唱不下来"谒天神"仪式的神词。

图4-11　晏家堡还愿之拜幡请神

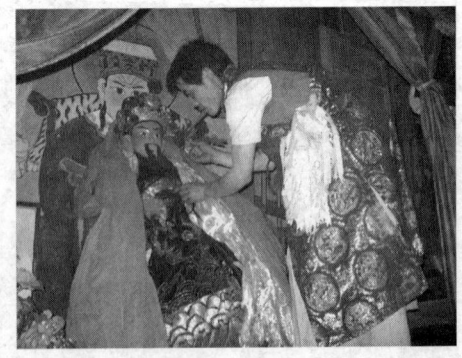

图4-12　"马角"赵师为龙神康茂才整理着装

笔者跟赵师的徒弟史师和XH一起来到龙神庙。史师坐在炕上剪纸，XH在外面挂幡。XH刚开始学艺不到一年，只能帮着做些简单的仪式活动。史师他们正在准备的时候，赵师在医院每隔一段时间就会打电话询问仪式进行到什么阶段了，生怕中间出什么差错。史师希望师傅在"洒净"仪式做完后能赶回来，不然的话就他就"干球蛋"① 了。因为"洒净"之后就要起鼓"谒天神"，史师昨天晚上还在背诵这段神词，今天根本就唱不下来。赵师在"洒净"仪式前及时赶了回来，史师说后面的仪式只能师傅亲自出马了，他拿不下来。九月十九这天的主要仪式活动都是赵师亲自做的，史师负责打下手。"谒天神"时，史师只是跟着师傅陪鼓。

（三）仪式中的交换与象征分析

交换理论的创始人马塞尔·莫斯在作为社会总体事实的仪式中引入了"交换"的概念，指出交换体系不仅存在于人与人之间，同时也存在于人与神之间的献祭仪式中。在人与人之间的交换关系中，莫斯分析了在"库拉"中"玛纳"和"豪"的概念是如何构建出一套基于"赠礼—回礼"伦理原则之上的交换体系的。在人与神之间的交换关系中，莫斯注意到在献祭过程中通常存在两种仪式：敬神的仪式与食用牺牲的仪式。第二种仪式以第一种仪式为前提，即众人食用牺牲是以向神献祭为前提的。这一过程同时出现在莫斯对礼物的论述中，如果想要获得某物，必须以送出某物为前提。②

洮岷青苗会在还愿仪式上为湫神提供了极为丰富的献祭，以感谢湫神对本社区生产、生活的保佑。即使本年内湫神"失职"③，庄稼被冰雹打了，或者被黑霜杀了，青苗会仍会照例举行还愿仪式，甚至比春天许诺下的更丰富，希望湫神保佑来年人口、青苗平安。

洮岷有句俗语："小羊神喜欢，大羊人喜欢"，道破了神的献祭和人食用

---

① 干球蛋：洮岷土语，"完蛋"的意思。
② 参见张帆：《仪式：从社会理论到天下理论》，载《西北民族研究》，2009（4）。
③ 洮岷百姓认为湫神"失职"的原因主要不在湫神的身上，而是由外部因素导致的。这些外部因素主要有三种：一是人的行为不当触怒了神灵；二是湫神的上级没有及时发号施令，影响了湫神对灾难的处理；第三种是湫神间发生了矛盾，某位湫神报复导致使灾祸产生。

祭品之间的矛盾统一关系。漱神还愿仪式上存在敬神仪式与食用牺牲的仪式，人向神的献祭是必须举行的，只有在漱神接受献祭后，即神羊"淋"了之后，人才可以食用祭品。在漱神没有"收下"祭品，即羊没有"淋"之前，人是不可以接触祭品的。小羊羔在用冷水清洗身体后，很快就"淋"了，大羊则不容易"淋"，通常要清洗几次后才"淋"，神羊"淋"得越快，说明漱神越喜欢祭品，反之亦然。神接受祭品只是象征性的，人食用祭品则是实际行为，小羊易"淋"但肉少，大羊难"淋"但肉多，所以民间有了"小羊神喜欢，大羊人喜欢"的说法。

在漱神还愿仪式上人与祭品之间除了存在条件、因果、矛盾等逻辑关系，还有一种次序象征关系。武雅士、王斯福等学者发现汉人民间宗教中存在着一个共同的象征体系，即神、祖先和鬼。神与朝廷的官员相对应，祖先是自己家庭或者家族的成员，鬼则与外人和危险的陌生人相对应。王斯福在三种象征分类的基础上，探讨信仰的社会功能。他认为，民间的祭祀以家庭的神坛和社区的庙宇为中心，这两种祭祀都涉及神、祖先、鬼这三种超自然物。他们之间的差别不在于他们各自代表了什么社会阶层，而在于他们形成了一种象征上的结构关系：神和祖先象征着对他的成员的内在包括力和内化力；而鬼则象征着社会的排斥力和外化力。

"秋报愿"仪式上最重要的活动就是请神。请神时要分三次打鼓，分别是一品鼓、二品鼓、三品鼓。一品鼓请的是上元一品神，二品鼓请的是中元二品神，三品鼓请的是下元三品神，不同品级的神要请在不同的地方。

从请三品的神词内容来看，虽然18位漱神是各地漱神会或报愿仪式上的主角，但请神时除了请18位漱神外，还要请漱神的领导——上天神、漱神的朋友——其他的漱神、漱神的属下——山神、土地、泉神等以及鬼——"前辈家亲，后辈亡魂"等这三种超自然物，它们的出席顺序、献祭规模、宴饮场合有着严格的象征秩序上的上下、尊卑、亲疏、内外之分。

各位神灵请来后，按照位次高低，不同品级的神灵要接在不同的地方。上天神要接在半虚空或者通过"冲天旗"、"招神旗"停留在幡的最上层，宴饮场所在大殿外的正坛（外坛）上，祭祀规格最高；接着将请的漱神的亲朋好友和各位属下停留在幡的中间位置，宴饮场地在内坛，献祭规格次于上天神；前辈家亲和后辈亡魂都是"鬼"，他们不是"请"着来的，而是听到消息后跟着来的，没有专门的祭品，给他们的只有代表"金钱"的"黄幡"。"前辈家亲，后辈亡魂"虽然是鬼，但他们可以进入内坛，停留在内坛下面的仓斗上。

请神时要用不同的仪式物品来迎接不同的神灵，具体的迎接方式为："请到的神马缓到兵，请不到的人马来马尾上捎，老爷们来得早的享香烟，老爷们来得迟的领明灯，一盏明灯安上神，二盏白纸安家亲，三盏黄纸神本坛呢，调人调马调三皇。"①

玉皇大帝等各位上天神是18位龙神的"领导"，属于上元一品神，请时只是概括地说出请的是××佛、××菩萨、××观音、××霸天等，并不说出他们的寺庙所在地，这些神灵请来后并不落地，而是停留在半虚空或者宝幡的最上层享受供奉，跟人的距离较远，关系也较为疏离。城隍爷与龙神的位次基本上是并列的，但有些品级比较低的湫神是要受城隍爷的领导的。赵师的神词中将湫神与城隍并列，同属于中元二品神。洮州北路林区与岷州的铁城地区②和冷地口的神祠中则将湫神列为下元三品神，受城隍爷的管辖。请神的时候，城隍及湫神的下属请来后要接在外坛上享受供奉，其他各位湫神作为本地湫神的朋友要请到内坛上与本地湫神一起坐席，作为群众的"前辈家亲，后辈亡魂"只能接在内坛下面的仓斗上享受供奉。

"迎五送五"仪式结束后，师家开始升幡了愿，了愿时要打鼓送神。送神走的时候师家态度和蔼，言辞恳切。史师解释说，神跟人一样，第一天不愿意走的，可以多玩一天，第二天再走。但了愿仪式上送"鬼"走的时候，师家的态度却截然相反，小班拿着燃烧的黄钱（鬼的专用币）要跑得越快越好，黄钱要扔得越远越好，鬼会跟上去抢钱，不会在庙上停留。送鬼的时候，民众和师家完全是一副避之唯恐不及的态度。

由上面的分析来看，洮岷地区的还愿仪式上，神、祖先和鬼这三种超自然物在象征上的结构关系更为复杂。神鬼之间的象征差别与他们形成的象征上的结构关系密切相关。鬼究竟是代表排斥力还是内化力，要看他与人的关系的远

---

① 摘自笔者整理的晏家堡神词文本。
② 洮州北路林区的冶力关与岷县接壤，该地所供奉的18位湫神自成体系，并与岷县铁城地区所信奉的湫神关系密切，有仪式上的往来。

近。祖先也是鬼，有时候他代表着一种内化力，有时候则完全相反，也可以代表一种排斥力。洮岷民众并没有明确的把祖先与鬼区分开来，而是认为祖先也是鬼的一种。祖先虽然是鬼，但跟人的关系最亲近，请的时候要请在内坛。既然祖先是鬼，送走的时候便不允许他们停留，且要送得越远越好。

四、"洗脸"和"复原"仪式

以年度为周期，迎神赛会和演剧是每年仪式活动的高潮部分，对于长时段的活动来说，"洗脸"和"复原"则是两个最为典型的湫神信仰仪式。这两项仪式由画匠和"马角"共同完成。"洗脸"是一种重要的洁净仪式，指给神像重新上色，一般为一年一次或三年一次；"复原"也叫"翻身"，指给佛像更换"内脏"，一般十二年一次或者十三年一次，必须选在龙年或者虎年举行。湫神复原时青苗会要还大愿，复原仪式由装脏、跑报、推门、开光、开喉和迎喜神等一系列子仪式组成。因为仪式规模较大，届时青苗会要请七八个"师公子"打鼓、法神，还要请"花儿把式"唱"神花儿"。

（一）仪式过程

1. 寻灵物与"装脏"

在湫神复元仪式开始之前，必须把代表内脏的三种灵物：蛇、燕子和青蛙及所需的仪式物品准备妥当。在洮岷地区，围绕湫神装脏仪式产生了大量的神秘叙事，这些神秘叙事大多与蛇、燕子等灵物的不请自来有关。据冶力关镇常山庙的一个会长说：

给常爷装脏时，只要把老人家的锣敲上、旗打上，拿上香、表到山上把红布铺开，点上香，"马角"就跟佛爷说："老人家，自己找！"不一会儿蛇就自己爬到旗杆上来了，燕子也就飞过来了。①

---

① 笔者于2009年4月24日采录于冶力关池沟，此外，新城镇端阳沟、岷县王家山等地也有类似说法。

晏家堡的赵师回忆，他很小的时候跟着父亲在庙上还大愿，大冬天的，根本就没有蛇，都在洞里呢，他跟着大人扛上佛爷的旗去山上找蛇，没走多远就真的遇到一条，把旗往地上一插，蛇就爬到旗杆上去了，把蛇卷到旗帜内，包好，就带回庙上了。赵师强调说这是他亲眼看到的，觉得神奇得很。

　　装脏前，青苗会要在大殿的梁上吊一个箩面筛子，门上挂一个渔网，象征"天罗地网"，目的是用天罗地网挡住各路邪神，阻止他们前来侵犯暂时失去了神力的佛爷。在大殿的门外要派属龙、属虎的两个人替佛爷站岗，两人一个身背弓箭，一个身背大刀，站在大殿门口，替佛爷守门。

　　装脏时"马角"先要把佛爷的神衣褪掉，由画匠将代表龙神内脏的蛇、燕子、青蛙和少许金、银、珊瑚、珍珠等物品按一定的位置放在神像体内，用棉线固定好。此外，还要放入太极乾坤卦、《易经》、此届会长名单、五谷粮食等物品。晏家堡龙神复元时除了要装入三种灵物外，还要放入四书、五经、八宝和十二金药。画匠在里面装脏时，大殿门要紧闭，守门人要看好殿门，不准外人进入。装脏结束后，接下来要进行跑报和推门仪式。

　　2. "跑报"和"推门"

　　跑报的人反穿羊皮袄，从湫神庙出发骑马跑报。跑报共三次，称为一报、二报、三报，跑报距离一次比一次近，具体过程为：

（1）跑报

里：禀报何事？

外：敕封康佑东郊青龙宝山功曹圆满！

里：再探再报！

里：禀报何事？

外：敕封康佑东郊青龙宝山职位高升！

……

（2）推门

里：敲门者何人？

外：敕封康佑东郊青龙宝山！

里：所为何事？

外：官复原职，前来登位！

里：哪里人士？

外：南京应天府朱丝巷人！

里：随带何物？

外：国泰民安、风调雨顺、皇帝万岁、五谷丰登、天庆地宁、消灾祸散、水火不生、福寿康宁、聪明智慧、驾到神知、众神运护、亡者起生、金银珠宝、五谷粮食！

里：请进！

这里的"里"指的是大殿里面替佛爷说话的"马角"，"外"就是跑报传话的人。赵师说，他们的湫神康茂才是文官，给他当推门人要相当有学问才行，旧社会得是先生或者老爷。1998年，给他们佛爷推门的是村里的一位大专生。推门人推门时，会长们要给他的身上挂"红"。

3. "开光"和"开喉"

推门人进入大殿后，装好了内脏的佛爷被画匠扶着坐在蒲斗上。紧接着要进行的是开光和开喉仪式。画匠开光，"马角"开喉。"光"就是眼，"喉"就是喉咙、声音。开光就是画眼睛，画匠画的时候要念一些口诀。画匠给佛爷开了光以后，"马角"紧接着要给佛爷开喉，赵师说："我们不是代神说话吗？所以开喉只能是我们师家，念的口诀是：'眼是大哥观消息，耳是二哥听消息，鼻是三哥闻香嗅，口是四哥说是非，声是五哥心记忆，移是六哥走东西。'"[①]

仪式完成后，由"马角"行一堂神事，"马角"念道："×年×月×日，我万名主官复原职，禄位高升，这是人、神的一场大喜！现在去出马，清查街道迎接喜神的时刻。"

神事完毕。"马角"将佛爷抱上轿子，众人把轿子抬出庙门。"马角"提前按照当天的干支推出喜神的方位，如果那一天喜神在东，就在村子的东面搭一个帐篷，搭了帐篷的地方叫"喜场"。众人将佛爷抬到"喜场"里坐下，然后献一只羊，叫"下马羊"。下马羊献完后，将佛爷抬回庙内，复元仪式结束。

---

① 2009年12月3日，晏家堡赵师飞信内容。

有的湫神复元仪式上还要请"花儿把式"唱"神花儿",唱"神花儿"时,"洮岷花儿"末尾的"叶儿"、"怜儿"等后缀不能使用。如:手拿镰刀割柳呢,××龙神复元装脏、上面、开光、翻身呢,我给××龙神还大愿抱斗呢,灵佛爷保佑你们×会×寨吃穿钱财儿孙都有呢,辈辈做官人有呢,平安活到老呢,还有手机、彩电、摩托、三轮、小车都有呢,各会场走着呢。

"神花儿"的句法、主题程式跟后面所述的家神还愿抱斗仪式上所唱的"神花儿"相同,只不过是将家神还愿的情景置换为龙神复元而已,笔者在此不再赘述。

马丁(Emily Martin Ahern)所著《中国仪式与政治》一书中,论证了中国民间仪式的基本特征和社会政治意识。她指出,中国民间仪式雷同于衙门的政治交流过程,是一种意识形态交流的手段,具有自己系统化的符号与程序。[①]洮岷地区由于受军事卫所制度和神道设教的影响,仪式过程中人与湫神的交流更像军队中的禀报军情一样,有着浓厚的军事意向。笔者所述的湫神复元仪式上的跑报、推门的过程明显是对部队刺探军情的模仿,跑报之人所说的升官加职、官复原职等推门理由则是对官员任职、调动过程的再现,这些仪式细节反映了洮岷百姓对当地政治与军事交流模式的创造性融合。

(二)仪式与女性禁忌

从湫神信仰的仪式层面来看,仪式的主导者为男性,女性是禁忌对象,被排除在湫神祭祀组织和祭祀仪式的核心之外。在湫神复原、还愿、神戏演唱、祈雨禳雹等仪式中,她们必须遵循回避的原则。在洮岷地区的湫神信仰中,围绕女性的生理特征产生了一系列的行为禁忌。针对女性的禁忌主要有以下几种:

1. 经期、怀孕的妇女不能进入湫神庙。
2. 青苗会成员收取钱粮(会费)、粮食、柴火、清油时不能进入暗房(生产不足一个月的产妇的房间)。
3. 家神、湫神还愿、复原时,妇女不能进入神房、大殿。

---

① Emily Martin Ahern: *Chinese Ritual and Politics*, Cambridge. 转引自王铭铭、潘忠党主编:《象征与社会——中国民间文化的探讨》,107页,天津,天津人民出版社,1997。

4. 妻子生产后一个月内，仪式专家（洮州叫"马角"或者"师家"、"师公子"，岷县叫"水头"或者"师家"、"师公子"）不能进入产房，更不能接触妻子。

5. 新中国成立前，神戏演出时妇女不能观看，现在一些地方的神戏演唱仍然遵循此禁忌。

6. 神羊、卦等仪式物品女性不能接触。

传统社会中男性占据统治地位，社会分工所遵循的基本模式为"男主外，女主内"。属于外部事务的家族、神庙祭祀等集体活动必须由男性来主持、参与；女性的职责是生儿育女、孝敬公婆，活动范围被限定在家户之内，在各种仪式场合她们必须遵循回避的原则，被排斥出仪式的中心。

女性在遵循禁忌的前提下可以参与一些边缘性的仪式活动。比如，她们可以为庙上准备献祭用的馒头、茶果、点心等供品，也可以到庙上帮助厨房烧水、做饭。

第三节　洮岷湫神祭祀组织——青苗会

洮岷地区，祭祀湫神的活动一般在各地的湫神大庙进行，祭祀仪式是全体村民都要参加的重要活动，当地把负责组织祭祀活动的民间团体叫"青苗会"。① 青苗会组织根源于古代社会中与村落信仰管理有关的民间团体。古代社会，民众习惯于从神佛的灵验中寻求生产、生活的安全保障，他们塑神像、建神庙，自发组成各种团体管理神庙及组织仪式活动。神庙管理系统在祀神的同时还承担着组织村民看护庄稼以及维持村庄秩序的责任，并最终发展成为具有村落行政性质的民间自治组织——青苗会。神圣与世俗权利的结合在青苗会组织中得到了充分展现。

旗田巍、周健等学者通过对华北青苗会组织的研究指出：青苗会最早产生于19世纪初，早期的青苗会只是结构松散的临时看青组织。晚清至民国时

---

① 岷县锁龙乡把祭祀组织和五月份的庙会活动都叫做青苗会。本章节只对青苗会组织进行描述分析，不涉及作为活动本身的青苗会。

期，青苗会在华北各地普遍存在。除了燕京大学社会学系师生、李景汉、甘布尔（Sidney. D. Gamble）、满铁调查人员等中外学者在各地的调查发现之外，这个乡间自发的组织亦多见于地方文献有关"风俗"、"习惯"的记载。①

民国时期，国家不断地对乡村进行政治、经济渗透，以此加强对地方社会的控制，乡村社会也企图利用各方面的资源保障村庄的整体利益，青苗会组织经历了重要变迁。在华北农村，青苗会在处理村庄内部事务的同时，还要在行政改革、维持秩序、财政需求诸方面与国家政权进行积极互动，青苗会成为国家与乡村社会冲突、融合的载体。那么，洮岷青苗会与华北青苗会有何异同，它又经历了怎样的变迁过程呢？

一、洮岷青苗会的形成

早期的洮州迎神赛会并没有固定的组织机构，只是在端午当日，由各村村民自发组织庙会队伍抬上龙神塑像进城集会。形成规模后，逐渐变成由各村固定的庙会组织操办各项活动事宜。

清乾隆二十年（公元1755年），洮州新城治下的晏家堡与邻近番人发生草山纠纷，经地方官员处理后，草山仍归众姓汉人所有。合会人等特立"洮郡城乡七会众姓草山记碑"记述了事件的发生原因与处理结果。碑刻原文为：

> 我洮处在极边，山高地凉，土瘠民贫，田土草场，尤甚狭隘，日用之度，赖耕牧以养生命，虽地各有其额，而牧场原无分司。唯城北党家沟山后，原设草山一处，系在大沟底青龙湫池一带。自古历今，接辈相传，皆系城乡七会士庶、军民牧牲之草场，近年以来被朋谋作奸告垦，幸逢张卫主踏验得实，为龙神湫池神林，众姓牧牲草山。
>
> 城乡七会众姓人等提领
>
> 大清乾隆二十年岁次乙亥四月十八日

---

① 参见周健、张思：《19世纪华北青苗会组织结构与功能变迁——以顺天府宝坻县为例》，载《清史研究》，2006（5）。

文中首先描述了洮州当时恶劣的生存环境："处在极边，山高地凉，土瘠民贫"，城乡七会的百姓主要依靠耕种和放牧生存。文中提到的"青龙湫池"与"龙神湫池神林"是晏家堡龙神康茂才看护下的泉水与树林。康茂才的封号是"敕封东郊康佑青龙宝山都大龙王"，"青龙湫池"是干旱时晏家堡百姓抬着佛爷"祈雨"的地方，"神林"是借龙神之威守护的一片树木，实为七会百姓共同所有。范长风根据新城隍庙内的"洮郡城乡七会众姓草山记碑"中所列举的与青苗会和龙神相关联的事项推测，洮州的青苗会至迟在清乾隆年间就可能已经产生了。①

根据上面碑文的记载，当时青苗会组织的管理职能包括看护湫池、神林、草山、代表会众处理与他人的纠纷等。

清同治元年（公元1862年），甘肃爆发回民起义，起义延续了10多年，蔓延至西北五省。同治兵燹中，洮岷地区战火纷飞，民众家园被毁。战争期间，两地冰雹、干旱、虫灾、霜冻等自然灾害交替发生，连年的天灾人祸把百姓逼到了生存的边缘。战后，洮岷地区田园荒芜、饿殍遍野、族群失和、人心不古。"自同治兵燹以来，盗窃时兴，人心欺诈"②，青苗会等民间组织在战争中解散、中断。为了使民众的生产生活尽快恢复，1866年，时任洮州矿物学堂番语教习的回族士绅丁裕谦，与汉族乡绅于万一共同合作，动员回汉民众和睦相处，发展生产，重建了洮州的青苗会组织。③

民国时期，天灾人祸不断，百姓的生活更是苦不堪言。有一首岷县民歌十分贴切地描述了洮岷百姓当时的苦难生活：

甲子年甘肃省天遭大难，降冰雹又地震人死万千，天无雨地荒旱颗粒不见，难民逃贼盗起人把人餐，宋有才抢民女极端淫乱，张兆钾做恶事虎狼一般，孔繁锦小匹夫狼奔鼠窜，黄得贵、鲁大昌兵匪为奸，十七年狄道城起了争战，炮火响就在那五月十三……正月里来是新春，十八年间大不同，没贴对联没挂灯，锣不敲来鼓不鸣，国不安来民不宁，谁有心劲闹新春，天灾人

---

① 参见范长风：《跨族群的共同仪式与互助行为——对青藏高原东北部青苗会的人类学观察》，中国人民大学博士论文，2007年5月，67页。
② （清）张彦笃修，包永昌等纂：《洮州厅志》卷二"风俗"，光绪三十三年抄本。
③ 参见洮州农民文化宫简史编写组：《洮州农民文化宫简史》，4页，内部资料，1994。

祸无穷尽，避死爬活愁煞人。①

歌谣表面上叙述的是民国甲子年（公元1924年）岷县百姓所经历的一系列天灾人祸与悲惨的生活状况，但从叙述的事件来看，其发生的时间并不限于甲子年间，歌谣是对甲子年前后岷县十几年间基本社会状况的一种描述。同一时期的洮州与岷州的社会状况基本一样，连年的军阀混战、土匪横行、物价飞涨、沉重徭役加上地震、干旱、冰雹、瘟疫等天灾，使得洮岷地区百业凋敝，民不聊生。动荡、不安的社会环境无法保障正常的农业生产与经济活动，鸦片种植在洮岷两地蔓延迅速。民国十年（公元1921年），岷县境内广种鸦片，官府征收"烟亩税"，不种者被罚缴"懒款"。②洮州旧城则形成了一个地区规模的烟市，临潭县当时人口为六万余，游民乞丐八千余，男女吸食鸦片者占40%。③洮岷县城内赌场、烟馆林立，烟和赌成为地方财政收入的重要来源。洮岷乡间更是兵匪勾结，横行乡里，摊派、徭役迫使百姓卖房、卖地，很多人为躲避沉重的徭役、摊派逃到更为偏远的地方避难，这些人成为洮岷地区第三次人口迁徙时期的主体。

社会状况的好坏与稳定与否会影响到青苗会某些职能的强化或削弱。民国时期社会环境动荡，村落、族群关系紧张，社会风气恶化，这些因素促使青苗会维持社会治安、村落生产、生活秩序的职能加强。民国政府在洮岷地区设置自治所，调查户口，划分区、村，加强对农村社会的管理。民国时的洮岷青苗会是地方社会道义和权威的中心，地方政府往往会选择与当地青苗会会首合作，依赖青苗会进行村落自治管理。

从20世纪50年代末开始，各种民间信仰活动与民间组织遭到禁止和解散。20世纪80年代以后，民间信仰活动开始恢复与再造，洮岷地区的青苗会组织再次重建。

洮州有18位龙神，相应的就有18个以龙神为象征性首领的地域组织——青苗会。设在新城隍庙里的"洮州青苗总会"是洮州18个青苗会的总

---

① 参见宋志贤编：《岷县民间歌谣》，12~17页，香港，天马图书有限公司，2002。该民歌由十里乡上北中路村李发荣口述，宋志贤搜集整理。
② 参见岷县志编纂委员会编：《岷县志》，23页，兰州，甘肃人民出版社，1995。
③ 参见《甘肃省二十七县社会调查纲要》（民国二十一年），甘肃省图书馆手抄本。

部。总会的主要职责是召集每年的端午神会，但对各地的青苗大会没有实质性的管辖权，只是一个象征性机构。大庙所在的村庄天然地成为青苗大会的所在地，小庙所在的村庄则是小会的所在地。青苗大会是联村组织，小会则是包含一个到多个村社不等。① 岷县18位湫神的青苗会组织很多已经消失，重新成立的"老人协会"、"寺庙管理委员会"等民间组织不再具有任何的生产职能，其仪式职能的范围也大为缩减。

二、会首选举与权利分配

（一）会首选举制度

在洮州大部分以及岷县维新乡的部分地区，每个青苗大会都设提领一个，大会长一个（有的地方是提领兼任会长），小会长若干，小班多名。"提领"是青苗大会的总负责人，主要任务是运用自己的影响力和号召力动员、组织各村参加仪式活动。报道人赵师说：

"提领只是烧香磕头，其他的（仪式上）事务都不管，他们是三年一届。到了换届的日子时用卦占，如果卦里换不掉，那就一直得担任。占卦一年只一次机会，到啥时候能换掉为止。但现在很多地方的提领都不怎么样，旧社会时，提领是相当有地位和权力的。在我们晏家堡，提领是刘、晏两个家族的人可以当，其他姓氏的人没有当提领的权利。党家沟的提领只能是党氏家族的人才能当。刘旗村迎龙山青苗会的提领只能在徐、汪两家来选。看起来在旧社会能当提领的家族一定是很有社会地位和势力的，而现在的提领只要是选上了谁都能当，现在的提领里有退休的村支书、老师，党员干部也有。"②

大会长的任务是协助提领完成各项具体工作，类似于联村"村长"。小会

---

① 参见范长风：《跨族群的共同仪式与互助行为——对青藏高原东北部青苗会的人类学观察》，中国人民大学博士学位论文，2007年5月，70~71页。
② 2009年11月10日，赵海生口述。

长服从大会长的安排，负责各自村内的事务。小班负责收取钱粮，跑腿打杂。晏家堡青苗会会长和小班的人选现在改成了轮值，一年三家，从下堡子往上堡子轮流。每年二月初二，在换完提领之后，轮到的三家就以抽签为准，三个签里有两个小班，一个会首。赵师说，他走过的村子里也有用卦占卜的。

1. "人选神定"制度

洮岷青苗会会首的选举制度有两种，一种是"人选神定"制度，另一种是轮值。首先我们来看一下"人选神定"制度。"人选神定"指的是青苗会成员首先在指定的村庄内推选出会首的合适人选。推选会首的条件一般是：人品好、有诚心、年龄在××岁以上（有的地方是40岁，有的地方是50岁）。冶力关青苗大会要求大会长候选人必须三辈人齐全（即候选人有儿子和孙子），家里没有人做过坏事。岷县锁龙青苗会会首选举则特别关注候选人的家庭经济条件，这是因为候选人一旦当选为"老爷"，过会的费用里有很大一部分需要"老爷"自己掏腰包。近年来，锁龙青苗会每位"老爷"过会的花费从几千元到上万元不等，太过贫寒的人家则承担不起。

洮州青苗会会首的选举以冶力关最为典型。冶力关四月份的"打青醮"仪式结束后便进行会首换届。每届会首任期三年，选举的方式是"神选人定"。大会长在换届前，先要通过"马角"打卦向佛爷询问上一届大会长能否卸任，若打卦时三次都是"喜爻"，即两片木卦为一上一下，说明佛爷同意此人卸任，若是出现"盖覆"或"阳爻"即两片卦都朝下或朝上，则说明佛爷不同意此人卸任，此人便必须连任，直到佛爷同意其卸任为止。①

选新会首时要先在指定的村庄内挑选若干符合条件的人选。会首的参选条件为：德行好、威望高、三辈人齐全。"马角"将这些人的名字放在一面铜锣上，在湫神殿内面向佛爷要卦，每人打卦三次。两片卦若是"一上一下"，为"喜爻"，视为此人当选。出现"盖覆"或者"阳爻"都不能当选。被选出的人必须接受会首的职位，任职期间也必须按照规矩行事。神灵的拣选是不能拒绝的，若拒绝便会受到湫神的惩罚。

---

① 新城镇晏家堡会首卸任与选举时也要打三次卦，但要求三次必须是"阳爻"，即两片都朝上，后来改革了选举制度，打卦时只要三次不出现"盖覆"便可视为此人当选，这与冶力关三次必须是"喜爻"不同。

围绕着青苗会会首拒绝与违规主题，洮岷乡间有着大量的神奇传闻在人们口耳之间传播，这些神奇叙事的讲述者有些是事件的亲历者，有些是事件的见证人，有些是道听途说者。神奇事件的讲述与打卦为会首的选举营造了一种神秘的氛围，处于这种氛围下的参选者在"马角"法神后进入到一种阈限阶段，他们不再有地位、经济、能力的差异，只是作为参选对象等待湫神的拣选。

特纳认为，人类之间的相互关系有两种主要的"模式"，即并列和交替。在并列的模式下，社会是一个有组织结构、有彼此差别的存在形式；有的情况下它还具有政治—司法—经济等级体制，多种评价机制就包含在这种体制里面，人们被分为"较好"和"较差"两类。交替模式是在阈限阶段出现的。在交替模式下，社会是一个没有组织结构或仅有基本的组织结构而且相对而言缺乏彼此差别的社群或社区，或者也可能是地位平等的人们结成的共同体，在这一共同体中，大家都服从于那些仪式长老的普遍权威。参选青苗会会首的人是在处于并列模式的人群中选出的，有着明确的年龄、能力、道德甚至经济上的限制，但是一旦被确认为参选人，他们便进入到了一种阈限阶段，不再有任何区别，参选人进入到了交替模式之下。交替模式下选出的会首，有着许多神圣的特质，是湫神在俗世的代理人，其权威性不容违背。即便有时当选择者能力不足或者缺乏足够的仪式知识，青苗会的其他成员也要接受其领导，协助会首办好还愿、庙会等会事，不能消极怠工。

2．"轮值"制度

"轮值"制度指的是由湫神大庙所辖的村落轮流坐庄，由每个村的分会长来轮流担任大会长一职。岷县西寨镇田家堡村的"十八老人协会"便是此种类型。田家堡村是岷县湫神胡大海的本庙所在地。本庙、戏台的修建是在当地十几位热心老人的努力下完成的，现在这个大庙的管理人员总共有18位，正式名称为"十八老人协会"。组成人员来自黑池爷所管的五庙半村。老人均为男性，年龄在60岁以上，都是各村里年龄较大、热心公益事业、口碑又比较好的老人。每村2～4人，是各村的分会长，大庙滩会共有18个分会长。每年过庙会时，就要选出当年的两个大会长，大会长由五庙半村的人轮值，统筹安排当年的庙会。2009年大庙滩会的大会长是由桥上村的两位分会长来担任的。

（二）青苗会权利分配

在论述乡土中国的权利性质时，费孝通先生曾提出三种权利方式："一是在社会冲突中所发生的横暴权利；二是从社会合作中所发生的同意权利；三是从社会继替中所发生的长老权利。"[①]

"横暴权利"指利用暴力进行自上而下的、不民主的恐吓统治。横暴权利下只有反抗没有反对，主要表现为社会不同团体或阶层间的矛盾、冲突。"同意权利"指在社会中由容忍、契约、默认而形成的权利。反对是在同意权利中发生的。"长老权利"是建立在教化作用的基础上的。在长老权利下，传统的形式是不准反对的。费孝通先生指出，中国传统的农业经济所生产的不足以提供横暴权利所需要的大量资源。因此，封建帝王通常采用"无为而治"来"平天下"，让乡土社会自己用乡规民约维持秩序和平衡，从而造成了农村社会"长老统治"的局面。[②]

历史上的洮岷地区主要是通过"同意权利"和"长老统治"进行自主的社会平衡的。在当地构成同意权利的社会契约主要有两种：一种是人与神之间的契约、一种是人与人之间的契约。人与神之间的契约表现在湫神对会首的拣选与会首对湫神的承诺上；人与人之间的契约表现在会首当选的一系列限制性条件上。

与南方宗族既是地方社会组织、经济基础又是地方政治的结构不同，洮岷地区是一个经济上较为均平化的社会，历史上普遍贫困的状态使宗族在地方自治上并没有占据主导地位，洮州社会的自治主要是通过联村青苗会的形式达成的。

洮岷各地青苗大会的提领、大会长的选定是通过"人神合作"共同完成的，主要采用的是人选神定的制度，即先是按照既定的条件选出若干适当人选，再在湫神面前打卦决定由谁当选。青苗会会首的选举条件非常重要，它直接决定了哪一类人可以当选。按照会首选举条件的不同，洮岷青苗会的权利分配方式主要可以分为以下几种类型：

[①] 参见费孝通：《乡土中国　生育制度》，76 页，北京，北京大学出版社，2005。
[②] 参见费孝通：《乡土中国　生育制度》，59~76 页，北京，北京大学出版社，2005。

1. 家族意识型

洮州地区自明代以来先后有过三次较大规模的汉人移民过程。第一次是明洪武年间朝廷组织的以军屯户为主的汉人移民，这次移民构成了洮州各地汉人的主体和基础，几乎每个村落里都有一些洪武年间迁入的家族，这些家族被称为老户，其姓氏被称为老姓。第二次汉人移民源于清末河州等地发生的回民兵变，战争中有许多汉人进入洮州境内避难，后定居于此。第三次移民主要发生在民国时期，当时很多邻近地区的汉人为了逃避抓壮丁和苛捐杂税迁居洮州。以前洮州很多地方的青苗会会首、"马角"必须从老姓中选出，并在这些老姓中实行多姓轮值制度。后面迁来的家族在青苗会中只能干些烧水、抬轿等跑腿性的工作，实行的是强制性派遣制度。

在激烈的生存竞争中，为了巩固家族在村落和区域中的社会地位，政治、经济实力固然是首要的，但是获取象征权威，利用宗教信仰的力量也是必须的。其实，设置会首参选条件的目的无非是借助神威维护家族安全、利益，维系家族内部团结，扩大他们在村落和区域中的影响。总体上来说，洮州青苗会组织的特点是老姓（或者是大姓）家族占主导地位，同时也吸纳其他后迁来的杂姓人进入会首班子。

以八角乡为例，常爷辖区内五个会的老姓主要有：李姓、杨姓、刘姓、夏姓、董姓、常姓、朱姓和石姓等，他们都称自己的祖先是明洪武年间从江南迁居到此的。对于清末、民国时期迁入的汉人，这些老户称之为"后面迁来的"或者"外来的"。对于这些外来户，八角乡的青苗大会规定：只要是"后来迁来的"汉人，一旦使用了八角乡的草山和耕地，就必须信仰"常爷"，加入各村的分会，并遵守青苗会制定的乡规民约，不能违反。每年过"五月会"时，"后面迁来的"家户必须同样交纳会钱和戏钱。尽管有些外来家族的人数已经远远超过了老姓家族，但这些外来家族仍然不能被选为青苗会的会首，也不能做小班，只能不顶任何名分的做些跑腿、打杂的事情。如果这些外来家族不愿参与常爷的神事活动，会首有权利对他们进行责罚，轻则罚香表，重则鞭打。

现在，因为大量青壮年劳动力进城务工，过庙会时小班等人员极为缺乏，很多地方出现了雇人抬轿子或雇车接佛爷的情况，洮州各地青苗会也就改革了老祖宗的一些规矩，其中之一便是放宽甚至取消对外来户在青苗会中任职的限制。除了提领、大会长不能在外来户中选出外,小会长、小班等的人选可以在辖区内所有的家户中实行轮值。

这些变化主要发生在多姓轮值的联村青苗会中。在这些青苗会中,多姓轮值仅限于较早迁来的老姓家族,家族意识的存在深刻影响了青苗会权利的分配。但也有例外的情况,羊沙乡甘沟青苗大会便是一个家族势力占据了主导地位的青苗会。

甘沟是洮州北路林区的一个较大村落,有8个社284户人家。成、齐两姓是甘沟村的大姓,并建有各自的祠堂。该村所供奉的龙神是明朝大将成世疆,也是成氏家族的先祖。在甘沟青苗大会中,大会长权利最大,这与其他青苗会提领占据主导地位的情况不同。甘沟的大会长只能在成氏家族中产生,并由两个成氏房头中的男性轮流担任。有意思的是,甘沟的成爷因为龙神大庙过于破旧,并没有在龙神大庙安身,而是通过打卦的形式,住在了齐家祠堂内,由齐家的庙倌儿伺候。成爷既是成家人的先祖又是大家共同信奉的龙神,其马路直达寺下川、秋峪等临潭藏区。供奉了成爷的齐家祠堂并不限制外人的进入,日常生活中,初一、十五前来上香的汉、藏群众皆有。成爷变成了集祖先神、龙神于一体,受到汉、藏民众共同崇拜的开放性地方福神。

2. 老人治理型

在洮岷农村,村委会和党支部是各村的正式权力机构,以湫神为象征性首领的青苗大会则构成了民间权威中心。村委会大多由有知识、有能力、有责任心的年轻人组成。村委会和党支部的主要任务是运用国家给予的权利,推行政府的政策和对村落进行管理。青苗大会则主要是由老人们组成,主要任务是组织好各种神事活动,安排看青、搬场、护林等生产活动,以及参与一些公益事业。

青苗会会首的参选有着较为严格的年龄限制,一般是40岁或50岁以上才有参选的资格,冶力关还要求大会长必须父、子、孙三辈人齐全。这样的限制条件使得洮岷会首的平均年龄达到了60岁以上。洮岷地区的青苗会之所以呈现老人治理的特点与当地"敬老"的传统有关。老人们有着丰富的地方性知识和仪式经验,在传统社会中地位较高,洮州有"三个老人一面官"的说法。

笔者认为,以上的描述与分类只能算是一种理想状态,并且这种理想状态只能发生在贫富差距不是很大、较为均平化的社区中。随着社会的发展与洮岷农村贫富差距的加大，笔者在田野调查过程中时常听见有人抱怨会首能力太差、办事不公等。青苗会中的很多老人即使在湫神还愿、过会时也时常迟到、早退甚至缺席，与传统社会中老人的崇高地位相比，现今的老人承担了太多的责任。孩子们外出打工，老人们既要种庄稼又要放牧牛羊，还要照看上学的孩子，有位老人解释迟到的原因时说："也不是我不尽心，佛爷的事情任谁也不敢马虎，但是门不看好、牛不挡好的话，人家（指儿媳妇）脸势儿就不好看！"①

现代社会中，以往以年龄、名誉、道德取胜的老人权威已经受到了来自家庭、政治、经济等因素的挑战，呈现衰退的趋势；与之相反，传统社会中不占重要地位的地方经济实力派与政治实力派人物近年来在青苗会中则扮演了越来越重要的角色。

3. 个人能力与经济主导型

权利之所以诱人，最主要的原因是权利可以带来各种利益。如果握在手上的权利并不能带来金钱、名誉、声望等利益的话，权利的诱惑性也就不会太大。青苗会会首所拥有的主要是由其象征性首领——湫神所赐予的象征权力，但是象征权力的运用并非只发生在仪式时空中，在现实生活中，象征性权利可以转化为实际性权力，在洮岷地区的村落中，湫神的象征权力有着明显的拓展。洮岷地区有些地方的青苗会会首在承担一定经济风险的前提下，仍然会接受会首一职，就是因为他们相信，他们提前垫付的金钱可以使神灵高兴，在神灵的保佑下，金钱是可以"明呢去，暗里来"的。

通过人选神定制度选出新任会首后，会首们便开始了对青苗会内部权力的明争暗夺，谁能掌权与个人能力和经济实力的强弱关系密切。据笔者调查，近年来，每年洮岷各地湫神庙会、还愿仪式的花费都在增加，各地的花费从几千元到十几万元不等，能否按时募集到办会或还愿的资金成了检验会首个人能力大小的重要条件。个人能力强的会首可以从政府部门、矿山、建筑公司等企事业单位募集到较多的资金。

---

① 2009年12月26日，晏家堡龙神庙，SWC口述。

2009年常爷青苗会的大会长①WZK是典型的村庄实力派人物，有着超强的个人能力。老人家境良好，经济实力雄厚，有三个儿子，两个是旅游局的副局长，一个开着农家乐。笔者从新任大会长口中得知，今年冶力关镇的群众捐款只有5200元，镇政府、旅游局、森林公园给了2万多，大会长靠个人关系在搞工程的朋友们那里拉到了2万多元的赞助。在六月会上，身为大会长兼总管的他充分运用龙神赋予的象征权力，敦促各小会的会长各司其职，不能懈怠。古历六月初一，青苗会到海家磨迎佛爷时车辆不够，老人几通电话便凑齐了车辆。

图4-13 冶力关常爷六月会上给大会长"挂红"

图4-14 六月会上民众给大会长的儿子们也挂上了"红"

在庙上和去海家磨请神归来的途中，冶力关镇的领导、商家与居民纷纷给大会长、小会长们挂"红"②，以大会长三辈人收到的"红"最多。据笔者观察，仅六月初一当天，大会长与儿子、孙子身上所挂的"红"已经超过了100条。

"挂红"是洮岷民众们对青苗会会首地位认可的一种表达方式，也可以看作是一种地位提升仪式。它象征着某人从一个相对较低的地位提升到了一个较高的地位，这一地位既可以是现实中的经济、政治地位，也可以是仪式上

---

① 与洮州其他地方的青苗会中提领掌权不同，提领一职在冶力关不甚重要，大会长掌权是历来的传统。

② 挂的"红"为一种彩色缎面，每条"红"的价格从十几元到几十元不等。

的象征地位。这一地位的提升是不可以逆转的，冶力关六月会上的"挂红"仪式不仅局限于新当选的大会长身上，因为大会长家族在本地占据较强的经济及政治地位，会长的儿子、孙子身上也挂满了"红"，龙神的神圣权力与大会长家族在现实中的经济、政治地位"完美"地结合在了一起。

其实，在冶力关镇的会首参选条件中并没有明确的对经济实力的要求，主要的参选条件集中于年龄、能力与道德上。但是，随着该地区经济的发展与文化的变迁，衡量个人能力大小的标准也在发生变化，经济实力的大小日益成为评定个人能力的重要条件。

与洮州青苗会会首传统参选条件中不重视经济实力不同，在岷县的锁龙地区，自古以来"家道赢人"便是参选"水头"的重要条件，这与锁龙地区较好的经济条件①和青苗会的运作方式有关。锁龙青苗会两位"水头"的参选条件是：年龄在40岁以上，其家庭儿女孝顺、妇人贤良、家道赢人、经济宽裕，且要身体健康，德高望重。家道赢人、经济宽裕是当选者能否真正出任"水头"的关键条件，因为当选"水头"之人在青苗会活动中的个人花费巨大，家庭条件差的人家根本无力支付。

参照原岷县文化局副局长张润平所绘的"改革开放以来历届'水头'一览表"，笔者绘制了下面的"锁龙青苗会历届'水头'及个人花费一览表（1989年—2009年）"。

表4-1 锁龙青苗会历届"水头"及个人花费一览表（1989年—2009年）

届次	当选人	所在村庄	年龄（岁）	个人花费（元）	备注
第一届（1989年）	赵俊秀	严家	55	1500	
	马彦林	古素	56	1500	党员，退党后"报水"
第二届（1990年）	岳继贤	后家	56	1600	
	王世秀	窝里儿	61	1500	

---

① 锁龙乡历史上便是比较富裕的地区，仅严加庄一个村，便有"四大家、八小家、二十四个匀活家"的说法。

续表

届次	当选人	所在村庄	年龄（岁）	个人花费（元）	备注
第三届（1991年）	陈志贤	买　家	49	1800	
	马俊杰	古　素	57	1800	
第四届（1992年）	马俊清	严　家	61	1900	
	马文超	拔　那	58	1900	
第五届（1993年）	严郭德	赵　家	50	2000	
	马　忠	古　素	64	1900	
第六届（1994年）	严怀明	背后庄	65	2000	
	岳贤珍	窝儿里	52	2000	
第七届（1995年）	马超龙	林　畔	58	3000	
	李常德	古　素	65	2300	
第八届（1996年）	王正清	后　家	63	3000	
	王秉乾	拔　那	53	2500	
第九届（1997年）	严老二	潘　家	53	3000	
	马献忠	拔　那	54	2600	2005年逝
第十届（1998年）	严炳信	严　家	55	3200	
	薛正功	古　素	66	3000	
第十一届（1999年）	赵如璧	赵　家	61	3200	
	尚志义	窝儿里			实际未"报水"
第十二届（2000年）	买宝奎	买　家	65	3200	
	马彦忠	古　素	66	3200	
第十三届（2001年）	张天绪	赵　家	58	2600	
	马泰娃	古　素	54	2500	顶替拔那村
第十四届（2002年）	罗玉存	后　家	47	3500	
	马尕张	拔　那			实际未"报水"
第十五届（2003年）	严生忠	潘　家	46	3500	
	乔玺珍	古　素	46	3400	
第十六届（2004年）	王和禧	严　家	51	3400	
	李怀仁	拔　那	62		实际未"报水"

续表

届次	当选人	所在村庄	年龄（岁）	个人花费（元）	备注
第十七届（2005年）	张国勇	赵 家	58	3400	
	王尚家	古 素	72	3100	
第十八届（2006年）	买世新	买 家	59	3480	
	马诚忠	拔 那	57	3480	
第十九届（2007年）	严 瑛	严 家	64	15100	
	马俊文	古 素	64	5200	
第二十届（2008年）	刘超德	后 家	59	15000	
	徐忠明	古 素	58	3200	顶替拔那村
第二十一届（2009年）	王言德	潘 家	59	8000	
	马三相	锁 龙	48	25000	中共党员

表格中每届"水头"中的前一人为"大水头"，即大老爷；后一人为"二水头"，即二老爷。以前，在锁龙青苗会组成人员的选举中，一切国家公职人员及各种党派、社团人员一概不许参选"水头"、锣客、伞客等，现在这一条件有所放宽，不在职的共产党员也可以参选。从表格的备注中我们可以看到，从1989年锁龙青苗会正式恢复直到现在，青苗会的"水头"中出现了两位共产党员，第一位是1989年的"二水头"马彦林（56岁），原为党员，退党后才"报水"①，第二位是2009年当选的"二水头"马三相（48岁）。

自1989年青苗会恢复以来，两位"水头"的个人花费总体上呈现上升趋势，但总的来说两人花费之间的差距并不大。但是从2007年开始，"水头"的个人花费出现了激增，两位"水头"个人花费之间的差距也越来越大。2007年"大水头"的花费是15100元，"二水头"为5200元；2008年"大水头"的个人花费为15000元，"二水头"为3200元；2009年"二水头"的个人花费飙升到了25000元，"大水头"花费为8000元。

---

① "报水"是锁龙青苗会"水头"当选后参加的一项重要活动，于每年古历的六月初一到六月十二日进行，包括叫水、坐床、取水、回水等一系列仪式过程，主要目的是取回神水，保佑青苗的平安生长，是一种固定的祈雨仪式。

图 4-15　2009 年锁龙青苗会上"二水头"坐车上庙　　图 4-16　2009 年取水成功后"二水头"骑马上庙

原岷县文化局副局长张润平说，以前锁龙青苗会选出来"水头"中更多是"大水头"家境更好一些，个人花费也较大，在青苗会上最出风头；"二水头"的地位虽然表面上与"大水头"平等，但实际上其在青苗会的事务管理中一直占据下风。2009 年锁龙青苗会选出来的"二水头"比"大水头"的家境要好得多，个人花费也创下了历史新高，是青苗会恢复以来历届"水头"个人花费中最多的一位，在 2009 年锁龙青苗会的取水仪式上，"二水头"则风光无限。

2009 年，当选"二水头"的马三相的儿子马泽文在张局长的鼓励下记下了父亲当选后的开支清单，笔者整理如下：

古历六月初一到六月十二日青苗会活动期间"二水头"个人花费

烟：蓝兰州、春兰、红梅、黄果树、黄山、白沙、红金龙，总计 40 条，2000 元，用于初六上庙，初七待客，初九上庙，初十上庙、待客，十二上庙、回水待客；黑兰州2条，300元，初六来贵宾，初八接待刘老板、经理等用；软黄兰州，30条，900元，给初一到初六帮忙的人；如意兰州，2盒，20元，初九庙上金矿来人待客用（老友安排）。

酒：金奖白兰地2瓶，160元，初九、初十上供用；琴台醉酒1瓶，150元，初十山门上供用；岷州春酒20箱，2400元，初一到十二待客用；岷州春酒（扁）5箱，1050元，来贵宾、初九接水场上用，初十山门管饭用；干红葡萄酒5瓶，175元，来贵宾用。

糖：喜彩糖，20斤，初一到十二给娃娃们打散；冰糖20包，40元，老友、陪官来用。

茶：茶叶4斤，60元，初一到十二用了3斤，初九给岳道1斤；茉莉花茶，15斤，375元，来客倒茶用。

炮：礼炮2栋，100元，初六接神、初七恭喜用；2000响鞭炮，20串，200元，初六接神、初七恭喜用。

一次性杯子1箱，120元，初一到十二待客用。

菜蔬：各色青菜1000元、鸡和鱼1000元、豆腐300斤计750元、鸡蛋5板计150元。

厨师工钱240元，包出租车860元（初一至十二上庙及回水用），摄像400元，照相400元（初一至十二上庙及回水用）。

古历十月十五日游会路所用物品及花费

用酒5箱计600元，烟10条计500元，猪两头计1800元，鸡15只计750元，茶叶2斤50元，喜糖12斤计60元，礼炮2栋计50元，2000响炮10串计100元，献果66元，买菜计400元，给厨师80元。

从六月初一开始到六月十二花费20000余元（上文中有些费用未列），十月十五游会路花费5000余元；总花费25000余元。

在锁龙地区，某人一旦当选为青苗会的"水头"，身份地位会得到迅速提升。当选之人相信，由于受到神灵的护佑，他们的家境会富上加富，其在青苗会活动中的个人花费也会"明呢去，暗里来"。新中国成立前，锁龙希望当选"水头"的富人非常多，为了避免出现贿赂、送礼等不正当现象，"水头"

选出后要一直保密，直到庙会临近才通知当事人。现在，选出之后便通知当事人，若当事人因为经济原因确实无力承担，必须在端午这天组织重选。锁龙青苗会历史上曾经出现过两次因当选人家境太差而无力承担老爷一职的情况，致使二老爷一职连着空缺两年。由此看来，在锁龙青苗会的"水头"选举中，个人经济实力的强弱是最为关键的因素，它直接影响到当选者今后在青苗会中地位的高低和权利的大小，尽管这种地位和权力主要是象征性的。

三、青苗会的职能及其变迁

目前学术界对青苗会的研究主要集中于华北地区，着眼于青苗会组织结构与功能变迁的研究。如：杨念群、王红兵认为，晚清以后的华北青苗会逐步由一个简单的看青组织发展成为复杂的村落自治组织，成为国家与乡村社会冲突、融合的载体，对民国时期华北农村社会产生了重要影响。杨念群还进一步指出青苗会的发展不是村庄自身的成长和发展，而是村庄衰落的标志。范长风也对洮州地区的青苗会组织进行了深入调查和系统研究，指出洮州的青苗会大多是围绕龙神大庙和青苗大会组成的联村组织，龙神信仰仪式是青苗会组织的孵化器。

洮州青苗会具有平民政治和老人统治的特点，不曾与国家的赋役职能发生联系。它是围绕湫神而建的民间组织，主要职责涉及生产和仪式实践两个层面。主要仪式职能包括修庙、修戏台、组织庙会、举行还愿、插旗、取水仪式，若遇到干旱、冰雹等突发性自然灾害，还要举行祈雨、禳雹等各种临时性的祭祀仪式。庙会与仪式的举行需要一定的经济支撑，向佛爷辖域内的信众收取会费或"钱粮"是青苗会正常运转与延续的经济前提。洮岷地区无论青苗会规模大小，都与经济利益相关，除了其仪式职能之外，其主要作用在于组织生产方面，而非政治方面。

（一）青苗会的职能

1. 看青与护林

"看青"即看护青苗。洮岷地区是一个汉、藏、回、土等多族群的聚居之地，生态环境多样，除用于农耕的川地、坡地外，还有大片的草场和森林，洮岷两地民众大多依赖半农半牧的生产方式为生。当地的"看青"行为不仅包括看护庄稼还延伸至看护集体所有的草场和树林。

以前的洮州地区，每年青苗会要选出看青苗的"恶拉"或"田官"看护青苗会辖域内的庄稼、草场和树木，"看青"的目的是为了防止人为偷窃和牲畜破坏。"恶拉"可以在青苗会所辖的村中选出，也可以从外地雇佣，佣金可以是现钱，也可以用粮食替代。

在洮州的北路林区，曾经存在一种类似青苗会的护林组织，藏区的迭部叫"俄洛"，夏河叫"俄尔瓦"，临潭县叫"恶拉"，这些组织靠神灵的威力来管理林地、草山，抓到破坏者要罚香、表。卓尼县纳浪村有一块刻于光绪二十四年的护林石碑，上面写着：

石墩湾草滩湾桥之上下树林，小族山神林、草滩湾神林、磨湾神林。倘有不法之徒入林偷伐者，罚猪一口，酒一缸，不受者指名禀官。①

在岷县西寨镇山后的一条路旁，笔者发现一块保护区的告示牌：

庙路禁止牛羊骡马乱行，若损坏每棵树，补栽后，罚款50元，态度不好加倍。

全体村民宣
2007年某月某日

赵师说：

"青苗会以前权利大，主要是因为青苗会的佛爷全村人都信着呢，所以青苗会说话谁都听。现在社会越来越发展，青苗会的权利是越来越退后了。恶拉看青苗的事在临潭周围也没有了。原来的时候，临潭周围是青苗会和村委会两家推选的，也叫'田间管理'。谁要是违反了制度就由青苗会处罚，如果

---

① 参见范长风：《跨族群的共同仪式与互助行为——对青藏高原东北部青苗会的人类学观察》，中国人民大学博士学位论文，2007年5月，156页。

不服气，还有村委会协调，恶拉的报酬是一年每户二至三碗粮食。"①

青苗会的看青行为主要是靠揪神的威灵进行，凡被冠以"神林"、"神池"名义的树木和水源，都在青苗会的看护范围内。这些树木上被信徒们系上了"红"，泉水边有烧香祭拜的痕迹，再加上某人因为偷伐神林、污染神池被佛爷惩罚的神奇叙事的广泛传播，这些树木、泉水被笼罩上了一层神秘面纱，很少有人会违反规程私砍滥伐神林。但是，近年来由于经济利益的诱惑，洮岷地区树木砍伐严重，青苗会等民间组织面对此种情景已经无能为力了。

2. 搬场与互助

在洮州的西路地区，包括新城、刘顺、杨永、长川、古战等地，当地青苗会每年还要组织统一的搬场活动。搬场的日期一般在农历的八月底到九月初，辖域内各村的搬场时间由青苗会统一安排，每村一天。以前，在搬场的前几天，青苗会会首要查看道路、桥梁是否失修，根据道路、桥梁的毁损情况收取钱粮及时请人修补。报道人ZHS说：

"长川的搬场我参加过几次，长川村西边是回族，东边是汉族，各有一百五十户左右，都住在长川村里。每年搬场的日子是由汉人青苗会决定的，青苗会所辖各个村子的搬场时间都是一天，以此类推。如果全村都是回族，那么日子就由清真寺决定。因为周围村里有（拉代②）相互帮助搬场，所以日子不能重。统一搬场是因为自己的庄稼自己一天拉不完，得好几辆车，就得相互帮忙。

搬场的时候，要先把佛爷抬出来，我们要行神词。行神词的时间大概在夜里十二点到五点左右，天还不亮的时候法神行神词。搬场时行的神词有固定的程式。开头和结尾在各处都是一样的，只是中间变几句话。比如说：'某年某月某日，然后叫了提领、会长、合会军民，到这某日我万名主回客谢将，田苗平安收了，这是我万名主春季类上撼风走雨，人马辛苦到的钱粮。喜今

---

① 2009年12月14日，ZHS口述，笔者电话访谈。
② 拉代：洮岷方言，指搬场时请邻村的亲朋好友前来相互帮助搬场。

日把我神们感恩着相谢。'这段神词是说春天我在各山口安排了若干兵将截堵了妖雨，现在平安收了，要交一只羊感谢那些兵将们。然后打卦，看佛爷喜欢不喜欢这只羊。卦打完了紧接着就鸣三声大炮，开始打锣。全村的车辆都已准备好，听到锣响后，就一起出发，那时特别热闹。如果有人在锣没响的时候就悄悄把粮食拉进村，就由青苗会和村委会合罚香表或一只羊。回族不参加青苗会，因为那是违背自己教门的，暗地里有献羊或给钱的，他们把东西、钱悄悄送到庙上，这些事临潭五国爷庙上就有。"①

因为天不亮搬场就开始了，车辆你拥我挤，场面极其混乱，经常出现村民之间搬错场的事情，不过各家的粮食产量相差不大，虽有纠纷，但在青苗会的调解下很快就能平息。

3. 防雹与守雨

洮岷地区生态压力最直接的表现就是年复一年的冰雹灾害。以前，洮州的很多青苗会都有专门的防雹人员，负责看守土炮、打散雹云。青苗会向辖区内的民众征收一定数量的防雹费。与汉民交错杂居的回族民众也会向青苗会交纳防雹费。

守雨是在岷县东山区依然存在的一种由当地青苗会组织的集体防雹活动。在禳雹仪式中笔者已做了详细介绍，在此不再赘述。

4. 其他职能

在不同的历史时期，洮岷各地青苗会因具体情况不同，还会承担一些诸如办义学、义葬、主持村中老人的丧葬仪式等职责。如：晚清至民国期间，洮州旧城办有义学，义学的经费和教师工资皆由旧城青苗会的义仓粮支付，义学直到民国六年（公元1917年）才停办。②

岷县西寨镇田家堡黑池爷大庙的青苗会组织现在更名为"十八老人协会"，协会负责处理辖域内老人的丧葬仪式、庙宇周围道路的维护，年节期间还要协助社火会、灯会举办一些活动。

---

① 2009 年 12 月 10 日，讲述人：ZHS。
② 参见范长风：《跨族群的共同仪式与互助行为——对青藏高原东北部青苗会的人类学观察》，中国人民大学博士学位论文，2007 年 5 月，157 页。

5. 水利分配职能的缺失

新中国成立前，岷县全县仅有水浇地 5900 亩，占耕地面积的 0.96%，主要分布于茶埠、禾驮、梅川、西江、中寨、维新、城郊等乡，多是利用山涧溪水引流灌溉。洮州很多地方的土质则不适合灌溉，一浇水土壤就会板结，危害庄稼生长。洮河沿岸地区由于地势高，洮河水位低，新中国成立前也没有水利灌溉条件。与华北青苗会承担水利灌溉、分配的职能不同，洮岷地区的青苗会没有直接的水利灌溉分配权力，水利分配职能缺失。

（二）青苗会职能的变迁

洮岷青苗会的职能主要包括生产实践和仪式实践两个层面。但是，现在青苗会所承担的生产职能正在急剧弱化。岷县很多地方的青苗会已不再涉及生产活动方面的管理，集体看青、搬场的情景已消失殆尽，取而代之的是联户收割和放牧的形式。联户收割或放牧是指一个村落内的若干家户按照互惠互助原则联合在一起，共同收割庄稼或轮流放牧牛羊。与生产职能的弱化相反，青苗会在组织各种仪式实践方面的号召力非但没有减弱，反倒有愈演愈烈的趋势。

青苗会生产职能的消失与近年来民众生计方式的改变有关。现在，越来越多的年轻人离开家乡到城市打工，家里的土地大多留给父母耕种。由于气候与土地类型的限制，两地粮食产量增加缓慢，遇到自然灾害，常常歉收甚至绝产，单靠土地上的粮食种植，不足以满足人们日益增长的需求。粮食生产的重要性与外出打工、经商、药材种植相比大大降低，看青活动渐渐淡出人们的视野。如：以前需要青苗会统一组织搬场的洮州西路长川乡，从 2005 年开始，改为由村民自行决定搬场的时间和方式，青苗会不再介入。但搬场开始时，青苗会仍然举行搬场仪式，要给佛爷献羊并请"师公子"发神行神词。随着交通条件的改善和人们生活水平的提高，农用车成为搬场时所用的重要工具，劳动效率大大提高。农忙时，人们更愿意自己联系亲戚、朋友相互帮忙，而不再通过青苗会统一搬场。

本章小结

　　洮岷地区生态环境恶劣，耕作条件艰难。面对来自大自然的威胁，为了抗击灾难求得生存，汉、藏、回、土等各族群民众凭借世代相传的经验，顽强生存了下来。18位湫神信仰与仪式活动是传统社会洮岷民众基本的生存技术之一，围绕湫神举行的一系列禳雹、祈雨仪式是人类企图用文化、仪式手段影响自然的积极生存策略，反映了人与自然、人与神灵以及族群与族群之间的复杂关系。

　　在洮岷地区的湫神信仰中，人们存在善祈与恶祈双重态度，一方面他们匍匐于神灵面前祈祷神灵的恩施；另一方面他们企图运用恶祈的手段向神灵施压，希望通过自己的"暴行"控制神灵，减缓灾情。湫神信仰中这种双重态度的存在并不矛盾，它是湫神信仰的必然环节，是民间信仰极端功利性的一种表现方式。

　　一般说来，仪式能够在两个层面上起作用，即个人心理和社会生活。固定的祈雨禳雹仪式是预防性的也是警戒性的，它是一种信号，告知人们仪式举行后，干旱、冰雹等灾害的多发期就要来临了，人们必须为灾害的发生提前做好心理准备。仪式举行的目的并不在于欺骗民众，而是要重新阐明民众过去的经验，即只要民众严格遵守仪式程序和禁忌，以前祈雨、禳雹时的"灵验"经历会再次发生效用，以此缓解民众的焦虑和不安。

　　在社会生活层面上，仪式活动首先凝聚了村落内的全体成员，使得村落内形成一种众志成城、驱除灾害的集体协作精神。村落原本松散的组织结构、紧张的人际关系因集体仪式的举行而获得了一次重新凝集和调整的机会，避免了进一步的冲突和矛盾的出现。由于受历史上军事卫所制度和神道设教的影响，洮岷地区的湫神祭祀仪式中存在着浓厚的军事意向。插旗—扎山仪式、龙神复原仪式中的很多程序都是洮岷百姓对当地政治与军事交流模式的创造性融合，是我们考察仪式社会属性的一个重要视角。

　　会首和"马角"是青苗会组织和仪式的核心人物，湫神是其象征性领袖。青苗会会首是仪式实践和看青、搬场等生产活动的组织者和管理者，是民间权威的代表。会首选举体现了民间组织中权利分配的复杂与多元。"师公子"

不仅是沟通人神的媒介，也是青苗会组织的关键人物，他们对于仪式知识是"全知的"。

青苗会是洮岷乡村社会中的民间自治团体，有着仪式和生产两个方面的职能。除了组织迎神赛会、举行各种禳灾仪式之外，还具有看青、护林、防雹和搬场等生产职能。在汉、藏（土）插花居住区，藏（土）人村落加入汉人的青苗会组织，实现了与汉人青苗会在仪式和生产两个层面的全方位合作。汉、回之间因为信仰不同，回民并不加入汉人的青苗会组织，而只是与汉人一起搬场、看青、防雹，形成一种生产上的联合，这是其面对严峻生态压力时的必然选择。洮岷两地的湫神信仰仪式打破了家庭、宗族、村落和族群的界限，在汉、藏、土、回等多族群共存的情景中实现了跨村落、跨族群的不同层次的文化交流合作，展示了多个族群和多种文化系统的并存场景。

第五章　与湫神信仰相关的口头传统

洮岷地区的湫神信仰是一种地域性的民间信仰，围绕着湫神信仰产生了插旗、走马路、迎神赛会、春秋报愿等一系列的信仰行为以及传说、故事、"神花儿"、神词等口头传统和祭文、祈雨文等正式文本。这些口头传统浸润于洮岷百姓日常生活的各个方面与不同的生活层面。与湫神相关的传说故事、神奇叙事的广泛传播，巩固、强化了各地的湫神信仰观念；神词、"神花儿"和祭文本身便是祭祀仪式的重要组成部分，这些口头、文本展演与仪式行为一起构成了完整的湫神崇拜仪式。

以往学者对龙王、城隍等民间信仰的研究多以庙会和仪式为切入点，阐释神灵的象征意义及庙会、仪式对社区认同和社区秩序的建构与维系作用，忽略了与神灵相关的口头传统在民间信仰生成、维系、强化与巩固社区生活方面的重要作用。笔者将与18位湫神相关的口头传统分成湫神传说、神奇叙事、"佛爷花儿"、发神词与祭文几个类别分别进行叙述和分析，反观传说、故事、神奇叙事等口头文本对社会结构的整合作用，考察祭文、祈雨文等正式文本在仪式中的地位和作用。首先我们来看一下与湫神相关的传说故事。

第一节　湫神传说

所谓传说就是描述某个历史人物或历史事件、解释某种风物或习俗的口头传奇叙事。民间传说是民众创作的与一定的历史人物、历史事件和地方古迹、自然风物、社会习俗有关的故事。① 学术界通常将传说、神话与民间故事

---

① 参见万建中：《民间文学引论》，169页，北京，北京大学出版社，2006。

并列称为民间三大重要的口头散文叙事。

岳永逸根据众多关于乡村庙会的调查报告和相关领域已有的研究，提出了"村落庙会传说"的概念，并把此类传说分为依水修建庙宇的传说、庙会组织权属的传说、庙会戒规传说、与大历史书写相关的庙会传说和综合型庙会传说等亚类，并在村落中考察、分析村落庙会传说与相关联的庙会、村落生活和民众思想之间的关系，指出"村落庙会传说隐喻了民众对其生活空间的想象与建构和对其生活空间所有资源分配的机制，是民众对自己村落历史群体记忆的结果"[①]。

与岳永逸等学者关注的内地庙会传说有所不同，洮岷地区地处西北边陲，多民族交错杂居，与湫神、庙会相关的传说中最多的是湫神与异族婚配传说、斗法传说和与湫神显灵相关的各种神奇叙事。

一、湫神传说与族群认同

洮岷地区汉藏族群间的湫神共信既体现在仪式实践中的合作关系上，也体现在与湫神有关的传说、故事、神奇传闻等口头传统中。笔者在调查过程中搜集到的一些湫神信仰传说体现了汉、藏、回、土等族群之间不同层次的认同与区分。

1. 常爷娶亲

常爷娶亲的传说有两个版本，一个说娶了藏族姑娘，一个说娶了土族姑娘。

版本一

我们常爷是征西的时候来下的，是朱元璋的开国元勋，他是二路元帅，徐达是一路元帅。为啥老百姓把他这么信着呢，因为他们是推倒了元朝的，元朝鞑子阿么坏着呢！他征西，把元朝鞑子推了，西北五省一挂把我们常爷都信着呢！

常爷的部队达到我们这达儿的时候，还娶了一个藏族姑娘呢。说是我们这达儿的官噶有一个藏人的姑娘，叫阿玛周措。长了一头的疮，年纪阿么大着呢，就是谁也不嫁，说是就等着我们常爷呢！我们常爷听说了就派人去找

---

① 参见岳永逸：《村落生活中的庙会传说》，载《民族艺术》，2003（2）。

这个姑娘去了，把她接过来以后，一看，头上阿有疮呢，是顶了一个金饭碗！

版本二

说是康多的啦巴村有个女儿，叫周茂。是土人①的娃娃。这个女儿就在白石山放羊着呢！一天，女儿放羊着呢，就听见阿个石崖说话着呢！就说着，开不开，开不开？把个女儿就怕着呢！话也不敢传者呢！

女儿回家就跟阿爸传话了，说石崖说话着呢，说："开不开，开不开？"阿爸说："你就说开，看阿么办？"第二天，女儿又放羊着呢，石崖又说开话了："开不开，开不开？"就问这个女儿着呢！女儿把阿爸的话记着呢！就说："开！"石崖就分成两半子了。石崖分开了，上面的河水淌不过就化成常爷池了！阿个女儿也不见了！村子里的人就寻着呢，阿里也瞭不着！怪得很！

一天晚上，女儿的阿爸就做梦着呢！就梦见女儿回家来了，穿的艳得很，说她跟常爷结婚着呢，就在池子里面办喜事着呢！请阿爸去做客呢！阿爸就跟着出门了，就真个到了池子里了，池子里跟我们上面是一模一样的，街道、铺子都有呢！常爷就在门口等着接他的老丈人着呢！女儿的阿爸在池里住了两天，要回家呢，女儿给阿爸装了一褡裢的木渣，让阿爸带着。阿爸到家后，一瞭，木渣变成金子着呢！

啦巴村在我们这儿的卓尼那达儿呢，在勺哇呢，现在说是土族，我们都叫土人，也叫他们藏人呢，是藏族嘛土族嘛，我们挖不清，跟藏人没啥区别。他们管我们常爷叫"常姑父"，每年常爷都要回勺哇，坐娘家呢！他们要"要姑父"呢，把常爷的袍子扯得稀不烂！常爷"坐娘家"，新衣服从不敢穿，穿着旧衣服就去了。②

传说作为一种集体记忆，是关于某地历史的叙事。传说不是历史事实，它具有明显的虚构成分，但是它们所反映的历史情境往往是真实的。土族是吐谷浑的后代，其中一支为了躲避战乱迁移到今卓尼县康多乡的勺哇地区，形成了今天约1000人的勺哇土族。他们与藏族通婚，信仰藏传佛教，也信仰汉族的湫神常遇春，语言中保留了部分土语词汇，可与藏语通用。

---

① 周边的汉人把卓尼勺哇的土族叫藏人或者土人。新中国成立前，勺哇土族认为自己是"土人"，但对外称自己为"藏人"，新中国成立后，政府进行民族识别，将其认定为土族，周边的汉人与勺哇人也渐渐认同了土族这一称谓。

② 2009年6月4日，笔者采录于庙花山，讲述人是一个羊倌儿。

常爷是汉人崇拜的湫神也是藏人信奉的海神，民间传说中常爷与藏人（或者土人）的结亲，是汉藏人民存在精神共信的重要表现。关于常爷结亲、走马路、回娘家传说的讲述，是对洮州汉藏之间存在的姻亲关系与地缘关系的一种"历史记忆"。这类传说诠释并合理化了当前的信仰认同与相对应的象征资源分配、分享关系，对仪式产生的原因或信仰对象的来历起到了通俗的解释作用。

2. 常爷与肋巴佛起义

肋巴佛起义，把临潭县的县长徐文英给杀过了！他是个佛爷，他杀人是犯了佛法了！他翻过六盘山走延安时车翻了，死掉了！这是一个真事儿！他起义的时候，在常爷庙烧了个香，煨了一个大桑，还开了一个会，就是好汉们一挂走！走的时候打了常爷的一杆龙旗！肋巴佛是个活佛，起义的时候藏民跟上了，回民也跟上了！肋巴佛凶的很，起义成功了。这是我们常爷保佑下的，这个庙攒劲也就攒劲到这儿了！墙上说肋巴佛杀猪许愿，那个话是说大了，实际上是献了个羊，要了一个卦！是个阳爻！就是佛爷说起义能成！肋巴佛就起义了！①

肋巴佛是宗教领袖也是革命英雄，常遇春是明朝大将中的回回人，又是汉藏人民共同敬奉的龙神。肋巴佛向常爷献牲，祈求常爷护佑自己起义成功的故事被民间一再演绎，这使得革命英雄与民间龙神、正史记载与民间口碑、藏传佛教与汉人信仰等元素杂糅在一起，是洮州地区多元文化并存的口头展演。

3. 常爷拒婚

我们常爷不是回族，那是骗别人时说着呢！说是有一次常爷打了胜仗就在城里骑着马走着呢，城里有个大户人家的小姐正抛绣球选女婿呢，远远地就把我们常爷给看上了，就这么着把绣球抛给我们常爷了！我们常爷已经有夫人了，就在家里坐着呢！常爷就骗那户人家说，说他是回民，不能娶这个姑娘。我们说常爷是回民，就这么来的，其实他不是！②

---

① 笔者于2009年6月3日采录于常山庙，报道人：常爷庙"马角"YS。
② 2009年7月22日笔者采录于冶力关池沟大庙，报道人：YS，男，66岁。

常爷是否是回民这一问题应该曾在洮岷百姓中引起过争论,在洮州北路的汉人中流传的常爷拒婚传说便是这一争论存在的一种表现形式。传说中认为常爷是为了拒绝大户人家小姐的求婚,才谎称自己是回回人的,其实他不是。与北路冶力关否定常爷的回回人身份相反,洮州南路的百姓则承认胡大海的回回人身份。岷县西寨镇供奉胡大海的"八庙半"(即八个半村子)人则不知道胡大海的回回人身份。

多民族聚居的洮岷地区,各族群间既有相互合作、互通有无的一面,也有为争夺生存资源发生暴力冲突的一面,这些在湫神传说故事中也得到了较多的反映,如下面这两则佛爷退兵的传说:

长川乡冯旗村大庙供奉的龙神是"冯旗太太",封号为"九天化身白马太山元君",原是一位民间女神。洮州民众把祖父之母称为"太太",以"太太"之名来称呼此民间女神,表明其在民众心里有着极高的地位。冯旗太太虽然位列18位龙神,但是现在她并不参加新城的迎神赛会,据当地百姓说,这是因为民国初年,有一年大旱,新城的于道搭台祈雨,将前来赴会的"五国爷"和"冯旗太太"用雷尺、麻鞭、五雷碗给打了,从此,冯旗太太和五国爷就再也不到新城参加神会了。但是,最为当地百姓所津津乐道的是冯旗太太退番兵的故事:

啥时间我说不上了,人家都说是明朝的,我们洮州的西番就叛乱了,要反朝廷呢!朝廷大军就开到了我们这达儿征剿着呢,官爷们要攻打青土坡口子,就是我们村前面的那个往旧城去的山口那达儿,阿个时候是怎么也攻不下来。朝廷的队伍就孽障着,人死的就堆满口口子了,西番就歪得很,人都砝码着。冯旗太太就显了感应了,那是个仙女儿,就冲西番施法着呢,剑就把西番斩着呢。这么着,朝廷的军队就把山口打下了,西番们赶过了,赶到山里去了,城里再不敢来。朝廷害怕西番复返呢,官爷们就在我们冯旗坐了下来。坐下来后,朝廷让把他们的婆娘娃娃也接来,那是我们的先人,我们是从应天府朱丝巷迁过来的。我们冯旗、录门、秋路、尼麻提、瓦家湾一带的人都把冯旗太太信着呢!有三百多户人家吧。①

---

① 摘自 DZM 所提供的资料。

这一故事的流传与朝廷镇压洮州的"18番族叛乱"有关。传说中的冯旗太太是因为退番兵有功而被汉人供奉的,番兵指的就是藏人首领的部队。但民间的实际情况却是,冯旗太太受到汉、藏百姓的共同膜拜。据民间传说,在18位龙神中,冯旗太太是主管牲畜、瘟疫与疾病的女神,民间有疫情发生时,不仅周边地区的汉人前来烧香磕头,卓尼北山一带的藏族群众也来祭祀献羊,恳求瘟疫早日散去。冯旗太太的庙倌儿说,1952年牲畜疫情严重,卓尼的藏人整村整村地来献羊,那一年,他收存了在庙上宰杀的献羊的皮子80多张,藏人对冯旗太太的信奉由此可见一斑。

图5-1 临潭县长川乡冯旗村龙神冯旗太太

图5-2 岷县锁龙乡湫神大娘娘

清同治元年(公元1862年)甘肃爆发回民起义,起义延续了十多年,蔓延至西北五省。战争致使民族失和,矛盾加剧。动乱场景在百姓心中留下了难以磨灭的印记,当时汉、回之间的矛盾以传说故事的形式流传了下来。湫神退兵传说便是此类痛苦社会记忆的一种重要表现形式。

二、湫神斗法与多元信仰

湫神斗法故事想象丰富、情节离奇，故事的讲述者把湫神与藏传佛教的护法神、紫禁城里的皇帝、普通的藏族女子、佛门高僧、道士等不同阶层、不同族群、不同信仰形式的人物编织到自己的故事中去，讲故事的人把现实生活融进了他们理解的神灵世界中，讲述过程已经不是简单的机械重复，而是一种再创作，尽管他们自己讲述的时候一再强调故事是听别人或者是老人们说的，自己只是在讲述它们而已，没有做过任何的改动。

1. 珍珠三娘水淹法藏寺

有一首"洮岷花儿"中唱道："娘娘阿婆的感应大，就把山前山后都溜垮，一溜溜到河滩里，逼得洪水立溅哩，沿水沟里聚海哩，猪娃羊羔儿胡摆哩，一溜溜到八亩川，大荒脑里翻了山，牛马羊羔都不见，穷人死了千千万……""花儿把式"们说他们唱的是珍珠三娘水淹法藏寺的情景，这首"花儿"与岷县广为流传的一则湫神斗法故事有关。

岷州北路有个大寺院，叫法藏寺。说是在咸丰爷登基的时候，寺里有个丁拿巴，有一年五月十七的晚上，丁拿巴和一个得道的和尚刘姑麻闲谈，丁拿巴对刘姑麻说："听说，你的法力很大，如果你能把赶会的珍珠三娘的云头阻拦住，我就佩服你。"刘姑麻说："阻拦倒是可以，可就是怕惹下祸你赔不清！"丁拿巴说不怕，我们法藏寺里有康熙皇帝的圣旨，要啥有啥，能够对付她。

他们说话中间，忽然听到天空中雷雨轰鸣，珍珠三娘骑着一匹白马腾云驾雾去赶二郎山五月十七的湫神会。过法藏寺前殿的时候，刘姑麻举起雷尺，"叭"地一声就把珍珠三娘的马蹄打坏了！珍珠三娘的白马跌了下来，落在山坡湾里。这位珍珠三娘，可真是惹不起，她是碧游宫里的碧霞宫主，法力广大，一怒之下就调动洮河龙王，带领虾兵蟹将发起来一场洪水，水淹了法藏寺。

当时眼看着邻近几个村庄的人家都要完了，丁拿巴急了，祈求珍珠三娘饶恕，并把自己的一圈马赶出来，请她老人家重新挑选。珍珠三娘选来选去，选中了一匹红马，丁拿巴就把红马杀了，隆重祭奠，请她开恩。珍珠三娘不忍将村民全部淹死，就退了洪水，让丁拿巴重新给她盖庙塑金身。丁拿巴一一照办,此后丁拿巴对珍珠三娘十分信仰。①

2. 封巡圣母与中堡村护神斗法

封巡圣母俗称"娘娘阿婆"或"小西路阿婆",本庙在秦许乡包家族村,其原型为甘南康多乡的藏家女,名"达苏阿玛"或"婆格达苏",明朝中期人。封巡圣母香火极盛,会区有7大堡、48小堡、36庙,马路也极广,包括今秦许、十里、寺沟、麻子川、岷阳等乡镇的数十个村庄及街区。但是,其马路在秦许乡唯独回避中堡村。传说当初封巡圣母往中堡村踩马路,该村护神扬起神鞭,打伤圣母面颊。从此,该湫神巡行至中堡村时便绕道而行。信众说,佛面上确实有个伤疤,修面时即使厚加粉彩,也难以掩饰。

这两则传说讲的是湫神与藏传佛教的僧人和护神之间的斗法故事。湫神是一方的福神,受到汉、藏百姓的共同膜拜,但是湫神信仰与藏传佛教之间既有合作也有冲突。法藏寺是皇家所修的藏传佛教寺院,传说中的刘姑麻是得道的僧人,他与湫神珍珠三娘之间的斗法以失败告终,挑拨之人丁拿巴后来十分崇信珍珠三娘。封巡圣母与中堡村护神的斗法则以封巡圣母失败、让出马路而告终。护神是藏传佛教的护法神,洮岷地区有许多汉人村落也将六臂护神、度母等藏传佛教神灵作为村神供在庙中,还有许多汉人家族将护神作为家神供奉。藏人家户中也有很多将湫神中的常遇春、胡大海作为家神供奉的。

"湫神退番兵"与"湫神斗法"这类传说故事的讲述者为汉藏杂居区的汉人,探讨时我们必须考虑到讲述者所处的特定政治背景、多元宗教信仰与意识形态差异,这样才可以使我们讨论的主题易于比较和归纳。"斗法"与"退番兵"主题的背后是中央与边陲,汉人与藏、回等少数民族利益的冲突,传说明显受到了主流意识形态的影响,是"18番族叛乱"、"清末回民起义"等重要历史事件在汉人头脑中的遗存。

---

① 参见宋志贤编:《岷县民间故事》,120页,香港,天马图书有限公司,2002。

三、湫神"恶行"与政治隐喻

1. 偷来的第一

我们的18位湫神中最大的是梅川大爷，老古人就这么说着呢，现在变成了南川大爷最大，那是南川大爷耍鬼了。说是一年过五月十七会着呢，佛爷们进城的时间是定下的，迟了就进不去了。其他佛爷都提前进城了，就剩下南川和梅川的佛爷还没进去。

那次进城要排位次争头家呢。县长就发话了，说给南川和梅川的佛爷每位插一个铁牡丹，谁的铁牡丹开花儿了，谁就进城。晚上的时候，梅川大爷怀里的铁牡丹开出花儿来了，他不知道，南川大爷看到了就偷了去了，梅川大爷再就没有进城，就到梅川去了。梅川大爷气得很，就冲南川大爷眉头这儿戳下了一指头。①

图5-3　岷县18位湫神的首席——南川大爷宗泽

图5-4　岷县湫神"艰难爷"张锦

2. 自私、好色与欠债不还的"艰难爷"

岷县湫神之一的艰难爷只有坎峰一个村子信奉，没有马路。每次参加二

---

① 2009年4月26日，笔者采录于岷县王家山，讲述人：WMG。

郎山神会，青苗会都会给艰难爷穿上旧衣服，进城的仪仗也破烂不堪，连锣也没有。但出城后就换上新衣服，锣鼓家伙也拿了出来，仪仗也换成新的，十分风光的就回村了。岷县的两句俗语"艰难爷进城——装穷"、"艰难爷进城——没锣打鏊"说的就是艰难爷进城时的情景。

当地民众说艰难爷进城不敢穿新衣服是因为他借了南川大爷的钱，一年拖一年总是不还，他不敢穿新衣服进城，故意装穷，就怕南川大爷找他还钱。要是艰难爷穿新衣服进城被南川人看到了，就会把佛爷的袍子、轿子还有仪仗都扯的稀巴烂。

与坎峰村只有一河之隔的田家堡人则这样描述河对面的佛爷：

听老人们讲，坎峰的佛爷本来比我们的黑池爷威力大，职位高，可是坎峰的佛爷作风不好，好色，就被降了级了。说是那个佛爷以前好色得很，在原来地方坐的时候，看见鲜艳的女子就跟上，晚上就变成男人跟人家睡在一起了。有个女子灵的很，有一天就在佛爷的身上插了一根针，针后面连着线团。白天，女子的家人就顺着线团找到艰难爷的庙上去了，人家生气的很，就把艰难爷的塑像扔到洮河里了。他原来不在坎峰坐，是顺着河飘过来的，被坎峰人捡起来供在庙上了。

从上面的湫神"恶行"传说中我们惊异地发现，民间所崇拜的湫神居然与人一样，具有劣根性。他们偷窃别人的荣誉、欠债不还、自私好色。

人类学者武雅士认为，中国民间所崇信的神灵、祖先和鬼表达的是农民对自己现实社会的阶级划分。马丁在《中国仪式与政治》一书中指出，在民间祭祀中，神即是官，祭祀者是百姓或者下级办事人员。也就是说人类学者们认为，中国民间信仰中的神是与封建社会衙门里的官员相对应的。官员的现实行为给人们塑造湫神的反面形象提供了素材，在官员身上发生的贪污、好色等事件，被移植到了湫神的身上，从而产生了大量隐喻性的湫神恶行故事。民众对理想官吏的要求和对现实官吏的不满都反映在了所信奉的湫神身上。湫神的神圣性降低，世俗化倾向严重。

与湫神信仰相关的传说故事属于信仰的观念层面。传说、故事的讲述，首先起到了解释信仰体系的作用。这类传说、故事内容颇为丰富，传说中不仅记载了湫神的来源、功能及各种劣根性，也包含了湫神信奉地曾经发生过的历史事件与行为，传说是民众对这些事件的记忆与解释，是对自己生存空间的一种想象和维护。其传播范围也并不仅限于某一湫神所管辖，而常常是在较大的范围内广为流传，使得人们由于其信仰对象具有"确切的历史"而增强了对它的信赖。其次，这类传说、故事在解释的基础上，又使得信仰观念通过口耳相传而不断传承，并且强化着人们对神灵的信仰。

第二节 神奇叙事

长期以来，在传统民间文学领域，学者们所关注的民间叙事主要包括神话、传说、民间故事、史诗、歌谣和笑话等叙事文类，个人叙事（personal narrative）、都市传说（urban legend）、传闻（anecdote）等叙事文类却一直被研究者们所忽视。近年来，这些民间叙事开始引起学者们的关注，并由此构成了叙事学研究的新文类。

本节所要介绍的是与湫神信仰相关的各种神奇传闻。传闻是一种具有久远传承历史的口头艺术（verbal art）形式，广泛流传在中国的农村和城市地区。其数量之多甚至超过了传说。但是，在中国民间文学领域，长期以来一直缺乏对其的专门探讨。虽有一些论著偶然涉及，但也只是把它作为与"民间传说"相区别的一种事象，用以说明"民间传说"自足与独立的特性，至于这种事象本身，则是被排斥在"口头文学"之外的。[①]

在洮岷地区的农村，无论是在平时的生活中，还是在举行各种仪式的活动中，都有着与湫神相关的各种神奇传闻。

一、违规与惩罚叙事

个案一

这个事情是真的，就发生在五八年嘛还是六零年我记不清了！我知道确实

---

① 参见安德明：《神奇传闻：事件与功能》，载《西北民族研究》，2006（2）。

有这个事儿！我们山背后小沟村有个人进庙花山上砍柴，那时候林子密得很，他忘了看天色了，砍着砍着天就快黑了！他把柴背出林子，在常爷池那达儿缓了一会儿。正缓着呢，就看见池子里有两只黄鸭在池中间就这么转了两圈，池子里的水就啪的一下分开了，池里面也有一个镇子，就跟我们上面的一模一样，也过六月会着呢。那里热闹得很，卖货的、耍把式卖艺的，多得很。街上有一个和尚倒骑着一头牛，突然，那头牛把和尚摔在地上了，池里的人就笑话那个和尚，砍柴的那个人没忍住，也笑出声来了。他一笑，池水就啪的一声又合上了。黄鸭也死掉了，身子就在池面上飘着呢，血把池水染红了一大片。

那个人回家后晚上就睡不着，好不容易睡着了，梦见一个红脸、长胡子的人，那个人就是我们的常爷，红脸长胡子嘛，不是常爷是阿个！常爷跟他说他白天看到的事情不能往外传，要是传出去的话就要把他治死呢！不传的话就把他们全家保佑的平平安安的！

一连三天晚上，他都做了一样的梦，都梦见红脸、长胡子的人，给他说一样的话。他也害怕着呢，忍了七八天没把看见的事儿说出去，一点儿事儿也没有，都好着呢！有一天他酒喝多了，就跟其他一起喝酒的人把那天在池边儿看见的事情给说出来了。刚跟别人说了没几天，有一天他正在村子里走着呢，突然就来了大大小小十几条藏獒，把他咬死了！我们这儿就没有那么多的狗，更别说藏獒了！这是真的，我们老人们亲眼见下的，那个人的儿子、孙子现在就在小沟村里住着呢！不是传说！①

个案二

我当提领的时候，我们晏家堡还冬报愿着呢，小班就挨家挨户去收粮食、收柴，有一家女人坐月子呢，小班不知道，就进了暗房了，把清油和粮食就收上了。庙上炸供果，这个小班就烧火着呢，面果子刚放到锅里，油就炸开了，把那个小班的胳膊、脸就烫了，烫的孽障得很。那是我们佛爷生气着呢，暗房中的东西不干净，佛爷不收！还有一次，庙上忙着让一个小班过来帮忙呢，他就不来，家里开了压面的铺子，忙着压面挣钱儿呢。钱没挣几大，压面机就坏了，活儿干不成呢，只能到庙上来帮忙了。我们佛爷砝码得很，让

---

① 2009年6月2日，笔者采录于临潭县冶力关镇池沟村，讲述人：XZA。

你来你不来阿么行呢。现在人心不行了,把佛爷都怠慢着呢,也就我们这些老人跑着呢,年轻人哪个管你呢!①

违规与惩罚主题所讲述的事件,大都依附在现实事件或情景之上,主人公和事件地点是现实中存在的,为讲述者和听众所熟知,事件是讲述人亲见或者亲耳听到的,这使得传闻有着强烈的真实感。尽管上述叙事中的违背承诺与被藏獒咬死、进暗房与被烫伤、拒绝上庙帮忙与压面机坏掉之间按照正常逻辑来看是彼此毫不相关的事件,但是民间信仰中的神灵却像万能胶一样,把互不相关的事件黏合在一起,并使两者之间具有了无可置疑的因果关系。民间信仰在人们的观念层面有着强大而深厚的影响,违背神灵意志可以作为某人今后所遇到的所有不顺、逆境的解释原因。

二、许愿与灵验叙事

个案一

解放兰州的时候,在皋兰山上,我们这儿有一个娃娃是国民党。国民党打不过共产党啊,国民党的人眼看就快折②完了。这个娃娃当兵前就给常爷许下愿心了,说是,你把我保佑着不叫打死,我给你许一个羊。打仗的时候,他就受伤了,人啊、马啊在他身上踏过去也没有把他踩死。后来他就回来了,给我们佛爷还愿来着呢!我们佛爷稀不灵验呢!考学呢,求官呢,都来拜着呢!③

个案二

我们头会的会长,儿子考中专那年,他到常爷庙上许愿心着呢,说要是他儿子考上的话,就给佛爷许一个羊。结果那一年他儿子学没考上。会长想,学没考上,那是自己娃娃的事儿,神也管不了的事情,也不能怪神。到了还

---

① 2009 年 5 月 27 日,笔者采录于临潭县新城镇晏家堡,讲述人:LDW。
② 折:洮岷方言,"死"的意思。
③ 个案一、个案二为 2009 年 6 月 27 日笔者采录于冶力关池沟大庙,讲述人:YS、SJ。

愿的日子，会长还是把羊拉到庙上了，淋羊、打卦呢，佛爷就是不收，羊怎么也不淋！会长的羊也就没有献成。

在洮岷地区流传着许多向湫神许愿灵验的叙事，最初的讲述者多是许愿者本人，说服力极强。一次还愿便与佛爷的一次灵验相对应，烧香还愿者众多则是佛爷灵验的直接证明。面对神灵，有时民众的逻辑是"很奇怪"的，按理说，许愿—灵验—还愿是一个因果逻辑，但是现实中还常常存在许愿—不灵验—还愿的情况。上文个案二更为有趣，当事人还愿时，羊没有淋，这使得佛爷"失灵"事件突然有了转机，变成了许愿—不灵验—还愿— 不接受愿心（羊不淋）—再次灵验，不灵验—不收愿心也是佛爷"灵验"的一种表现方式。只要佛爷"不灵验"没有危及到人的生存，人们还是照样会给神灵烧香上供，但是若在威胁人生存的天灾面前佛爷持续"失灵"的话，人们便会对佛爷施以恶行。

三、退敌机与惩恶官

1941年，日本飞机侵入陇西上空，炸死民众多人。岷县百姓传称日本飞机原本是来轰炸岷县的，当飞机飞到木寨岭时，日本飞行员看到云端站着四位大汉，三位白脸、一位红脸。顷刻间飞沙走石，雹雨大作，日本飞行员吓破了胆，便把飞机掉头逃到陇西上空去了，陇西人替岷县人遭了殃。那四位大汉就是岷县18位湫神中的南川大爷、关里二爷、王家三爷和梅川大爷。

1943年"甘南民变"被镇压后，当局派民政厅长王湫芳（时任国民党中央执行委员）以"善后委员"的身份来岷县办理"善后"。所谓"善后"，无非就是清乡、杀人、乘机敛财而已。在杏树崖，迎接的地方官与王湫芳的车队相遇，便请这位厅长下车，改成骑马进城，以展示大员的风采。当王湫芳脚踩公路边的矮墙准备上马的时候，不知为何，马儿突然受惊，王厅长摔下悬崖，一命呜呼。事后民众传称，王湫芳是被两位白脸大汉（王家三爷和南川大爷）和一位红脸大汉（关里二爷）推下去的。

神奇传闻的形成主要源于民间信仰观念的影响。围绕着坚定的湫神信仰观念，洮岷民众形成了一套自成系统的因果解释体系。它把现实生活中发生的一切，如日本飞机的侵袭、王漱芳跌落悬崖等事件都纳入湫神灵验—愿心达成这一因果解释体系之中。从科学的立场来看，这种解释的前提是不能成立的，但在湫神信仰流行的洮岷社会，民众们却认为这是解释如何能够平安度过逆境和消除不幸的最恰当方式。

从讲述内容来看，神奇叙事的故事性、传奇性并不强，但这并不妨碍它们在村落间的广泛流布。神奇传闻讲述的都是与民间信仰相关的事件，这些事件不仅保存在叙述者与听众的记忆里，而且还活在他们的生活实践中，它能够对已有的人神关系、人际关系以及人与周围环境的关系起到解释、证明乃至巩固的作用，有些神奇传闻作为实用性的地方知识，还直接指导着人们的现实生活。

在湫神信仰活动中，神奇传闻这类口头文本的大量生成、讲述和流传，为湫神信仰仪式实践的顺利完成奠定了信仰观念基础；神奇传闻在日常生活中的频繁讲述则强化了人们的湫神信仰观念，为民众持续提供了湫神灵验的鲜活证据，是湫神信仰得以强化、延续的重要保障。

第三节　佛爷花儿

"花儿"是流传于甘肃、青海、宁夏和新疆一带的一种民歌形式，在河湟洮岷地区的汉、藏、回、土、东乡、保安、撒拉、裕固8个民族中主要使用当地的汉语方言传唱。甘肃境内的"花儿"主要有两大体系，分别是以临夏为中心的"河州花儿"体系和以岷县二郎山、康乐、临潭等五县交界的莲花山为中心的"洮岷花儿"体系。"洮岷花儿"以其地理位置和风格又可以分为以二郎山为中心的"南路花儿"和以莲花山为中心的"北路花儿"。"南路花儿"又叫"岷州花儿"，主要传唱地在岷县地区，唱时以"啊欧怜"或"哎啊哎"起腔，曲调悲怆、古朴，模式简约，音乐表现力极强，人们把这种"花儿"称为"阿欧怜"，也有人叫"扎刀令"。"北路花儿"多流行于临潭县和卓尼县的部分地区，通常是以"啊"或者"哎"音开腔，以"两怜儿"结尾，人们多以"啊花儿"、"两怜儿"或者"洮州花儿"相称。"洮岷花儿"是受到汉、藏、回、土等多个有着不同文化背景的民族共同喜爱的民间文艺样式。

洮岷地区的多元文化以多个民族同唱的"花儿"为载体,实现了不同民族、地域间的交流和传播。"花儿"不仅是洮岷民众传情达意的重要手段,也是民间信仰中实现人神交流的一种重要沟通工具。洮岷百姓把这种唱给神听、承担着人神交流功能的"花儿"称为"神花儿"。"神花儿",又叫"佛爷花儿",是"洮岷花儿"的一个重要主题,其内容多与祈求风调雨顺、五谷丰登、子孙兴旺有关。

一、湫神会与花儿会

明代初年,朱元璋对洮岷两地的番族因俗而治,施行土司制度和僧纲制度。朝廷通过敕匾额、敕封号等手段笼络土著僧众,洮岷地区出现了很多藏传佛教寺院。为了巩固边疆,朝廷迁移大量汉人来洮岷地区戍守、屯垦,随着内地汉人的大量迁入,不少地方建起了二郎神庙、关公庙、三官庙、雷祖庙、三宵娘娘庙等,道教也逐渐在这里盛行。

洮岷地区早期的神会上是不允许唱"爱情花儿"的,进庙只能唱"神花儿"讨神的高兴。唱情歌必须到离神会较远的山坡、树林里去。但是随着社会的发展与新思想的传播,祭神的氛围逐渐减弱,"情花儿"渐渐在庙会上也就唱开了。久而久之,男女唱"花儿"谈情说爱也就成了洮岷庙会的重要内容。1947年,陆泰安在《洮州纪略》里提到岷县维新乡(原为洮州管辖)元山坪高庙盛会时写道:

(五月十二)这一天,诸神供宿这庙,就是远道前往赴会者,大都食宿于此,他们彻夜高唱,那新颖香艳的词句,婉转嘹亮的声韵,动人魂魄,醉人心神,男女问答相和,若彼此情谊融合,即在庙前神龛作结婚前奏,同席者不足为奇。翌日诸神纷纷乘轿回府,人们就在这复仇、艳遇、难解难分的场面,结束了一年一度的高庙盛会。①

---

① 参见陆泰安:《洮州纪略》,载《西北通讯》第六期,1947。

由上面的文字可知，到了新中国成立前的几年间，某些洮岷庙会上已经是"佛爷花儿"和"情花儿"都可以唱了。到了今天，有些庙会上迎神赛会活动逐渐消失，赶会的人们大多是到庙里上香点蜡，许愿、还愿后便到山上唱"花儿"去了，这些庙会也就逐渐演变成了今天以唱"花儿"为主的"花儿会"了。赵宗福先生分析："花儿会由庙会演变而来，而庙会的起源又与婚姻爱情有密切的关系。庙会本身就包含着男女谈情说爱的成分，甚至庙会本身就是专门给青年男女提供谈情说爱的机会的，是受神灵和法律保护的，庙会之所以变为花儿会，是庙会本身的性质所决定的（这里参考了赵盛世教授的一些看法）。"①

从湫神会变成"花儿会"，最典型的例子莫过于今天我们看到的岷县五月十七"二郎山花儿会"了。古时庙会祭神的情况我们不得而知，但是通过清代文人、方志及近代学者对二郎山湫神庙会的描述，我们还是可以了解一些当年神会的盛况。康熙年间，时任岷州同知的汪元绚在《岷州竹枝词八首》之三中这样描绘岷县二郎山的神会："社鼓逢逢禳赛时，青旗白马二郎祠，踏歌游女知多少，齐唱迎神舞拓枝。"② 诗句表明此时的庙会主要由祭神和唱山歌活动组成，也就是诗歌中提到的"踏歌"和"迎神"。

张亚雄先生在《花儿集》中对岷县二郎山庙会也有记述："二郎山上有庄严的庙宇，丛林环绕，风景颇好。每年旧历五月中旬，开祭神大会。十七日是正日子。这天自日出东海一直到金乌坠地，整个的山景，几乎为歌声所溶解……"③

从文中的记述我们可知，直到民国时期，二郎山庙会仍以迎神赛会为核心程序，"花儿"演唱只是庙会重要内容之一。到如今，旧时迎神赛会的盛事已完全转变为以"花儿"演唱为主的"花儿会"，但庙会期间民众上香点蜡、许愿还愿的盛况依旧。

---

① 参见赵宗福：《花儿通论》，248页，西宁，青海人民出版社，1989。
② 转引自田而穟纂辑：《岷州志》卷十九"艺文下·赋"，康熙四十一年抄本。
③ 转引自武宇林：《"洮岷花儿"的现状与西北"花儿"的传承——甘肃省岷县二郎山"花儿会"的田野调查》，载《宁夏社会科学》，2006（3）。

二、"湫神落轿听花儿"

有一首岷县歌谣唱道：春分动，雷声响/锣鼓咚咚朝上方/朝的上方心欢喜/每月降下三场雨/大雨降者田苗上/小雨降者菜蔬上/毛雨降者扑土上/种一斗，打一仓/天又喜，人安康。①

这是一首祈雨谣，由"水头"②在春分时节的祈雨仪式上演唱。传统社会中的祭辞、仪式歌、习俗歌等口头传统大都由原始咒语发展而来，洮岷地区的祈雨谣便是仪式歌的一种。歌谣中的祈雨方式与古代求雨仪式"雩"十分相近，只不过"雩"是由女巫们边舞蹈边念咒语而进行的。祈雨咒语具有一定的巫术性质，巫觋们希望通过有魔力的语言——咒语调遣神灵，消除灾害。

在洮岷两地的湫神祭祀仪式上，除了师家要唱仪式歌、念诵相应的咒语外，还有"湫神落轿听花儿"的说法。在洮岷地区的神会上，"遛佛爷"是一项重要的仪式活动。遛佛爷也称"跑佛爷"或"扭佛爷"，是指走马路或者过庙会时由村子里的年轻人抬着佛爷的神轿在街道上或村边奔腾跳跃，以此娱神。以前"遛佛爷"的时候，只要神轿一停，就有"花儿把式"上前站佛爷面前唱"花儿"，他们张口就是"灵佛爷"，老百姓把这种唱给佛爷听的"花儿"叫"佛爷花儿"。

在神会上，歌手们所唱的"佛爷花儿"多与称颂佛爷的灵验和向佛爷祈求某种利益有关，常见主题主要有以下几种：

1. 称颂佛爷灵验主题

（1）镢头要挖垄坎呢，十八位龙神五月端阳来到隍庙大殿呢，把山羊献到前面呢，倒比以前灵验呢！

（2）针祓子上四根针，十八位佛爷神力到底凶，把全家保佑真很很，上保人口下保生。

---

① 参见宋志贤编：《岷县民间歌谣》，126页，香港，天马图书有限公司，2002。该歌谣由岷县十里乡张家坪村王寿全演唱，宋志贤搜集整理。
② 岷县民众把专职伺候某位湫神的师家叫"水头"。

（3）杆一根一根杆，十八位龙神神通真个显，保佑牛羊满圈槽上拴，糖油糕粘蜜甜上甜。

（4）改匠解下板着呢，十八位龙神把田苗管着呢，名声稀不远着呢，四路群众来挂匾着呢。

2. 求子、求财、求官主题

（1）钢二两一两钢，你给十八位把香表纸火全拿上，钱财儿女都发旺，辈辈把官都做上。

（2）大麻打了两条篓，十八位龙神把你儿孙保驾长成人，文也文来武也武，是中华的人才小英雄。

（3）大麻打了四条篓，十八位龙神把儿孙们保驾送校门，教师教学真认真，推进素质先进文化武装人，没有知识万不能，都要关心接班人，有了知识到底雄，神州七号把世界压的真很很，和谐建设新农村。

（4）甲剪子要铰衣裳呢，我来你要给十八位龙神要唱呢，叫佛爷把福增上呢，把毛料涤卡穿上呢，各会场上要浪呢。

（5）斧头剁了四根柴，老把式你给十八位许了大愿心，舍一文增万文，明呢去暗里来，里添人口外添财。

3. 称赞妇女才干、生活变化主题

（1）杆一根四根杆，十八位中的女神把你们妇女看得见，你们妇女们能顶半边天，料理家务真干散，我们男子汉是个大儿，可把家务事情并不管。

（2）柏木改下板着呢，十八位中三女神把妇女们专门管着呢，妇女们当老板呢，手机腰里别着呢，出门三步显着呢，银行存现款着呢。

（3）红细柳的七根权，三位女神保佑你们家里变化大，农业是在机械化，到处公路都硬化，出门乘车车辆化，家里装备电气化，手机婆娘们都在腰里挎，田间地头就把电话打。

（4）骡子要走泾阳呢，十八位保佑你全家把人活到人上呢，毛料涤卡穿上呢，兰州城里要浪呢，五泉山上照相呢。

除了向龙神祈求丰产丰收、人丁兴旺之外，求神灵保佑婚缘达成也是"神花儿"的一个重要主题。这是因为参加庙会的还有许多年轻人。这些年轻人礼神拜佛时最热衷的是向神灵倾诉自己对爱情的憧憬和对美满婚姻的向往，他们所唱的"神花儿"主要表现为以下两种：一种是以唱"花儿"的方式向神灵许愿，另一种是将恋人与佛爷相比，用歌声含蓄或直接地向异性表露爱慕之情或倾诉相思之情。他们用唱"花儿"的方式在佛爷面前许愿、发誓，例如：

（1）哈达石壁阿坞城／各楞子庙上三堂神／你保佑我的婚缘成／我给你前挂匾来后挂"红"／缸壮的黄蜡点两根。

（2）小豆开花扯蔓呢／怜儿到隔河两岸呢／急的大抖大颤呢／给佛爷许下报愿呢。

（3）娘娘庙里一炷香／两股青烟房上扬／青烟推开蓝天子／谁坏良心谁先死。

恋爱中的人有时把佛爷与心上人做比较，或者把心上人比喻为佛爷，例如：

（1）娘娘庙里插线香／缠去容易难散场／连怜儿画着一案上／把怜儿画成水龙王／把我画成花娘娘／四路八乡的人抬上／你们抬下的什么神／我们抬下离开的两口人。

（2）进去庙门香呛呢／人像珍珠三娘呢／打个喷嚏吸上呢／刚到我的心上呢。

（3）八月十五九月九／怜儿到玻璃镜儿后头／你像佛爷没上案／八月秋后把你攒。

在洮岷地区，人神之间有着清晰的等级关系，神灵在上，众生在下。人们对神的感情是敬、是爱、是畏惧，异性之间的爱情有时与天灾一样不可预料，琢磨不透，人们向神灵祈求婚缘，在神灵面前赌咒发誓永不变心，都是为了缓解焦虑，获得一种安定感。佛爷是美的、善的，主宰人的命运，深陷于爱河中的人们把恋人与佛爷相比，或者把恋人比喻为佛爷实为情到深处的一种自然流露。

在洮岷村落中，除了遍地的湫神庙外，观音庙、牛王马王庙、蓬头祖师庙等其他神灵的庙宇也比较常见，人们在向湫神祈祷的同时，也会以唱"神花儿"的方式向其他神灵祈求，比如，他们会给观音菩萨唱：

斧头剁了红桦柴，大慈大悲的观世音，我锅安了没下的，娃哭呢，娘骂呢，媳妇只打娃娃呢，你救不下吗救下呢？

给送子娘娘唱：

（1）红细柳的一张杈，送子娘娘灵佛爷，你给我一个儿娃娃，我给你把白脖羊献下。

（2）手拿剪子铰衣裳，送子娘娘花娘娘，我把你给下儿娃的恩没忘，我给你送子娘娘庙里就把长香上。

（3）斧头剁了红桦柴，送子娘娘真个灵，儿子送成杨宗保，女子送成穆桂英。

给蓬头祖师唱：

柏木改下板着呢，蓬头祖师的名声稀不远着呢，你把十分管着呢，四路挂下匾着呢，香蜡给你点着哩！

牛马是洮岷农耕的主要畜力，群众多敬奉牛王爷、马王爷，对着牛王爷、马王爷，歌手们会唱：

手拿镢头挖楞坎，牛王爷、马王爷你灵验，你保佑我把牛羊、骡马养一圈，只要牛羊马匹满山转，我给你就把好的献。

给痘疹娘娘唱：

手拿切刀切白菜，痘疹娘娘你眼夐瞎，给我给个乖娃娃，脸势就像三月花，千万夐给麻疙瘩。

给药王爷唱：

药王爷你灵验，你把烧香弟子管一管，叫神夐害来鬼夐缠，年年岁岁保平安，我把鸡羊献着你跟前。

一般说来，个人演唱的"神花儿"主要涉及求儿求女、求财求福、求平安、求婚姻之类的主题；在天旱求雨、禳除冰雹等农业祭祀仪式上，"花儿把式"则会代表集体演唱"神花儿"，这类"神花儿"与"师公子"所唱的"神曲儿"一起，都是"口头献祭"，用以沟通神灵。

岷县维新乡的铁城地区与临潭县的陈旗乡、卓尼县的洮砚乡接壤，所崇拜的龙神与临潭县有众多相似之处。当地的老人说，他们庙内所供奉的各位湫神都爱听"山歌"，有一年铁城高庙盛会上，有一位跟会人见到异常热闹的迎神赛会场面，即兴唱道："青龙盘在铁杆上，多脑缠成缸一样，刀枪矛斧都拿上，各位龙神齐抬上，铁围城里闹一场"。庙内的各位湫神听到这首山歌后非常高兴，命"水头"给唱歌的人披红挂彩，犒赏冰糖，作为鼓励，并从此颁下神旨，每年的高庙神会上都要唱山歌。此处，山歌指的就是"花儿"，在庙会上唱的"花儿"也是有一定限制的,"佛爷花儿"、"本子花儿"、"好花儿"都可以唱,你侬我侬之类的"酸曲儿"不能唱,这类曲子只能到远离神圣空间的山林、草滩上去唱。

三、禁忌与表演

"佛爷花儿"的演唱有着性别、场合、演唱内容等诸多方面的禁忌。如:家神还愿接新神抱斗时,主人家所请的"花儿把式"只限男性,不能请女歌手演唱;歌手进了暗房、丧房以及有些神殿内不能唱"花儿";如果到观音菩萨、九天玄女、三宵娘娘等女神的大殿上唱"佛爷花儿"的话,不能有"献鸡"、"献羊"之类的唱词,民间认为这些女神食素,所用祭品都是素食,所以"花儿"中有这样的唱词:"针权子上四根针,三位菩萨不像再的神,她们是吃下素的神,上保平安下保人。"

洮岷农村最常见的神灵是龙王爷,洮地俗称龙神,岷地俗称湫神。龙神(湫神)是当地村庄的重要保护神,主要职责是司雨、禳雹。明清时期洮岷地区18位龙神(湫神)信仰的形成是两地多元信仰交流、融合的结果。最初的龙神会上,人们以唱"花儿"的形式向龙神祈祷风调雨顺、人口兴旺,这便是"神花儿"或者"佛爷花儿"的最初来源。"神花儿"的演唱情景与湫神信仰有着密切的关系,表演情景主要有以下几种:

18位湫神还大愿时唱"抱斗花儿";

龙神大殿、山门建成,上梁时唱"神花儿",龙神庙戏台建成时要唱"神花儿";

庙会唱戏时"花儿把式"要唱"神花儿";

个人烧香许愿、求儿求女、求财求福、求平安时可以唱"神花儿"。

"神花儿"的演唱大多跟湫神信仰等神圣活动有关,是祈雨、禳雹等巫术色彩浓厚的祭祀活动的重要载体。在百姓眼中,"神花儿"能够以其独特的魅力打动神灵,使仪式目的顺利实现。根据祈求对象、所求目的的不同,"神花儿"可以分为几下几种类型:

1. 祈雨禳雹歌

在洮岷地区的祈雨禳雹仪式上也有祭祀性歌谣的演唱,但唱的人是"花儿把式",且只能是男性。他们通过唱"花儿"向神灵通报灾情的严重,祈祷湫神早降喜雨或者驱散冰雹。根据灾害类型、程度的不同,他们的唱词也有所区别:

(1) 斧头要剁红桦呢,十八位的龙神爷,我们来下话着呢,庄稼晒成啥着呢,好雨等你下着呢。

(2) 大石山上的草柏香,十八位的龙神爷,给你来把香烧上,日头晒着火棒棒,人热着没处躲阴凉,叫把好雨有一场,叫把庄稼长一长。

(3) 钢二两铝心钢,十八位的龙神爷你保一方来管一方,垅坎上晒的草干了,庄稼晒的卷上了。

(4) 钢一两,钢二两,庄稼晒着一寸长,十八位的龙神爷,你就该把透雨来一场,你没见尕柜柜里没面装,眼看要馍馍着走四方。

(5) 红心柳,四张权,灵佛爷你把善心发,莫叫白雨蛋蛋下,油蜡香火满庙插,金羊凤凰①一齐拉。

在百姓的眼中,18位龙神由玉皇大帝管着,没有玉皇大帝的旨意,18位龙神是不能随意降雨的,因此求雨时"花儿把式"们也唱:

(1) 莲花山上草柏香,给玉皇就把表烧上,不怪十八位龙神泾河老龙王,只怪玉帝就把旨不降,十八位阿里有胆量?

(2) 钢二两,四两钢,上天玉皇张大帝,你把神力长一长,下一场透雨安十分,甭叫百姓遭孽障。

(3) 剪子铰了纸鞋样,你是张玉皇吗李玉皇,我给你早点灯、晚烧香,把你的清风细雨落上两三场,你要敬一分来保一分。

由上面列举的歌谣可知,洮岷地区的仪式歌谣与仪式咒语不同,仪式歌的大部分内容都是哭诉与哀求。洮岷民众认为他们的湫神十分爱听"花儿",在禳灾仪式上,青苗会会首们投其所好请"高唱家"们用歌声向龙神描述当前灾情的严重,诉说民众对丰收的期盼,希望以此打动湫神与玉皇。"花儿把式"们此时与"师公子"一样成为可以沟通人神的使者,只不过"师公子"是用羊皮鼓和神词,而"花儿把式"们则是用佛爷爱听的"神花儿"与神进行沟通。

---

① 洮岷地区把献给湫神的羊称为"金羊"、鸡称为"凤凰"或者"高头凤凰"。

在洮岷地区，民众除了进庙拜神外，在自己家中也供有家神，"家神"可以由整个家族一起供奉，也可以单门独户供奉，洮岷两地所供奉的家神主要有龙神、九天圣母、二郎神、六臂护神、财宝护神等。受藏传佛教影响，有些汉族人家也供奉"番神"① 作为自己的家神，较为常见的番神家神有：护神、鞑子大郎、鞑子二郎、鞑子三郎等。临潭、卓尼两县的许多藏族人家也把常遇春、胡大海、李文忠等龙神作为家神供奉。"花儿把式"除了在求雨、禳雹等农业祭祀仪式上唱"神花儿"外，在龙神翻身复原、家神还愿等仪式场合，青苗会或者主家也会请"花儿把式"唱"神花儿"。

2. 家神还愿时所唱的神花儿

在安新神抱斗仪式上，两位"花儿把式"所唱的"神花儿"如下：

甲：灵佛爷，手拿镰刀割柳呢！××家神改旧换新翻身呢，我给佛爷抱斗呢！灵佛爷保佑你们祖产、钱财、儿女都有呢！平安活着到老呢！

乙：灵佛爷！骡子要走洛阳呢，把斗抱上要唱呢！慢慢才起身着呢！打动上天玉皇呢！保佑人畜的力量呢！

甲：红心柳的一张权，你们愿心真个大，说的啥么还是啥，手里毛红拿着啦。

乙：剪子铰了衣裳了，你们把毛红挂到身上了，我抱斗有了力量了，灵佛爷保佑你们祖产明呢去是暗呢来，把财一样家天上了。

甲：客来了，剪子要铰衣裳着呢，把斗抱到头道门，在财门栓上唱着呢，灵佛爷保佑你们祖产活的稀不富着呢。栽下摇钱树着呢，金库倒着银库着呢，财神佛爷修下路着呢！穿下毛料涤卡布着呢！

乙：骡子要走泾阳呢，把斗抱上在财门栓，二次再唱呢，叫你祖产财帛儿孙都发旺着呢，把人活到人上呢，小康生活楼上呢，把儿孙背上各个神会耍一趟呢，饭馆里面攒上呢。

甲：骡子要驮黄香呢，我给你们祖产要闯五方财门呢，金银珠宝齐进呢。

乙：斧头剁了一根柴，我把东方甲乙木的财门先闯开，钱财每月常进来，常年不舍一分财。

---

① 洮岷两地的百姓把藏族、蒙古族群众信奉的神灵称为"番神"。

甲：大麻打了两条绳，我把南方丙丁火财门闯开了，开了一门又一门，灵佛爷给你们把儿呢孙呢引进门，佛爷保驾长成人，文也文来武也武，是新出的小英雄。

乙：镰刀要割七烟呢，我把西方庚辛金的财门可开呢，你们四山的庄稼长得可像水淌呢，金银珠宝要齐散呢，可就吃呢么就穿呢！

甲：斧头剁了一根柴，我给你们把北方壬癸水的财门开的灵，骡子驮金马驮银，驴驴驮的聚宝瓶。

乙：杆一根一根杆，我把中央戊己土的财门齐开完，灵佛爷给你们把神通显，手里钱财常周转，给抱斗唱"神花儿"的歌手至少抬上一百元，少了不够歌声钱。

甲：杆一根五根杆，你们把小礼抬了几十元，佛爷喜欢我喜欢。我是娘养下的老实汉，我把小礼没有摸一遍，你早些说明我喜欢，我唱一个吉祥如意保平安。

乙：斧头剁了四根柴，我给你们唱一个四季平安大发财，你们给佛爷许了大愿心，舍一文增万文，明呢去暗里来，里添人口外填财。

甲：大麻打了四条绳，灵佛爷不像再的神，把儿呢孙呢送进门，上保人口下保生。

乙：垄坎上的血血草，镰刀要割七烟呢，灵佛爷保佑你们活的稀不平安呢，后辈儿孙做官呢。

甲：刀刀要切白菜呢，灵佛爷保佑你们活个脚轻手快呢，常年永不得病呢，活个长命百岁呢。

乙：镢头要挖塄坎呢，灵佛爷保佑你们祖产每亩产量三石呢，顿顿要吃优等粉的白面呢，中午还要擀成涂面呢，涂面要香油拌呢，还要和上些青蒜呢！

甲：杆一根，七根杆，把满斗抱上天坛转，保佑你们幸福万万年。

乙：线杆儿要捻麻线呢，师家要打天坛呢，阳爻要打三次呢，羊献了着鸡献呢！冰雹常年不见呢，每月细雨常见呢，玉皇大帝喜愿呢！

甲：斧头要剁白杨呢，把斗抱到大门上呢，二道门上要唱呢，叫声主家把小礼二次抬上呢，你们后辈儿孙发旺呢！

乙：斧头剁了一根柴，灵灵的佛爷真显灵，你们二次把堂屋门打开，叫灵佛爷显得神通来，天赐一门平安福，平安二字值千金。

甲：出去南门缝纫铺，剪子铰绿布着呢！事主家稀不富着呢，栽下摇钱树着呢，财神爷踏下路着呢，可把小礼阿么做着呢！

乙：杆一根五根杆，佛爷喜欢我喜欢，一回抬的两角钱，不够一盒纸烟钱。

甲：镰刀要割七烟呢，你们把小礼抬到神前呢，灵佛爷保了今年还要保个明年呢，保个四季平安呢。

甲：斧头剁了四根柴，你们给佛爷许了大愿心，东进祥光西进宝，前进紫气北添财。

乙：手拿镰刀割柳呢，你们把坟踏到龙脉上，重孙跟下一帮帮，手机、摩托、三轮都买上，走路小车齐坐上。

甲：骡子要走泾阳呢，灵佛爷保佑你们诸户大家把重孙得上还不算，玄孙也要得上呢！毛料、涤卡扯上呢！驮的驮，背的背上呢，要称二斤冰糖呢！

乙：斧头剁了红桦柴，灵灵的佛爷真个灵，把儿子送成杨宗保，女子送成穆桂英。

甲：镰刀要割芍药呢，灵佛爷稀不灵验呢，儿子女子都送呢，长大要当高干呢。

乙：镰刀要割油刺呢，送个骑马、坐车、坐轿的，不要送个放羊、放牛、放牧的。

甲：柏木打下轿着呢，全靠你们要着呢，明年来是抱着呢，哈啦啦是笑着呢！

乙：大麻打了两条绳，花匠画的也还能，神成金刚马成龙，四条可要显神通！

甲：镰刀要割紫草呢，上元一品、中元二品、下元三品女神都要呢，"马角爷"们叫我们给你们唱"神花儿"，抱斗的歌手也要抬一些小礼呢，灵佛爷保佑你们四方来财，八方进宝呢！

乙：斧头剁了一根柴，你们是金手银胳脖每月进的钱进来，"马角爷"你们把小礼给我们抬上一两元，抬了你们就把重孙得。

甲：杆杆打下梨着呢，我还把你们玩着呢，你当下实话言着呢！谁叫你们"马角爷"可抬一两元钱着呢！

205

乙：剪子要铰衣裳呢，"马角爷"场里要点灯去呢，各位神灵跟着呢，要还三百六的明灯大愿呢。

甲：镢头挖陇坎着呢，"马角爷"场里转着呢，整村观众看着呢，佛爷还喜愿着呢！

乙：镰刀割下草着呢，"马角爷"场里跑着呢，看去稀不好者呢！

甲：手拿镢头挖葱呢，"马角爷"场里滚灯呢，就像鹞子翻身呢！

乙：线杆要捻白线呢，你们诸户给佛爷许了三百六的黄愿呢，三百六的明灯会交给佛爷相会各位神灵各回各的本殿吧！

家神还愿仪式所唱的"神花儿"亦庄亦谐，庄谐并重。一方面，"花儿把式"在"马角爷"的引领下，接新神、抱斗、开财门，在仪式进行的过程中他们替主家向神灵祈求钱财广进、子孙兴旺，称赞主家还愿的心诚、仪式的隆重，这时的表演十分庄重。但是每当即将进入下一个仪式阶段时，"花儿把式"总是把握时机，要求主家或者"马角爷"给他们"抬礼"，方式直截了当，若抬的"礼"少，有时还会对主家连损带贬，极富戏谑意味。如上面的抱斗仪式中，歌手共向主家或者"马角爷"明火执仗地要了四次礼，仪式进行的阶段不同，歌手要求"抬礼"的唱词也不一样：

第一次财门开完后，歌手要求"抬礼"：杆一根一根杆，我把中央戊己土的财门齐开完，灵佛爷给你们把神通显，手里钱财常周转，给抱斗唱"神花儿"的歌手至少抬上一百元，少了不够歌声钱。

抱斗进门时，歌手要求第二次"抬礼"：斧头要剁白杨呢，把斗抱到大门上呢，二道门上要唱呢，叫声主家把小礼二次抬上呢，你们后辈儿孙发旺呢！

第三次开堂屋门，歌手要求"抬礼"，并明确告诉主家希望他们大方一些：一回抬的两角钱，不够一盒纸烟钱。

"花儿把式"要求"抬礼"的表演是仪式过程中最为"出彩"的地方，若嫌主家抬的礼少，"花儿"歌手会极尽所能"挖镲"[①] 主家，他们把主家贬损得越厉害，用的词句越新颖，越能引来观众的鼓掌、叫好。

"神花儿"是"洮岷花儿"中的一个重要主题，它们或者作为沟通人神

---

① 挖镲："贬损"的意思。

的工具在湫神祭祀仪式上演唱，或者作为祈祷方式的一种在神灵面前赌咒发誓、许愿、还愿，或者以歌唱的方式讲述神灵传说故事、称颂神灵的灵验等，是百姓头脑中圣神观念的口头表达形式。

3. 传说故事歌

除了笔者上面列举的之外，"神花儿"还有一类根据神灵传说故事创编而成的"传说故事花儿"。下面以董正民所唱的"常爷放账花儿"为例：

（1）杆两根地四根杆，美不过的庙花山。莲花山的对西面，天然湖泊在山间。

（2）杆两根一根杆，三县交界山中间，卓尼、临潭、康乐县，常爷池里玩一天，心里的快活说不完。

（3）红心柳挑草杈，你看常爷池它好哪？三千米的高海拔，庙会五月二十八，又唱花儿又赛马，给你把原因说给一挂。

（4）锅两口的四口锅，赵才母子实难过，全靠采草药过生活。

（5）斧头剁了红桦了，母亲得病劲大了，钱财没有一大①了。

（6）一张镰刀三斤铁，富人有钱都不借，没钱治病多可怜。

（7）斧头剁了锨把了，把赵才给者难下了，五尺身子没处搁架了。

（8）杆两根，四根杆，采药来到庙花山，心里越想越颇烦，不如跳池寻短见。

（9）杆两根，一根杆，白胡老汉迎的端，年轻人你有何困难，不如向我谈一谈。

（10）红心柳，一张杈，无钱治病难辛大，就把缘由说给他。

（11）红心柳，两张杈，老汉给他想办法，"常爷放账你怕啥？你的困难能解下。"

（12）材两根一根材，常爷端把穷人爱，保本无息不贪财。

（13）财两银一银财，拿上借条跟黑来，焚香先把情说明，早晨你就拿白银。

（14）镰刀割了榆蒌了，赵才依言祈祷了，纹银十两果然借到了，老母地

---

① 一大：洮岷方言，一元钱。

就有救了。

（15）镰刀割了刺香了，这件事长了翅膀了，穷人都把常爷靠着了！

（16）抛彩楼上打绣球，庙花山北面有个八角沟，有个财主叫坑死人，他给穷人放账了。

（17）斧头剁了白杨了，坑死人没法放账了，对常爷记恨到心上了。

（18）红心柳，两张权，千方百计想办法，坑死人的诡计大。

（19）尕大连里藉林檎，头顶三脚脸蒙筛，脚套犁铧借钱来。

（20）红心柳，权一张，烧香就把头叩响，来借白银一千两。

（21）红心柳，一张权，早晨就把白银拿，千两纹银白哗哗。

（22）斧头剁了黑刺了，眼看借期过去了，没人来还银子了。

（23）锅两口，锅摞锅，常爷给人把梦托，"千只眼，三只角，脚穿铁鞋没见过，千两白银没着落。"

（24）箩一道，两道箩，天亮大家访开了，就是把怪人访不到。

（25）斧头剁了白杨了，常爷自知上当了，从此再不放账了，穷人借钱没有方向了。

（26）财两银的四银财，坑死人的笑颜开，高利盘剥到底美。

（27）斧头剁了红桦了，穷人把账拉大了，一辈子还球不下了。

（28）钢二两，钢四两，世上没有不透风的墙，大家把事情知道了，都是坑死人干的瞎勾当。

（29）红心柳，张四权，到了五月二十八，抬的锅头提的耙，一起冲进他的家，把坑死人给抓住啦，扔进常爷池里啦！

（30）钢二两，一两钢，把他的钱财齐搜光，把他的房子齐烧光，再到常爷池边来烧香。

（31）斧头剁了刺权了，所有的钱财聚扎了，大家想开办法了！

（32）针两根，一根针，坑死人的钱财都不用，拿它建了常爷庙，人们有处把香烧。

（33）红心柳，挑草权，三千米的高海拔，常爷放账传佳话，冶海天池谁不夸！

好的"花儿把式"有着高超的创编能力。为笔者提供了大量"神花儿"

文本资料的"花儿"歌手董正民在来信中说，不管是什么样的书，《三国演义》、《西游记》、《红楼梦》等文学名著也好，《薛仁贵征东》、《薛丁山征西》、《隋唐演义》、《五虎平西》、《粉妆楼》、《万花楼》等评书故事也好，只要他能瞭上，从第一回起，全本的书他都能给它编成"洮州花儿"唱出来。

董正民用几十个"散花儿"分别把"常爷放账"、"常爷托梦"、"蓬头祖师"等传说故事创编成了讲述神灵故事的"神花儿"。这些神话传说还可以套到现成的"本子花儿"模式中，它们可以被套入"十二牡丹"中，这就成了"十二牡丹套佛爷花儿"。

这类"花儿"大多是对原历史、传说故事梗概的粗略复述，对故事情节缺乏生动的描写，也没有表达出对故事的独特认识与评价，因此有学者认为这类"花儿"在内容与形式上均无什么可取之处，它们除了说明洮岷地区民间曾有此类故事流传之外，很难更多地反映这一地区的其他社会状况。学者得出这样的结论，是把对"本子花儿"的分析建立在民间文艺反映现实生活以及文艺为现实服务的传统认识基础上的。

在笔者调查的过程中，许多歌手和听众表示，最能体现个人唱功的情况有两种：一种是"花儿把式"们现编现唱，直到把对方唱得招架不住；另一种就是能唱大段的"本子花儿"，能用"花儿"讲故事，这体现了歌手高超的创编能力。"本子花儿"的出现应该是熟悉民间传统、历史知识并掌握了大量"花儿程式"的"高唱家"所为。这类"本子花儿"的"原型"是早已在民间流传的故事主题，歌手凭借自己记忆的大量传统词汇、诗行、段落、主题、故事模式，将某一主题的情节套入早已习得的"程式"中，再以传统的固定词语为手段进行创作，便可以毫不费力地完成对故事情节的叙述，一个个的"本子花儿"也就在歌手的创编下完成了。

第四节 仪式与文本

仪式从来不是无声的表演，它常常集歌、舞、乐为一体，并且经常有正式文本书写在仪式上出现。仪式在不同文化之间各不相同，但是它们总会涉及一系列记住的或写下的、口头的或文本的文字言说。

早在1909年,范·盖内普(Amold van Gennep)就在他的著作《人生仪式》中指出,在他研究过的多数宗教典礼中,都会使用特殊的语言。在一些情况下,这种语言中会包括一些社会中不知道或不常用的词汇。在另外的情况下,又会禁用一些日常语言中的词汇。我们可以把在仪式上使用特殊语言的现象当作同仪式上更换衣裳、切割文身、吃特殊食物等一样,是一种正常的隔离过程。①

在更晚近的人类学著作中,仪式语言被当成了神圣领地,有助于表现祭祀的完美,是与圣人、神灵、先知和祖先交流的一种神秘方式。我们应该把仪式词汇看作仪式行为中不可分割的一部分。正如利奇(Edmund Leach)巧妙地指出的"并不是说词语是一回事,仪式是另一回事。词语的言说本身就是仪式"②。

洮岷地区湫神祭祀仪式上所使用的仪式语言主要包括神词和祭文两种,神词是口头传统,祭文是正式文本。

一、仪式语言——神词

神词是一种仪式语言,是洮岷地区的湫神仪式专家进行神事活动时的唱词。神词演唱时要用羊皮鼓伴奏。此处的仪式专家主要是指活跃于洮岷大地的"师公子",其中固定为某一湫神服务的"师公子"称为"马角"或者"水头"。

---

① 转引自景军:《神堂记忆:一个中国乡村的历史、权利与道德》,42页,清华大学网络版,2009。

② 转引自景军:《神堂记忆:一个中国乡村的历史、权利与道德》,42页,清华大学网络版,2009。

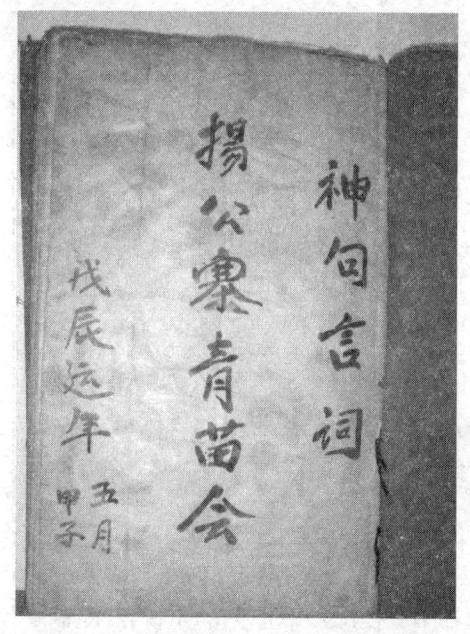 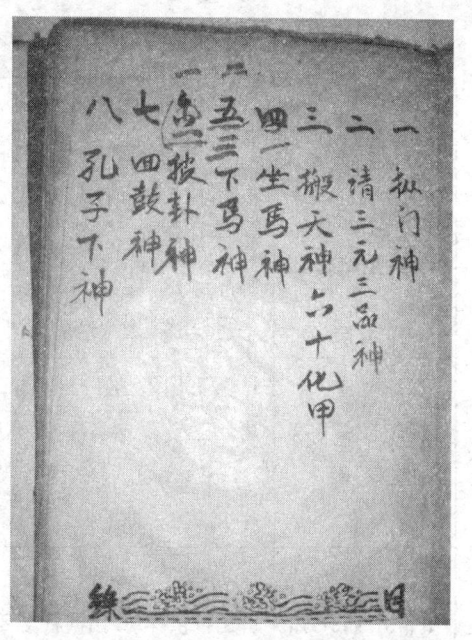

图 5-5　岷县冷地口神词手抄本的第一页　　图 5-6　岷县冷地口神词的目录页

新中国成立前,"师公子"们大多不识字,他们的唱词主要是通过父辈或师傅口传心授、口耳相传,也有为了流传后世或者帮助徒弟学习而抄录下来的神词文本。到目前为止,笔者在洮岷两地共搜集到五种神词文本,具体为:临潭县冶力关镇常山庙"马角"严师所写文本、临潭县新城镇晏家堡"马角"赵师所写文本、赵师徒弟丁家山史师所抄文本、岷县西寨镇冷地口村"师公子"LJH口述请人代抄的文本、岷县清水乡打柴沟"师公子"柴全口述徒弟所抄的文本。

根据神词文本上所抄写的目录,按照抄写顺序,笔者将搜集到的神词文本目录列在了下面的表格中:

表 5-1 洮岷神词文本题目表

文本抄写人或口述人	神词题目
临潭县新城镇晏家堡村赵师抄写	1. 请神 2. 参门神 3. 开坛 4. 升幡 5. 迎红幡曲子 6. 念香 7. 谒天神 8. 家神坛呢出斗 9. 家神坛部神 10. 观二十八宿 11. 收羊撕印物 12. 四神部将 13. 圈鼓 14. 拜五方 15. 破五门 16. 踩花坛 17. 新神曲 18. 论十二相 19. 家神坛出神门 20. 落马 21. 祭土文
赵师徒弟丁家山史师抄写	1. 破五门 2. 落马 3. 观二十八宿 4. 交施食 5. 起马子，吹口水 6. 压门烤灶王法 7. 架黄鹰 8. 五湖四海过金桥 9. 迎天门由公喜神 10. 打醋坛 11. 家神坛出斗 12. 献面 13. 接新神曲儿 14. 坐静 15. 观二十八宿出斗 16. 谒天神
临潭县冶力关镇常山庙严师抄写	1. 开门神 2. 佛留三门 3. 杨戬发兵 4. 神案供样 5. 黄蜡出世供样 6. 新香出世供样 7. 山河社稷 8. 新神坛供择 9. 十五转 10. 下请书 11. 请神 12. 喊神
岷县西寨镇冷地口村芦师口述	1. 请门神 2. 三品神句请三品 3. 搬天神六十花甲 4. 坐马神句 5. 排卦 6. 下马神 7. 回鼓 8. 孔子下神
岷县清水乡打柴沟柴全口述	1. 五龙翻身 2. 小桥梁 3. 供净水 4. 法坛场 5. 安天神 5. 挑幡 6. 天神攒 7. 大桥梁 8. 当家人明宣 9. 涂朱爷名宣 10. 叱咤爷名宣 11. 也神娘娘的名宣 12. 八尊神仙（分灯用）

笔者在调查过程中没有发现新中国成立前流传下来的神词文本，现在保存下来的文本大多是 20 世纪 70 年代以后抄录的，较多的是由"师公子"本人口述、请人代笔写成，也有文化水平较高的"师公子"根据自己的记忆写下来的。抄写神词的主要目的是为了方便徒弟们学习、背诵。神词中的不同主题用于不同的仪式场合。所有仪式的开始，"师公子"最先唱的"神曲儿"就是请神（请三品）、请香（念香），这两首"神曲儿"的作用是将不同品级的神灵请下凡来，享受香火供奉。将神请来后，根据不同的仪式情景"师公子"会唱不同的"神曲儿"。如：在晏家堡的秋报愿仪式上，赵师师徒三人先后唱了"请神"、"开坛"、"升幡"、"谒天神"、"观二十八宿"、"收羊撕印

物"等曲子。神词系用洮岷方言演唱，每次的演唱时间从几十分钟到几个小时不等。文本多以数字、方位、天干地支作为固定"程式"，统领数个句子或者整个段落。

1. 句法程式

神词是一种仪式语言，师家所唱的神词就跟和尚、道士念经一样，不能有任何差错。仪式开始后，"马角"先是换上法衣法神，以神的口吻询问会首、头脑们所求何事？所还何愿？询问完毕后，"师公子"们换上蓝布长衫开始打鼓请神。

请神时，神词中较为常用的句法程式与我国传统文化中的阴阳五行、天干地支、二十八星宿、六十甲子等仪式知识有关。如：在"搬天神"、"回鼓"、"山河社稷"、"十五转"、"观二十八宿"等神词中，常用×拜×方……×观×方……×打×方……×请×……等仪式程序与五方、五行结合，所请的神灵名称则与五色、干支、二十八宿、六十甲子等组合，笔者将此类语句称为"仪式型句法程式"。

表5-2 神词中常见的"仪式型句法程式"表

方位、五行、干支与二十八宿				神词中与之相对应的词汇、句法程式	
五方	五行	天干地支	二十八宿	神灵（星宿）（坐骑旗号）	神词语句
东方东门	木	甲、乙、寅、卯	苍龙七宿：角、亢、氐、房、心、尾、箕	星官（角木蛟、奎木狼、井木犴、斗木獬）青脸天神、大郎（青马、青旗号）；甲乙木；青石山；	一出、一洒、一打、一拜、一赶东方……戊辰己巳大林木；壬午癸未杨柳木；庚辰己卯松柏木；戊戌己亥平地木；壬子癸丑桑梓木；庚辰辛酉石榴木；

续表

方位、五行、干支与二十八宿				神词中与之相对应的词汇、句法程式	
五方	五行	天干地支	二十八宿	神灵(星宿)(坐骑旗号)	神词语句
南方南门	火	丙、丁、巳、午	朱雀七宿：井、鬼、柳、星、张、翼、轸	星官（翼火蛇、室火猪、尾火虎、觜火猴）红脸天神、二郎（红马、红旗号）；丙丁火；红石山	二出、二洒、二打、二拜、二赶东方……寅丁卯炉中火；甲戌乙亥山头火；戊子己丑霹雷火；丙申丁酉山下火；甲辰乙巳佛灯火；戊午辛未天上火；
西方西门	金	庚、辛、申、酉	白虎七宿：奎、娄、胃、昴、毕、觜、参	星官（牛金牛、鬼金羊、亢金龙、娄金狗）白脸天神、三郎（白马、白旗号）；庚辛金；白石山	三出、三洒、三打、三拜、三赶东方……子乙丑海中金；壬辰癸酉剑锋金；庚辰辛巳白蜡金；甲午乙未沙中金；庚寅癸丑金箔金；庚戌辛亥钗钏金
北方北门	水	子、壬、癸、亥	玄武七宿：斗、牛、女、虚、危、室、壁	星官（参水猿、壁水獝、轸水蚓、箕水豹）皂脸天神、四郎（皂马、皂旗号）；壬奎水；皂石山、	四出、四洒、四打、四拜、四赶东方……子丁丑洞下水；甲申乙酉泉中水；壬辰奎巳长流水；丙午丁未天河水；甲寅乙卯大溪水；壬戌癸亥大海水；
中央	土	丑、辰、戌、戊、未、己	钧天	星官（女土蝠、氐土貉、胃土雉、柳土獐）黄脸天神、五郎（黄马、黄旗号）；戊己土；黄石山	五出、五洒、五打、五拜、五赶东方……午辛未路旁土；戊辰己卯城头土；戊申己酉大驿土；丙丁亥屋上土；庚子辛丑壁上土；丙辰丁巳沙中土；

神词是一种固定的仪式语言，神词中的"请神"、"请香"、"观二十八星宿"、"请六十甲子"等曲子是配合仪式动作进行的，这类口头文本内容与格式固定，不能任意创编。"搬天神"是适用范围最广，也是最难背诵的一段神词，只要"抱斗"①仪式出现，就必须演唱"搬天神"。这段神词综合了干支、五行、二十八星宿等基本的仪式知识，是"师公子"们必须掌握的内容。笔者现将"搬天神"的唱词抄录如下：

角亢氐房心尾箕，奎娄胃昴毕觜参，施主交上茶来奠上酒。

甲子乙丑海中金，戊辰己巳大林木，壬辰癸酉剑峰金，施主交上茶来奠上酒。斗牛女虚尾室壁，井鬼柳星张翼轸，二十八宿搬上斗，丙寅丁卯炉中火，庚午辛未路旁土，甲戌乙亥山头火，一旬甲子搬上斗。

丙子丁丑涧夹水，庚辰辛巳白腊金，甲申乙酉泉中水，施主交上茶来奠上酒。戊子己丑壁力火，壬辰癸巳长流水，丙申丁酉山下火，施主交上茶来奠上酒。戊辰己卯城头土，壬午癸未杨柳木，丙戌丁亥屋上土，二旬丙子搬上斗。

庚辰己卯松柏木，甲午乙未沙中金，戊戌己亥平地木，三旬戊子搬上斗。

庚子辛丑壁上土，甲辰乙巳佛灯火，戊申己酉大驿土，施主交上茶来奠上酒。壬子癸丑桑梓木，丙辰丁巳沙中土，庚辰辛酉石榴木，施主交上茶来奠上酒。壬申癸卯金滔金，丙午丁未天河水，庚戌辛亥钗钏金，四旬庚子搬上斗。

甲寅乙卯大溪水，戊午辛未天上火，壬戌癸亥大海水，五旬壬子搬上斗。
（一殿完）

"搬天神"以二十八星宿起兴，将"六十甲子纳音"②按照一旬甲子、二旬丙子、三旬戊子、四旬庚子、五旬壬子的顺序将"六十甲子纳音"依次搬上斗。此外，较为常用的仪式型句法程式还有：

（1）×炉里烧香×炉里请……（"×"指代具体数字，从一开始，依次类推）

---

① 抱斗：湫神祭祀仪式中的一个重要环节，由"花儿把式"将盛满五谷粮食的斗抬起来，在师家的指导下开财门。

② "纳音"来源于董仲舒的五行之序和洪范五行，是中国古代玄学的专用术语，也是古典中医运气学说的组成部分。

(2) ×登三步怎么说……（"×"指代前后左右四个方位）

(3) 弟子封请神来封请将……口封长钱谢你应。

(4) 前院里打扫堂天地，后院呢打扫五阎君，把马拴到后槽上，把万名敕封老爷请在前厅上……

在仪式中，"师公子"按照既定的仪式套路做出恰当的动作，跪、拜、洒、打、开、叩、请等是"师公子"法神、请神时常用的仪式性动作，这些动作与所唱的数字、方位和所请的神灵要结合在一起施行，形成了唱词的固定程式。请神仪式是"师公子"在鼓乐、唱词和身体动作的精确配合下完成的，神词的演唱对于会首、民众等其他的参加者来说能否听懂并不重要，重要的是它必须唱，并且不能唱错，只要这样做了，仪式的效用就能实现。

传统文化中的五方、五色、天干地支、十二属相、二十八星宿、六十甲子等内容是"师公子"必须掌握的仪式知识，这些内容之间的不同组合构成了神词中最为常用的词汇或句法"程式"。这些知识大多是师家通过师傅的口传心授，或者阅读《玉匣记》、《皇历》、《易经》等书籍而获得，这些知识和书籍也是"师公子"推算仪式日期的主要依据。

洮岷地区的"师公子"是半职业化的仪式专家，他们并没有脱离日常的生产生活，仪式上所唱的神词内容非常丰富，除了我们上面列举的以某些仪式动作、仪式知识作为文本的固定程式外，"师公子"还会用一些与生活常识相关的词汇、句法程式创编文本，这种手法在师家盘鼓时表现得最为充分。此类句法笔者称之为"生活型句法程式"，主要用来过渡和起兴，较为常见的主要有：

(1) ×出×门一步远，楸子树下李子园，李子园里喧一喧，李子园里缓一缓……

(2) 打起兔儿他会行，打起鸟儿他会跟，一翅扎着青云眼，倒翅扎着×××……

(3) 上坡呢跑马龙摆尾，下坡呢跑马虎翻身，平坡呢跑马一阵风……

(4) 荞麦开花三楞楞……

(5) 石头开花根不深……

这些神词主要用在湫神复原仪式或者家神复原、还愿仪式上。湫神翻身复原和家神还愿的时候，有整整三天两夜的神事活动，所唱的"神曲儿"除仪式歌外，还有大量的历史歌、生活歌、戏谑歌。这些歌谣多以"师公子"之间竞争性的"盘鼓"形式进行，在一问一答的过程中完成。好的"师公子"可以顺利地将"头圈鼓"、"二圈鼓"、"三圈儿鼓"全部盘完，很多学艺不精者到盘"二圈鼓"时就被问住了。"师公子""盘鼓"的对唱内容包罗万象，自然景观、社会现象、学艺过程、香蜡制作、传说故事等都可以包括在"盘鼓"中。师徒传承是"师公子"学艺的主要方式，赞颂师傅、表示对师傅的尊重也是神词文本的一个重要内容。此外神词中有很多语句涉及了道教、佛教、儒教的一些基本知识。

"盘鼓"问答时，"师公子"要把看家的本领全部拿出来才行，若是被别人问住，观众就会认为他学艺不精。在家神还愿、还家愿等较为轻松的仪式场合，"师公子"还会唱一些诙谐、幽默、引人发笑的曲子。

2. 神词与仪式物品

与湫神相关的仪式上，最常用的物品是香、蜡、茶和卦，它们都是仪式完成不可缺少的因素。香、蜡、茶是供神的主要物品，卦则是"师公子"与神灵沟通及询问神灵意见、看法的主要法器。神词中有许多描述香、蜡、茶、卦制作过程的段落，这些生活常识有些是洮岷当地人的地方性知识，有些则是汉人移民从江南带过来的。笔者在前面章节中已经做了关于茶和马的详细论述，在此不再赘述。

神词中关于"香"的论述很多，烧香、跪香既是一种仪式，也是一种用以创编下文的重要动作程式。"烧香跟最底层的尊敬方式是联系在一起的，是通过形式上的尊敬而达成的一种自由交流。敬神跟敬人一样，给神敬香，就像请人吸上一支烟或者是给人抬上一杯茶"，① 神词中唱道：

"正月十五庙门开，众位会长降香来，一为达报吉庆来，二为达报众神来。佛爷庙儿修得高，众位会长把香烧。佛爷庙儿修得平，众位会长把蜡明。

---

① [英]王斯福，赵旭东译：《帝国的隐喻：中国民间宗教》，148页，南京，江苏人民出版社，2008。

香在炉里蜡在瓶，蜡在架上放光明。一树松柏一树花，花笑松柏不如它，有的一日黑霜杀，只见松柏不见花。一支明香一支蜡，蜡笑明香不如它，有的一日大风刮，只见明香不见蜡。一河顽石一河沙，沙笑顽石不如它，有的一日大河涨，只见顽石不见沙。眼看一座好阳庄，修在八卦乾字上，牛成对来马成双，十二个元宝滚进庄，十二个元宝还不算，今年金银连斗措。"①

会长等烧香人将香点燃后，香的气味可以达到湫神那里，湫神顺着香烟的指引来到人间，附在"马角"或者"水头"的身上，询问所求何事？所还何愿？"师公子"法神的时候，会长们要每人手拿三枝香跪在地下等候湫神的吩咐，这一仪式称为跪香。他们手举香枝跪在地上要随时准备回答湫神的询问。回答时要先叫"万名主！"再根据湫神的询问回答具体问题。拜神的原因、许下的愿心，已经由"马角"事先通过"黄龙单子"的形式通报给了湫神。会首们跪香主要是为了表达一种诚意，与附在"马角"身上的湫神的直接交流由此开始。呈上供品、会首跪香后，要由"马角"打卦询问湫神是否喜欢这些供品。

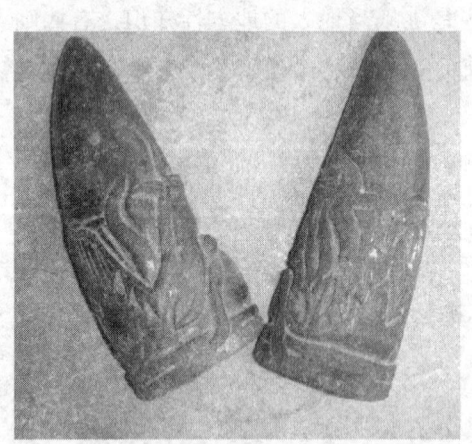

图5-7 岷县湫神黑池爷大庙中的羊角木卦

图5-8 冶力关常爷"马角"打了"喜爻"

---

① 宋志贤编：《岷县民间歌谣》，122页，香港，天马图书有限公司，2002。该神词由蒲麻乡大素村马仲英演唱，宋志贤搜集整理。

关于打卦，神词中唱道：

"一锯锯开两半片，丢在地下分阴阳。你把阳爻常着打，你把盖覆先休下，打了上爻欢天喜，上爻谢意还愿心。一拜灵神谢天地，二拜灵神孝仁信，三拜灵神打卦不离老君恩。拾起宝卦谢了恩，倒头礼拜去平身。"①

烧香是人与神自由交流状态的一种，卦象则是神灵喜怒的表达方式。通常打"阳爻"或者"喜爻"表示神灵喜欢众人所献的供品。湫神接受了会首们敬献的这些供品后，也就表示接受了该青苗会今年还的愿心与明年的祈求事项。

洮岷地区的打卦有时候还作为一种公开决策的方式，以决定会首的人选。这与参与者所熟知的其他形式的选择方法不同，它让人感到神秘、紧张和不确定。打卦前，谁也不知道结果如何，参选人的机会是均等的，一旦打卦确定了会首人选，以前的紧张感、不可计算和不确定性都会消除，但神秘感却不会消失，因为打卦的结果是神的决定，决策和结果便被赋予了一种神秘性和权威性。神灵为什么会拣选 A 而没有拣选 B 所形成的神秘感会一直笼罩在仪式与生活的过程中，人们会为神灵的选择作出种种猜测，每次会首选举结束后，围绕选举的过程和结果都会有新的"神奇叙事"形成。

在田野调查的过程中笔者发现，有许多"神花儿"、神词、传说故事等口头传统互为文本的现象。诸如"花儿把式"、"师公子"、"念嘛呢"的老人等优秀的民间"歌手"，他们的创编能力十分高超，面对同一"主题"，"师公子"可以用两人"盘鼓"的形式，"花儿把式"则用"盘歌"对唱的形式。如神词"论是论十二相"与整花儿"骆驼十二相"②皆以问答的形式把十二属相的形象特征与骆驼相比照，唱出了骆驼身上所集中的十二属相的具体特

---

① 杨公寨青苗会神词。戊辰运年甲子五月，芦金海提，杨玉财写，笔者抄于 1988 年 6 月 10 日。
② "十二属相"属于对唱活动中的"盘歌"类，一般由"花儿把式"或"师公子"在庙会、龙神复元、家神还愿等场合对唱，有较强的竞争性，赛知识、赛智慧、赛反应能力及表现技巧，通过竞赛达到娱人娱神的目的。

征，一问一答，妙趣横生。略有不同的是神词以民间宗教中十二属相所建的月份为顺序统领全篇，而"骆驼十二相"这首整"花儿"则以眼前景和身边事随意起兴，按照民间十二属相的顺序依次问答。神词中除了说明骆驼身上所体现的十二属相特征外，还在每一段指出了该属相的弱点所在。

3. 一个独特的神词文本：交施食

在丁家山史师的手抄本中，笔者发现了一个汉藏语夹杂的文本"交施食"。赵师说："施食，它是在还家愿时用糌粑捏的给神吃的。有的汉人家里供的是藏人的护神，给这样的家神还原时就要唱'交施食'。"①

这段汉藏语夹杂的文本，摘录于临潭县新城镇丁家山"师公子"SPP所唱的神词抄本中。洮岷汉人所供的家神分为汉神、番神和鞑子神三种。番神一般指的是藏传佛教的喇嘛和护法神；鞑子神是指元代蒙古人留下的一些神灵，洮岷地区较为常见的是"鞑子五兄弟"。当家中所供家神是番神的时候，"交施食"的口头文本便呈现出一种汉藏语夹杂的现象。"交施食"的唱词是"师公子"一代一代口耳相传下来的，全文如下：

两郎封请点香：我请××家的性命之主下马，请着陪伴来，下咩下咩（完）。

请罢了陪伴搭法台，搭起了法台上法台，上去了法台倒提铃子口念经，念得喇嘛南海观世音，走起了法台，手执明扬花鼓吹寒风，入侵门口上的冲气、邪气捎出门。一坛施食送神恩，施主门口报以吉庆落平安。

（1）音达咩，音达咩（施主家哎），树罢以那树罢上（木香），班以那班上（香），树以那树上（表）；音达咩，音达咩，树罢以那瓦沙乃（沙），班音那树沙（黄表香），音大咩，啊乃公布下子下子（头磕）。

（2）音达咩，音达咩，车沟音那沟上（灯盏），啊丝音那丝上（棉花）；音大咩，义喽义喽（油上）；音答咩，吃买义那买上（灯），班有数沙树罢以那，瓦沙仍，啊乃公布下子下子（头磕）。

（3）音达咩，音达咩，公扎以那公扎上（炸油馍），音达咩，扎奶以那扎奶上（碗），木耳以那木耳上（酥油）；音达咩，互以那互上（奶子），家

---

① 2009年12月22日电话访谈内容。

以那甲上（茶）；音达咩，地里以那地立上（茶壶）；音达咩，家神坛里家娄家娄（倒茶），树罢以那瓦沙仍，班音树沙（香表），啊乃公布下子下子（头磕）。

（4）音达咩，音达咩，古树以那古树上（梨），枣以那子枣上（枣），甲尕以那甲尕上（核桃），丝绦以那丝绦上，章子以那章子上（糖），章尕入以那不路上（白糖、冰糖），章那胡以那，那胡上（黑糖），熟盖以那熟盖上（酒），树罢以那瓦沙仍，班音树沙，那乃公布干下子下子。

（5）音达咩，音达咩，高高以那高高上（馍），阴儿麻以那，阴儿麻（花椒），当麻以那当麻上，拍沙以那拍沙上（猪肉），卢沙以那卢沙上（羊肉），下沙以那下沙上（鸡肉），树罢以那瓦沙扔，班音树沙，阿乃公布干，下子下子。

（6）音达咩，音达咩，肚儿麻以那，肚儿麻上（施食）。音达咩，家神坛里尕新尕新（瓜）。

家府店在会阴呢，在阴口叫了领袖的头脑，合会的穿明们，叫起吹班、小班是跟班人艺们，再叫房士户长是户首人艺们，各方分的烧香人艺们，到是这日落酉时前后运护施食坐以坛云，从以坛云，还要什么的尽量们。

文本中所用的藏语当地人称为"半番子"话，"半番子"是洮岷汉人对临潭、卓尼、岷县三地汉藏结合地带从事农耕的藏人的称谓。这些汉藏插花地的藏民主要以农耕为生，兼营畜牧，既信仰藏传佛教，也信仰汉人的龙神。由于卓尼、临潭地处偏隅，长期脱离本族群的大本营而构成其独特的土语群和方言孤岛，他们所使用的语言与牧区的藏民相差很大，不是纯正的安多藏语。

"交施食"源于藏传佛教中密宗的献祭仪式。密宗修持者在给护神、山神的祭品中除了"八供"外，还要加供"朵麻"（汉语称为"食子"或者"施食"），它是用糌粑掺上"三白"（白糖、奶酪、牛乳）、"三甜"（白糖、红糖和蜂蜜），并加少许"六香"（草药、花等）做成。要揉成三份食子。之后，食子正中一份供本尊，右边的供护法神，左边的供地神。同时要准备一个净水壶，壶上插孔雀羽毛，凡加持供品食子时，喇嘛要一面念诵咒语，一面用孔雀羽毛浸净壶内之净水，向食子上面挥洒，消除食子上的邪魔。

图5-9 家族还愿上用的"施食"　　图5-10 家族还愿上"马角"、"交施食"

总之,神词是洮岷地区"师公子"所使用一种固定的仪式语言,神词本身便是祭祀仪式的重要组成部分。神词作为一种口头传统以口耳相传的形式代代流传。神词中的不同主题适用于不同的仪式场合,"师公子"请神时,神词文本的演唱要严格配合仪式动作同时进行。这类口头文本内容与格式固定,不能够任意创编。对于汉藏文夹杂的口头文本来说,"师公子"也不完全知道每句话的具体意思,但是他们知道每句话所对应的仪式动作和仪式物品。在此类神词演唱的时候,会首、民众等其他参与者能否听懂并不重要,重要的是它必须唱,并且不能唱错,只要这样做了,就能实现仪式的效用。除了仪式主题外,神词中还包括大量与历史、传说、日常生活情景相关的文本,这些口头文本的创作具有明显的程式化特征,可以在固定模式下即兴创编。

二、神圣文本——祭文

祭文是对仪式上出现的祭祀文本的一种笼统说法。洮岷地区湫神祭祀仪式上的祭祀文本主要包括"疏文"、"札"和"黄龙单子"。"黄龙单子"用于湫神还愿仪式上,"疏文"和"札"则出现于插旗—扎山仪式中。"疏文"是给湫神的,"札"则是给湫神的下属如山神、土地、泉神等神灵的。

洮州新城晏家堡村在上山插旗时要焚烧给龙神写的"疏文","疏文"如下:

敕封康佑东郊青龙宝山都大龙王位前，神威镇洮阳，名声插海中，逐冰雹于千里外，降甘霖于九畴中。旱涝瘟疫远遁，诸灾不生。物阜民康，禾苗茂盛，清境保安。会首×××及合会人等谨以山羊、明灯、信香、盘馔、清酌文供。沐浴焚香，尚飨。

龙君实临潭之福神，诚一方之保障，福佑黎民，永降吉祥，念众姓生居边地，地务农桑。衣食全庇神恩默佑，禾苗发出之后，诚恐冰雹横行，蝗虫侵害，预先祈告，谨卜良辰上山禳治冰雹，望龙神格外施恩，威令四方山神、泉神知悉，各守地界，勿使妖魔横行，保境土以安康。邪氛灭迹，禾苗结实，冰雹远遁，风雨应时，旱涝蝗虫不生，瘟疫劫难全无，年无饥饿之忧，岁有丰收之稔，五谷丰登，民安物阜，人畜兴盛，不胜恳祷，请具疏文上呈。敕封青龙宝山神前投进，恭望神慈允纳草疏。

公元×年×月×日

"疏文"是洮州插旗时常用的一种书面文本，一般请"先生"（即有文化的人）按照"马角"的口述在一张黄纸上书写而成。"疏文"具有官方公文的性质，据说是由龙神的领导——玉皇大帝向各地的龙神颁发的。但从晏家堡"疏文"的内容看，"疏文"更像是地方官或地方头人（会首）与龙神之间的一场对话。对话的主要内容是称赞龙神的神威，列出所献的具体供品，说明龙神的具体职责，祈求龙神保佑、五谷丰登、民安物阜、人畜兴盛，"疏文"言辞恳切，具有浓厚的人情味。

岷县锁龙乡的青苗会有着完备的湫神祭祀仪式，在以年度为周期的祭祀仪式上，针对不同的祭祀场景，青苗会要请能识文断字的"先生"书写不同的祭文，在祭祀仪式上宣读，这些祭文的格式、书写规范被会长们仔细地整理成文，订成文本保存了下来。根据不同的祭祀对象，祭文可以分为：祭山神文、祭梁文、祭风云雷电神文、祭泉神文、祭虫神文等；六月会取水仪式上所用的祭文有8篇，分别为：六月初一叫水日祭文、六月六日祭文、六月七日祭文、六月八日祭文、六月十二回水日祭文、六月十三日祭文、六月十五日祭文、六月二十三日祭文。按照不同的祈祷目的，锁龙青苗会的祭文又可以分为：祈雨祭文、祈天晴祭文、驱螟螣祭文、灭瘟疫祭文等。

锁龙青苗会的祭文虽然摒弃了繁体字，但是保留了文言文格式和一些古奥、生僻的文字。如：

1. 祈雨祭文

二圣神位牌：九天圣母金花娘娘，九天圣母金皇娘娘

维

中华人民共和国〇年岁次〇月朔〇越祭日〇主祭弟子〇〇人，谨以香箸清酌〇〇〇祭云马之仪，致祝於〇〇神之神位下，跪而祝曰：

呜呼！难测者天运，可挽者人心，旱涝不常，难免人心致叹。雨阳得宜，自数世道咸宁，五风十雨，池塘添润，万民乐利，六穗告成。此是神爱物之力，亦是民祈祷之诚也。迨至今日，何独不然，宜赐之时，常雨不赐，宜雨之时，常赐不雨，苗不得而秀，禾不得而隆，地土如火，人心如火，何其赐之不若也，雨之不时也，我众姓翘首祈天，同心上殿，洗心籲圣，合志祈祷，惟求极佈新云庆日光，沛然下雨，禾稼争荣，雨赐时若百谷告成，蓑亦有庆，桑麻时新，我众姓永戴不忘。

伏惟　　尚飨

2. 祈天晴祭文

二圣神位牌：九天圣母金花娘娘，九天圣母金皇娘娘

维

中华人民共和国〇年岁次〇月朔〇越祭日〇主祭弟子〇〇人，谨以香箸清酌〇〇〇祭云马之仪，致祝於〇〇神之神位下，跪而祝曰：

嗟呼！大欲行旱涝，神功难效灵，前次森森雨，数日未止息，地有崩走之势，禾头生耳眉，群蛙入户鸣，水鸟投簷宿，此乃皇天怒，神亦难功力，虽云上苍怒，祈神怨愆尤，性命全在地，黎民实惨悽。众姓齐跪地，总求红日丽。惟愿阳光现，告诫六穗粟。此是民等愿，祈神怜悯兮！今卜良辰日，答谢呵护力，虔备牲之礼，祝文又祝祈。

伏惟　　尚飨

3. 逐螟螣祭文

诸神牌位列布如下：风伯雨师行雨龙王，雷翁电母井泉龙王，南方丹灵火帝真君，本县城隍显应尊神，湫山总司八海龙王，荔川赤砂四府龙君；当方有感九天圣母金花娘娘二位尊神，当方有感山神、土地之神，虫王八蜡之神，青山绿水绿草之神，黄马大唐左辅龙王，四府龙君右弼龙王。

维

中华人民共和国〇年岁次〇月朔〇越祭日〇主祭弟子〇〇人，谨以香箸清酌〇〇〇祭云马之仪，致祝於〇〇神之神位下，跪而祝曰：

神职司百谷位居蟲王，佑此方之禾稼，驭我境之好蚧，慈逢孟夏，惠风和畅，天体滋至禾苗，遂一信仰，祈尊神驱蟊贼於异域，逐螟螣於远方，佑彼田稚无被伤，同得生成之利，永伸祭祀之享，谨以牲礼致告神堂，保其佑俾无后殃。

伏惟　　尚飨

由上面所列文本可知，湫神祭祀仪式上文本的书写语言十分固定，词语重复频率极高，句法、篇章结构高度程式化，文本开头均列出了祭祀神灵的牌位或者名称，然后以极为古典的书写用语"维"字引出祭祀的时间与祭祀人，接下来是祈祷的主要内容，情景不同，具体内容也不同，但核心内容全都是围绕着"风调雨顺、五谷丰登"而展开的。最后以"伏惟尚飨"结束。这种句子结构的安排、遣词造句的方式以及大量排比、对偶语句的使用，使人读起来恍惚进入一个遥远的年代，这种文字在现代社会的日常生活中早已不再使用，即使在正式的文字书写中也不会使用这样拗口的语言，仪式上这种古代语言的使用好像已经把仪式场景与世俗社会完全隔离开了。

在民间祭祀仪式上使用文言文书写的祭文是一种沟通人神、显示神圣权威的仪式工具。正如每一种仪式用具（如香、蜡、纸、表）和献祭用品（如羊、茶、果品）必须是洁净的，要与世俗隔开一样，语言也是实现与神沟通的重要方式，也必须是洁净的，是净化过的。祭文的书写使用繁体字、文言文，古老的表达方式保证了仪式展演的神圣性。祭祀文本的书写者通常是那些和尚、道士等仪式专家或被称为"先生"的读书人，他们不同于普通民众，使用文言文书写是他们受过教育、有学问或拥有某种神秘、复杂的仪式知识的标志之一。

此外，在各种仪式场合针对普通信众还有着诸多的语言禁忌，各种不洁净的语言是不能使用的，因为污言秽语会玷污了神圣的仪式，必须禁止。

本章小结

洮岷地区的湫神信仰包括概念和实践两个不同的层次，在我国的传统社会，神话、传说、故事、神奇叙事等口头传统是湫神信仰观念的重要承载方式。这些口头传统都表达着人们对神灵及其他超自然力量的信仰观念。它们在当地人中间代代传承，并不只是由于其情节的有趣，而是因为"它们为当地人的宗教信仰和仪式提供一种强烈的感情色彩，起到十分重要的作用。他们是从过去的传说里找出可以为现在的大量行为辩护的根据"①。

笔者在本章中所要讨论的主要是与湫神相关的传说故事、神奇叙事以及仪式过程中仪式专家所唱的神词、"神花儿"，所用的祭文、咒语等不同形式的口头传统或正式文本。

洮岷地区与湫神相关的传说故事中蕴含了丰富的历史、信仰和社会情境信息。异类通婚、神灵斗法、神灵退兵的故事主题并不是洮岷民众的首创，而是他们对古老主题的重新演绎。这些故事中渗入了洮岷汉人所具有的传统文化背景、观念基础、意识形态，是不同族群的文化碰撞、接触后出现的排斥与涵化现象在口头传统中的必然反映，古老的主题在以多元文化为背景的洮岷社会环境中经过不同族群的演绎，真实反映了不同族群在观念上的冲突和认同。

神词、"神花儿"的演唱具有鲜明的程式化倾向。神词所用的程式主要有两种：一种是仪式性句法程式，另一种是生活型句法程式。除了句法程式，表演者还掌握有大量的传统词汇、故事主题、仪式和历史知识，其中并不排除表演者对文本的阅读和记忆，文本的出现是为了保存神词，方便徒弟的记

---

① [英]雷蒙德·弗斯（Romond Firth），费孝通译：《人文类型》，137页，北京，商务印书馆，1991。

忆和学习。仪式性句法程式是配合仪式进行演唱的，神圣性较强，不允许唱错，更不能随意改编；生活型句法程式承载的内容大多是天文地理、风俗人情、传说故事，演唱时可以任意缩减或扩展，好的歌手可以在一问一答间连续演唱几天几夜。此外，在民间祭祀仪式上使用繁体字书写的祭祀文本是一种沟通人神、显示神圣权威的仪式工具。仪式上古代语言的使用把仪式场景与世俗社会隔离开来，这种净化过的文字保证了仪式展演的神圣性。

  本章通过对与湫神相关的传说、故事、神奇传闻、神词、祭文等的举例分析，指出它们在不同场合——日常生活中或者祭祀仪式上的讲述或演唱，增强了人们对湫神灵验性的信仰，强化了禳灾仪式的效用。口头传统与仪式实践是湫神信仰的两个不同层面，二者相辅相成，不可分割。各种社会道德、伦理规范通过传说、故事、神奇传闻等口头传统的形式在民间传播，与湫神的灵验性结合后，道德、伦理的遵守更不容置疑，否则便会受到神灵的处罚。传说故事是人们用以解释并强化信仰体系的主要根据，它们在日常生活中频繁讲述，又使得人们的信仰观念不断地得到传承和强化。

第六章 结 语

中国史在一定程度上是一部典型的农（牧）业社会史，气候因素对农业具有决定性作用，雨水更是关乎国计民生的大事。与突发性洪涝灾害相对，旱灾则是一种对生命长时间的扼杀，也最为恐怖，它危及万物生存，持久地吞噬自然的一切生命。面对可怕的旱灾，先民积极寻求各种祛灾求水的途径。在科学不昌的时代，人们认为风雨是上天神灵的赐予，于是全民向神灵龙王与旱魃讨好、膜拜就成为古代社会官民必不可少的神圣之举。

在中国的不同地区，有着不同的祈雨对象和祈雨方式。其中，向龙祈雨是一种最为普遍的现象。洮岷地区的湫神崇拜就是一种地域性的龙王信仰，与其他地方不同的是，它产生于汉、藏、回、土等族群交错杂居的多元文化空间中，那么洮岷地区的湫神信仰在多元文化空间中是如何展演的？围绕湫神信仰，汉、藏、土以及汉、回等族群之间又是如何实现不同层次的互惠与合作的呢？

本书首先交代了湫神信仰的生存环境，指出洮岷地区恶劣的生态环境和艰难的耕作条件是湫神信仰存在的直接原因。在描述明清时期洮岷两地18位湫神信仰的形成时，笔者指出历史上通过卫所制度、茶马贸易、土流参治、僧纲制度等政策解决了洮岷地区的安全问题，并实现了国家权力从中原向边陲的渗透。明初，神道设教的推行和汉人移民的迁入使得洮岷地区各有18位湫神被拣选出来成为国家和民众共同祭祀的对象。笔者认为，明初洮岷地区18位湫神信仰的产生并不是自然而然的，而是一种政治诉求的后果，是王朝政权的意识形态向边疆渗透的重要表现形式。常遇春、胡大海等将领因为开国定边有功被洮岷人民作为湫神奉祀，这既是官方的意愿，也是百姓的主动选择。

神、祖先和鬼这三种超自然物在洮岷地区湫神信仰中的象征结构关系更为复杂。洮岷民众并没有明确地把祖先与鬼区分开来，而是认为祖先也是鬼的一种。祖先跟人的关系最亲近，请的时候要请在内坛，但送走的时候却不允许他们停留，且要送得越远越好。洮岷地区由于受军事卫所制度和神道设教的影响，仪式过程中人与神的交流模式是洮岷百姓对政治交流模式与军事交流模式的创造性模仿。

　　洮岷百姓信奉的神灵虽杂，但神灵与神灵之间、人与神灵之间有着较为严格的上下、左右、内外之分。有些神灵是本地湫神的"领导"，作为上天神，他们的品级虽高，但与人的距离较远，属于外围的神灵，接神时要接在外坛；有些神灵品级虽低，但作为龙神的朋友要接在内坛；品级高的神灵与人的距离远，但享受的祭祀规格高；品级低的神灵与人关系近，但享受的祭祀规格低；"先辈亡魂"与人的关系最近，可以进入内坛，但在湫神祭祀仪式中他们的地位最低，不能上坛，只能在内坛下面的仓斗上享受供奉。对于洮岷地区的民间神灵来说，神灵品级的高低决定了其享受供奉的规格，与人关系的远近则决定了他们的内外之别。

　　关于本书要解决的两个核心问题，笔者得出了以下结论：

　　第一，在洮岷地区，湫神信仰通过庙会、仪式和传说故事、神奇传闻等口头传统的形式实现了自身的展演。

　　迎神赛会和演剧是湫神祭祀仪式的重要组成部分，也是洮岷庙会的高潮所在。洮岷地区的迎神赛会活动走过了一个延续、中断和重建的历史过程。民众的需求、政策的转变和地方精英的策略性经营，是其得以复建的主要原因。湫神崇拜活动的复建并不是对以往仪式的简单恢复，而是地方精英对其进行再造的一个过程。在湫神信仰恢复的过程中，地方政府、地方精英、普通民众之间有着不同的利益取向和各自不同的行动策略，他们之间存在着紧张与缓和、冲突与合作的复杂关系。

　　迎神赛会作为一种信仰活动，在客观上营造的是一种全民性的热闹与狂欢。从全面的参与性来看，庙会活动打着奉祀、娱神的旗号，形成了枯燥乡村生活中的一道热闹、喜庆的风景。庙会来源传说作为一种集体记忆，是关于庙会起源的民间叙事。传说中蕴含了洮岷地区深厚的历史背景，再现了明初的洮岷社会空间，向我们传递了旧日民众的日常生活经历、观念心态以及族群间的相互关系等多方面的信息，是洮岷地区迎神赛会由来的民间解释版本。

洮岷地区的庙会常常与演剧结合在一起进行。洮岷演剧包括神戏和大戏两种，神戏演出具有严格的时间与观众限制，其实质是一种求吉仪式。大戏演出也与祭祀仪式紧密相连，剧目按照龙神的好恶进行甄选，但是对于大戏演出来说，娱神是形式，娱人是实质。民间剧团与村落形成了固定的交换关系，剧团为村落提供娱人娱神的戏曲，而村落为剧团提供生存空间和财政支持。他们之间既有经济上的交换关系，也有文化上的互惠关系。正是洮岷农村地区庙会的大量存在为神戏、大戏的演唱提供了舞台和生存空间。青苗会会首在迎神、请戏、看戏的过程中再次强化了自身民间权威的身份。

第二，洮岷的湫神信仰打破了家庭、宗族、村落和族群的界限，在汉、藏、土、回等多族群共存的情景中实现了跨村落、跨族群的经济生产联合和不同层次的文化交流合作，展示了多个族群和多种文化系统的并存场景。汉、藏、土之间因共同的湫神信仰而引发族际间的全面交流与合作，汉、回之间因信仰不同而只能进行局限性的生产合作。

明清以来，洮岷地区的汉、藏、土等各族群之间经过长期的碰撞、交流、融合，汉藏插花地带从事农耕的藏人和土人也逐渐接纳了汉人的湫神信仰，并以本族群的方式进行祭祀。洮岷地区汉、藏、土、回等族群交错杂居、互通有无，为湫神信仰的实践提供了一种稳定的仪式空间。各族民众充分发挥自己的想像力，建构起本族群与本地湫神之间的各种拟亲属关系，以及湫神之间的等级关系、父子关系、同伴关系、情人关系等复杂的关系网络，使不同的族群、地区得以联合起来。神词、神戏、"佛爷花儿"等口头文本与"疏文"、"札"、祭文等书面文本本身就是信仰仪式的重要组成部分。与湫神相关的传说、故事、神奇传闻等民间叙事增强了仪式实践的神秘性，解释、维护和强化了湫神信仰的合理性。

青苗会作为湫神信仰的民间组织，负责主持、参与迎神赛会、走马路、插旗等仪式，组织看青、搬场等生产互助活动。各地的青苗会组织在取得合法的生存权之后，在湫神象征性权威的领导下，积极改革会首的参选条件与组织运作的方式，会首个人能力、经济实力成为笼络人心、权力争取过程中的重要砝码。在湫神的象征性权威之下，现在洮岷地区的青苗会权利分配类型大致可以分为：家族意识型、老人治理型、个人能力与经济主导型三种，体现了民间组织中权利分配的复杂与多元。在激烈的生存竞争中，为了巩固家族在村落和区域中的社会地位，政治、经济实力固然是首要的，但是获取象征权威、利用宗教信仰的力量也是必须的，青苗会组织在会首选举条件上有着严格的家族、年龄、经济、道德等条件的限制，其实，设置这些规定的目的无非是借助神威维护家族安全、利益，维系家族内部团结，扩大他们在村落和区域中的影响。

看青、护林、防雹和搬场等集体行动是传统的互助行为，在回、汉杂居的村落，回民也参与到防雹和搬场的青苗会活动中，但他们并不加入青苗会，只是与汉人的青苗会联合行动。洮岷地区的有些青苗会组织是跨宗族、跨族群、跨地域的联村组织，在多元的文化情境中实现了各族群、各地域间不同层次的联合。汉、回之间因为信仰不同，回民不可能参与到汉人的湫神信仰仪式中，但围绕湫神而形成的青苗会却具有仪式与生产合作两个不同层面的职能。回民参与到搬场、看青、防雹等集体活动中只是与汉民形成一种联合，是面对生态压力的必然选择。

洮岷地区的湫神信仰中，妇女被排除在湫神祭祀组织和祭祀仪式的核心之外，围绕女性的生理特征产生了一系列的行为禁忌。但是湫神会上的过关仪式，其参与主体却主要是妇女和儿童。这与妇女和孩子是社会中的弱势群体、容易受到不洁之物的侵犯有关。妇女和孩子过关主要是为了分沾湫神的贵气，以求病痛消失、孩子顺利成长。新中国成立前祈雨仪式中的驱旱魃仪式，女性也是参与主体，这与古人相信女人的不洁和恶行可以触怒天神、惩罚旱魔有关。除此之外的各种仪式中，女性都不被允许进入仪式的中心。

对洮岷地区湫神信仰的进一步考察使我们看到了一幅幅人与自然、人与人、族群与族群之间关系的复杂情景。湫神信仰观念与祭祀仪式并不是机械地保存了历史上多族群并存与交往的痕迹，而是伴随着民众对湫神信仰的创造与想象，在洮岷地区这一多元文化空间中塑造而成，它打破了家庭、宗族、村落和族群的界限，在汉、藏、土、回等多族群共存的情景中实现了跨村落、跨族群的经济生产联合和不同层次的文化交流合作，展示了多个族群和多元文化系统的并存场景。

主要参考文献

一、地方史志

1. （清）吴垚修．洮州卫志［M］．康熙二十六年抄本
2. （清）余说纂辑．岷州卫志［M］．康熙二十六年抄本
3. （清）张彦笃修，包永昌等纂．洮州厅志［M］．光绪三十三年抄本
4. （清）陈如平纂辑．岷州续志采访录［M］，光绪三十三年抄本
5. 岷县志编纂委员会办公室编．岷州志校注［M］．地方资料，1988
6. 洮州史丛编写组．洮州史丛［M］．内部资料，1994
7. 洮州农民文化宫简史编写组．洮州农民文化宫简史［M］．内部资料，1994
8. 卓尼县志编纂委员会编．卓尼县志［M］．兰州：甘肃民族出版社，1994
9. 岷县志编纂委员会编．岷县志［M］．兰州：甘肃人民出版社，1995
10. 临潭县志编纂委员会编．临潭县志［M］．兰州：甘肃民族出版社，1997
11. 李振翼编．甘南简史［M］．甘南文史资料（第五辑）．政协甘南州委员会文史资料研究会印
12. 尕藏才旦编著．甘南风物志［M］．昆明：云南人民出版社，2002
13. 宋志贤主编．甘肃岷县民俗文化丛书续集［M］．香港：天马图书有限公司，2004
14. 马列主编．岷州花儿［M］．兰州：甘肃人民出版社，2009

二、专著类

（一）中文专著

1. 张亚雄．花儿集［M］．重庆：重庆出版社，1940
2. 范长江．中国的西北角［M］．北京：新华出版社，1980
3. 乌丙安．中国民俗学［M］．沈阳：辽宁大学出版社，1985
4. 黄芝岗．中国的水神［M］．上海：上海文艺出版社，1988
5. 王铭铭、潘忠党主编．象征与社会：中国民间文化的探讨［M］．（社会人类学论丛第5卷）．天津：天津人民出版社，1997
6. 郗慧民．西北花儿学［M］．兰州：兰州大学出版社，1989
7. 赵宗福．花儿通论［M］．西宁：青海人民出版社，1989
8. 王孝廉．水与水神［M］．北京：学苑出版社，1994
9. 史宗主编．20世纪西方宗教人类学文选［M］．上海：上海三联书店，1995
10. 李亦园．人类的视野［M］．上海：上海文艺出版社，1996
11. 邱树森主编．中国回族史（上）［M］．银川：宁夏人民出版社，1996
12. 费孝通．乡土中国　生育制度［M］．北京：北京大学出版社，1998
13. 高丙中．居住在文化空间里［M］．广州：中山大学出版社，1999
14. 胡天成主编．民间祭礼与仪式戏剧［M］．贵阳：贵州民族出版社，1999
15. 胡志毅．神话与仪式：戏剧的原型阐释［M］．上海：学林出版社，1999
16. 顾颉刚．西北考察日记［M］．兰州：甘肃人民出版社，2002
17. 赵世瑜．狂欢与日常：明清以来的庙会与民间社会［M］．北京：三联书店，2002
18. 薛艺兵．神圣的娱乐：中国民间祭祀仪式及其音乐的人类学研究［M］．北京：宗教文化出版社，2003

19. 王铭铭．走在乡土上——历史人类学札记［M］．北京：中国人民大学出版社，2003

20. 郑振满、陈春声主编．民间信仰与社会空间［M］．福州：福建人民出版社，2003

21. 郭于华主编．仪式与社会变迁［M］．北京：社会科学文献出版社，2000

22. 安德明．天人之际的非常对话——甘肃天水地区的农事禳灾研究［M］．北京：中国社会科学出版社，2003

23. 白寿彝主编．回族人物志［M］．银川：宁夏人民出版社，2000

24. 王铭铭．溪村家族——社区史、仪式与地方政治［M］．贵阳：贵州人民出版社，2004

25. 李亦园．宗教与神话［M］．桂林：广西师范大学出版社，2004

26. 王铭铭．社会人类学与中国研究［M］．桂林：广西师范大学出版社，2005

27. 车文明．中国神庙剧场［M］．北京：文化艺术出版社，2005

28. 褚建芳．人神之间［M］．北京：社会科学文献出版社，2005

29. 梁永佳．地域的等级：一个大理村镇的仪式与文化［M］．北京：社会科学文献出版社，2005

30. 王明珂．华夏边缘：历史记忆与族群认同［M］．北京：社会科学文献出版社，2006

31. 万建中．民间文学引论［M］．北京：北京大学出版社，2006

32. 高有鹏．庙会与中国文化［M］．北京：人民出版社，2008

33. 王明珂．羌在汉藏之间——川西羌族的历史人类学研究［M］．北京：中华书局，2008

34. 雷闻．郊庙之外：隋唐国家祭祀与宗教［M］．北京：三联书店，2009

35. 柯杨．诗与歌的狂欢节——"花儿"与"花儿会"之民俗学研究［M］．兰州：甘肃人民出版社，2002

（二）外文专著

1. ［日］田仲一成，钱杭、任余白译．中国的宗族与戏剧［M］．上海：上海古籍出版社，1992

2. ［德］马克斯·韦伯，王容芬译．儒教与道教［M］．北京：商务印书馆，1995

3. ［日］渡边欣雄，周星译．汉族的民俗宗教——社会人类学研究［M］．天津：天津人民出版社，1998

4. ［美］克利福德·格尔兹，赵丙祥译．尼加拉：十九世纪巴厘剧场国家［M］．上海：上海人民出版社，1999

5. ［美］克利福德·格尔兹，韩莉译．文化的解释［M］．南京：译林出版社，1999

6. ［美］克利福德·格尔兹，王海龙、张家瑄译．地方性知识——阐释人类学论文集［M］．北京：中央编译出版社，2000

7. ［英］埃文思·普理查德，褚建芳等译．努尔人［M］．北京：华夏出版社，2002

8. ［美］马歇尔·萨林斯，赵丙祥译．文化与实践理性［M］．上海：上海人民出版社，2002

9. ［日］井口淳子，林琦译．中国北方农村的口传文化——说唱的书、文本、表演［M］．厦门：厦门大学出版社，2003

10. ［美］保罗·康纳顿，纳日碧力戈译．社会如何记忆［M］．上海：上海人民出版社，2000

11. ［美］杜赞奇，王福明译．文化、权力与国家：1900—1942年的华北农村［M］．南京：江苏人民出版社，2003

12. ［法］葛兰言，赵丙祥、张宏明译．古代中国的节庆与歌谣［M］．桂林：广西师范大学出版社，2005

13. ［英］维克多·特纳，黄剑波、柳博赟译．仪式过程——结构与反结构［M］．北京：中国人民大学出版社，2006

14. ［英］维克多·特纳，赵玉燕、欧阳敏等译．象征之林——恩登布人仪式散论［M］．北京：商务印书馆，2006

15. [法] 马塞尔·莫斯、昂利·于贝尔，杨渝东、梁永佳、赵丙祥译．巫术的一般理论——献祭的性质与功能 [M]．桂林：广西师范大学出版社，2007

16. [英] 王斯福，赵旭东译．帝国的隐喻：中国民间宗教 [M]．南京：江苏人民出版社，2008

17. [美] 卢克·拉斯特，王媛、徐默译．人类学的邀请 [M]．北京：北京大学出版社，2008

18. [美] 保罗·拉比诺，高丙中、康敏译．摩洛哥田野作业反思 [M]．北京：商务印书馆，2008

19. [美] 孔飞力，谢亮生等译．中华帝国晚期的叛乱及其敌人 [M]．北京：中国社会科学出版社，1990

三、论文类

1. 程云祥．潮州求雨的风俗 [J]．中山大学民俗学会编．民俗，1928年6月第13、14期合刊：28~31

2. 愚民．翁源人的"求雨"和"闹房" [J]．中山大学民俗学会编．民俗，1928年6月第13、14期合刊：28~31

3. 黄碧珍．永春歇雨的风俗 [J]．中山大学民俗学会编．民俗，1928年6月第13、14期合刊：34~40

4. 欧阳云飞．漳州祈雨风俗．民风周刊第35期

5. 潘朝霖．水家祈雨活动"敬霞"试探 [J]．贵州民族学院学报（哲学社会科学版），1989（4）

6. 腾占能．慈溪的龙王庙及求雨活动 [J]．上海民间文艺家协会编．中国民间文化 [M]（总第5集）．上海：学林出版社，1992

7. 朱永林．龙是什么——象山半岛龙信仰调查研究 [J]．上海民间文艺家协会编．中国民间文化 [M]（总第5集）．上海：学林出版社，1992

8. 向柏松．中国水崇拜文化初探 [J]．中南民族学院学报（哲学社会科学版），1993（6）

9. 郭松针．豫北地区祈雨、防涝习俗的调查与研究 [J]．中国民俗学会

编．中国民俗学研究［M］（第一辑）．北京：中央民族大学出版社，1994

10. 向柏松．中国水崇拜祈雨求丰年意义的演变［J］．中南民族学院学报（哲学社会科学版），1995（3）

11. 刘铁梁．村落集体仪式性文艺表演活动与村民的社会组织观念［J］．北京师范大学学报（社会科学版），1995（6）

12. 刘铁梁．村落——民俗传承的生活空间［J］．北京师范大学学报（社会科学版），1996（6）

13. 周虹．"龙牌会"初探［J］．民俗研究，1996（4）

14. 陶立璠．民俗意识的回归——河北省赵县范庄村"龙牌会"仪式考察［J］．民俗研究，1996（4）

15. 马毅生．云南回族祈雨龙（铜）牌考说［J］．回族研究，1995（5）

16. 赵世瑜．中国传统庙会的狂欢精神［J］．中国社会科学，1996（1）

17. 向柏松．中国水崇拜与古代政治［J］．中南民族学院学报（哲学社会科学版），1996（4）

18. 刘铁梁、赵丙祥．联村组织社区仪式活动——河北井陉县之调查［J］．王铭铭、王斯福主编．乡土社会的秩序、公正与权威［M］．北京：中国政法大学出版社，1997

19. 景军．知识、组织与象征资本——中国北方两座孔庙之实地考察［J］．社会学研究，1998（1）

20. 刘晓春．一个地域神的传说和民众生活世界［J］．民间文学论坛，1998（3）

21. 晏云鹏．洮岷地区"龙神"信仰探源［J］．西北民族学院学报（自然科学版），1998（3）

22. 李璘．甘肃岷县民间的湫神崇拜［J］．丝绸之路，1999（1）

23. 向柏松．道教与水崇拜［J］．中南民族学院学报（哲学社会科学版），1999（1）

24. 郭红．明代卫所移民与地域文化的变迁［J］．中国历史地理论丛，第18卷第2辑，2003年6月

25. 高丙中．民间的仪式与国家的在场［J］．北京大学学报（哲学社会科学版），2001（1）

26. 刘铁梁．作为公共生活的乡村庙会［J］．民间文化，2001（1）

27. 苑利．华北地区祈雨活动中旱魃与斩旱魃仪式［J］．思想战线，总第165期，2001（3）

28. 苑利．华北地区祈雨活动中取水仪式研究［J］．民族艺术，总第63期，2001（6）

29. 苑利．晒龙王祈雨仪式研究［J］．民间文化，2001（1）

30. 杨士钰．论临潭新城端午节龙神赛会的文化意蕴［J］．甘肃高师学报，2001（1）

31. 苑利．我国华北地区谢雨仪式中的"谢雨"与"大同"思想［J］．乌鲁木齐职工大学学报（人文社会科学版），2002（1）

32. 苑利．华北地区龙王庙配祀神祇考略［J］．西北民族研究，2002夏季卷（总第33期）

33. 赵宗福．甘肃省泾川王母宫庙会及王母娘娘信仰调查报告［J］．民俗曲艺，2002（137）

34. 苑利．华北地区龙王传说研究［J］．民族艺术，2002（1）

35. 苑利．华北地区祈雨谣辞研究［J］．思想战线，2002（3）

36. 苑利．华北地区祈雨碑文的特点、分类与功能［J］．甘肃民族研究，2002（2）

37. 苑利．华北地区龙王庙主神龙王考［J］．西北民族学院学报（哲学社会科学版），2002（4）

38. 魏子任．中国古代的水神崇拜［J］．华夏文化，2002（2）

39. 高丙中．社会团体的合法性问题［J］．中国社会科学，2002（2）

40. 刘铁梁．村落庙会的传统及调整——范庄"龙牌会"与其他几个村落庙会的比较［J］．郭于华主编．仪式与社会变迁［M］．北京：社会科学文献出版社，2003

41. 苏新留．民国时期河南灾民祈雨述略［J］．中州今古，2003（Z1）

42. 苑利．华北地区女性祈雨研究［J］．青海民族研究，2003（04）

43. 苑利．华北雨戏研究［J］．农业考古，2003（1）

44. 岳永逸．乡村庙会传说与村落生活［J］．宁夏社会科学，2003（4）

45. 尹虎彬．河北民间后土信仰与口头叙事传统［D］．北京：北京师范

大学博士学位论文，2003

46. 赵世瑜．传说、历史、历史记忆——从20世纪的新史学到后现代史学［J］．历史研究，2003（2）

47. 薛晓蓉．庙会的产生及其嬗变轨迹［J］．雁北师范学院学报，2003（8）

48. 岳永逸．庙会的产生：当代河北赵县梨区庙会的田野考察［D］．北京：北京师范大学博士学位论文（未刊），2004

49. 徐建国．从庙会演出谈宗教祭祀活动对戏剧的影响［J］．雁北师范学院学报，2004（8）

50. 岳永逸．对生活空间的规束与重整：常信水祠娘娘庙会［J］．民俗曲艺，2004（3）

51. 苑利．华北地区龙王庙壁画中神灵世界的组织结构［J］．西北民族大学学报（哲学社会科学版），2004（5）

52. 高丙中．知识分子、民间与一个寺庙博物馆的诞生——对民俗学的学术实践的新探索［J］．民间文化论坛，2004（3）

53. 史耀增．关中东府民间祈雨风俗透视［J］．古今农业，2004（1）

54. 徐黎丽、陈文祥．当代西北少数民族地区移民对民族关系的影响［J］．兰州大学学报（社会科学版），2004（4）

55. 徐黎丽．论西北少数民族地区生态环境与民族关系问题［J］．西北民族研究，2004（04）

56. 李福军．白族水崇拜与农耕文化［J］．云南师范大学学报（哲学社会科学版），2004（4）

57. 薛世平．华夏民族的水崇拜［J］．福建农林大学学报（哲学社会科学版），2005（4）

58. 刘铁梁．庙会类型与民俗宗教的实践模式［J］．民间文化论坛，2005（4）

59. 岳永逸．传说、庙会与地方社会的互构——对河北C村娘娘庙会的民俗志研究［J］．思想战线，2005（3）

60. 杨燕．从临潭"花儿会"的祭神活动解读甘南汉藏关系［D］．成都：四川大学硕士学位论文，2005

61. 黄涛. 咒语、祷词与神谕：民间信仰仪式中的三种"神秘"语言现象 [J]. 民间文化论坛, 2005 (11)

62. 董传岭. 近代山东地区的祈雨活动 [J]. 广西社会科学, 2005 (9)

63. 李昕. 回族民间传说中祈雨事象的文化释义 [J]. 固原师专学报, 2005 (1)

64. 赵旭东. 中心的消解：一个华北乡村庙会中的平权与等级 [J]. 社会科学, 2006 (6)

65. 郝平. 传说、信仰与洪洞乡村社会——兼及大槐树移民的文化认同 [J]. 历史档案, 2006 (3)

66. 高丙中. 一座博物馆—庙宇建筑的民族志——论成为政治艺术的双名制 [J]. 社会学研究, 2006 (1)

67. 赵旭东. 中心的消解：一个华北乡村庙会的平权与等级 [J]. 社会科学, 2006 (6)

68. 王永平. 论唐代的水神崇拜 [J]. 首都师范大学学报（社会科学版）, 2006 (4)

69. 霍福. "南京竹子巷"与青海汉族移民——民族学视野下民间传说故事的记忆和流变 [J]. 青海师范大学民族师范学院学报, 2006 (2)

70. 李然. 传说、庙会与村落生活——以费县龙王堂庙会为例 [D]. 济南：山东大学硕士学位论文, 2006

71. 武宇林. "洮岷花儿"的现状与西北"花儿"的传承——甘肃省岷县二郎山"花儿会"的田野调查 [J]. 宁夏社会科学, 2006 (3)

72. 范长风. 跨族群的共同仪式与互助行为——对青藏高原东北部青苗会的人类学观察 [D]. 北京：中国人民大学博士学位论文, 2007年5月

73. 宋丽丽. 明清时期甘肃洮岷地区汉族移民研究 [D]. 兰州：兰州大学硕士学位论文, 2007

74. 赵旭东. 文化认同的危机与身份界定的政治学——乡村文化复兴的二律背反 [J]. 社会科学, 2007 (1)

75. 向柏松. 中国龙的形成与水神崇拜 [J]. 长江大学学报（社会科学版）, 2007 (4)

76. 周大鸣、阙岳. 民俗：人类学的视野——以甘肃临潭县端午龙神赛会

为研究个案［J］．民俗研究，2007（2）

77．杨丹妮．口传—仪式叙事中的民间历史记忆——以广西和里三王宫庙会为个案［J］．涪陵师范学院学报，2007（1）

78．马毅生．云南回族祈雨文化探微［J］．西北第二民族学院学报（哲学社会科学版），2007（5）

79．岳永逸．家中过会：中国民众信仰的生活化特质［J］．开放时代，2008（1）

80．范长风．青藏高原东北部的青苗会与文化多样性［J］．中国农业大学学报（社会科学版），2008（6）

81．武沐．洮州湫神奉祀文化的解读［J］．中国民族集刊，2008（2）

82．杜俊芳．乡村庙会传说与地方社会的建构——以明清时期襄汾黄崖村华佗庙会为中心［J］．沧桑，2008（1）

后　　记

毕业是一种"成年礼",是从学校走向社会的一种过渡仪式。求学之路也罢,生活之路也罢,都是由鲜花和荆棘铺就的。人生也是顺境与逆境交叠、快乐与忧伤同在。毕业后,我将带着我的"梦"继续前行,毕竟有梦滋养的心灵会鲜活很多!

2004年9月,我来到西北民族大学的社会人类学·民俗学学院(今民族学与社会学学院)攻读民俗学专业的硕士学位。求学期间,恩师郝苏民先生要求我们在掌握专业知识与技能的基础上,广泛涉猎人类学、民族学、社会学等相关学科的书籍,不断拓宽自己的知识面,引导我们步入了民俗学研究的大门。

硕士毕业后,我继续在恩师门下攻读。恩师常说我像一个跌跌撞撞、走路不看方向的孩子,有激情、肯读书,但是容易偏离方向,需要有人不断地敲打与提醒。他不时询问我的学习、生活状况,生怕我大大咧咧的性格影响学业。在恩师门下,我学会了如何读书,如何"做梦"。恩师的"梦"是一种对学术、对生活、对人性的信任与坚守。"做梦"一词源于恩师发表于《中国人类学评论》第四辑中的那篇名为《骑过了很多种牲口,做过了好几个梦》的文章。文中,恩师的那句"残梦也比无梦好",促使我重新审视自己的专业和生活,我告诉自己要永远在心里做一个梦,开一朵花儿;要忠于自己的专业,在学术道路上尽量走得更远一些。在恩师身边的六年,从如何读书到论文写作,恩师将自己毕生的经验和思考无私地传递给了求学的弟子们。除了认真读书、老实做事、踏实做人、坚持学习外,弟子无以为报!

毕业论文的写作过程中,我在异乡体验、感受"他者"的生活,反思自己所学的理论和现实社会,在田野作业中完成了自己的"成人礼"。2009年到 2010 年间，我先后五次到洮岷地区做田野调查，期间很多善良的人给了我无私的帮助，他们不但为我提供第一手资料，还关照我的生活。岷县宣传部原部长张福宏、工作人员王亚红、岷县文化局原副局长张润平、西寨镇书记吕建邦、驻村干部王东伟、锁龙青苗会的水头和老友们也给予我极大的帮助。在吕书记的安排下，我在西寨镇田家堡村村主任马世平大哥家前后住了大约一个多月，嫂子十分照顾我的生活。王亚红、王东伟陪我进村走访，协助我顺利完成了在岷县的田野调查。在临潭县，洮州青苗总会会长宋克义、晏家堡的师家赵海生、老提领刘代旺等人提供了大量资料，并无偿为我提供食宿，在此深表谢意。还要特别感谢临潭县著名花儿歌手董正民，他数次为我整理所需资料，并邮寄到学校。感谢田野过程中帮助过我的所有好心人，祝他们生活幸福，一生平安！

在求学期间，我有幸遇到了很多良师益友。感谢郭郁烈老师、马自祥老师、文化老师、僧格老师、马效佩老师、傲东老师、满珂老师、邢海燕老师、温蓉老师，等等；还要感谢我的同学，我的好朋友们，他们是马红艳、刘秋芝、刘永红、李言统、余良才、杨志新、元旦、李晓禺、陈昱彤，等等，他们的真诚、智慧、热情与善良使我寒窗苦读的生活灵动了许多。

真正温暖我们一生的是源自亲人的爱！感谢我的家人！家庭的温馨和睦使我可以心无旁骛地读书；慈爱的父母是我力量生成的渊源！从离家求学的那天起，我亏欠父母的就越来越多。弟弟妹妹在养家的同时还关照我的生活，给我提供经济上的帮助。家人的理解与支持是我能够顺利完成学业的保障，他们的爱又岂能是一个"谢"字可以概括的！

王淑英
2010 年 5 月于金城兰州